BUDISMO MODERNO

Ordem sugerida, para iniciantes, de estudo ou de leitura dos livros de Venerável Geshe Kelsang Gyatso Rinpoche

Como Transformar a sua Vida
Como Entender a Mente
Caminho Alegre da Boa Fortuna
O Espelho do Dharma com Adições
Novo Coração de Sabedoria
Budismo Moderno
Solos e Caminhos Tântricos
Novo Guia à Terra Dakini
Essência do Vajrayana
As Instruções Orais do Mahamudra
Grande Tesouro de Mérito
Novo Oito Passos para a Felicidade
Introdução ao Budismo
Como Solucionar Nossos Problemas Humanos
Contemplações Significativas
O Voto Bodhisattva
Compaixão Universal
Novo Manual de Meditação
Viver Significativamente, Morrer com Alegria
Oceano de Néctar
Joia-Coração
Clara-Luz de Êxtase
Mahamudra-Tantra

Este livro é publicado sob os auspícios do
Projeto Internacional de Templos da NKT-IKBU,
e o lucro recebido com a sua venda está direcionado para
benefício público através desse fundo.
[Reg. Charity number 1015054 (England)]
Para mais informações:
tharpa.com/br/beneficie-todos

Venerável Geshe Kelsang
Gyatso Rinpoche

Budismo Moderno

O CAMINHO DE COMPAIXÃO E SABEDORIA

4ª edição

EDITORA THARPA
BRASIL • PORTUGAL

São Paulo, 2023

Primeira edição em língua inglesa em 2010.
Segunda edição em 2013, revista pelo autor.

Primeira edição em língua portuguesa em 2010.
Segunda e terceira edições em língua portuguesa em 2012 e 2015.
Quarta edição em língua portuguesa em 2023, incorporando alterações em inglês de 2017 e 2021.

Título original:
Modern Buddhism: The path of compassion and wisdom

Tradução do original autorizada pelo autor.

Tradução, Revisão e Diagramação Tharpa Brasil

ISBN 978-65-86468-37-3– brochura
ISBN 978-65-86468-40-3 – e-book PDF
ISBN 978-65-86468-35-9 – e-book ePUB

Dados Internacionais de Catalogação na Publicação (CIP)

Kelsang, Gyatso (Geshe), 1931-2022
Budismo moderno: o caminho de compaixão e sabedoria / Geshe Kelsang Gyatso; tradução Editora Tharpa - 4. ed. - São Paulo: Editora Tharpa, 2023.
464p.

Título original em inglês: Modern buddhism: the path of compassion and wisdom

ISBN 978-65-86468-37-3

1. Budismo 2. Carma 3. Meditação I. Título.
05-9278 CDD-294.3

Índices para catálogo sistemático:
1. Budismo: Religião 294.3

2023

EDITORA THARPA BRASIL
Rua Artur de Azevedo, 1326 - Pinheiros
05404-003 - São Paulo, SP
www.tharpa.com/br
@tharpabrasil
+55 11 989595303
contato.br@tharpa.com

EDITORA THARPA PORTUGAL
Rua Moinho do Gato, 5
2710-661 - Várzea de Sintra, Sintra
www.tharpa.pt
@tharpaportugal
info@tharpa.pt

Sumário

Ilustrações

Nota do Tradutor

As palavras de origem sânscrita e tibetana, como *Bodhichitta*, *Bodhisattva*, *Dharma*, *Geshe*, *Sangha* etc., foram grafadas como aparecem na edição original deste livro, em língua inglesa, em respeito ao trabalho de transliteração previamente realizado e por evocarem a pureza das línguas originais das quais procedem.

Em alguns casos, contudo, optou-se por aportuguesar as palavras já assimiladas à língua portuguesa (Buda, Budeidade, Budismo, carma) em vez de escrevê-las de acordo com a sua transliteração (*Buddha*, *karma*).

Prefácio

As instruções dadas neste livro são métodos científicos para melhorar nossa natureza e qualidades humanas por meio do desenvolvimento da capacidade da nossa mente. Nos últimos anos, nosso conhecimento tecnológico moderno aumentou consideravelmente e, como resultado, testemunhamos um extraordinário progresso material; porém, a felicidade humana não aumentou de forma correspondente a esse progresso material. No mundo de hoje, não há menos sofrimento nem menos problemas. Na verdade, pode-se dizer que há agora mais problemas e perigos maiores do que jamais houve anteriormente. Isso mostra que a causa de felicidade e a solução para os nossos problemas não se encontram no conhecimento de coisas materiais. Felicidade e sofrimento são estados mentais e, por essa razão, suas causas principais não podem ser encontradas fora da mente. Se quisermos ser verdadeiramente felizes e livres do sofrimento, precisamos aprender a como controlar nossa mente.

Quando as coisas vão mal em nossa vida e encontramos situações difíceis, temos a tendência de considerar a situação em si mesma como sendo o *nosso* problema, mas, na verdade, qualquer problema que experienciamos surge da mente. Se respondêssemos às situações difíceis com uma mente positiva ou pacífica, elas não seriam problemas para nós; na verdade, poderíamos até mesmo vir a considerá-las como desafios ou oportunidades de crescimento e desenvolvimento. Problemas surgem apenas se respondermos às dificuldades com um estado mental negativo. Portanto, se temos o desejo de ficar livres de problemas, precisamos transformar a nossa mente.

Buda ensinou que a mente tem o poder de criar todos os objetos agradáveis e desagradáveis. O mundo é o resultado do carma, ou ações, dos seres que nele habitam. Um mundo puro é o resultado de ações puras, e um mundo impuro é o resultado de ações impuras. Uma vez que todas as ações são criadas pela mente, tudo, em última instância, é criado pela mente, inclusive o próprio mundo. Não há outro criador além da mente.

Costumamos dizer "eu criei isto e aquilo" ou "ele criou isto e aquilo", mas o verdadeiro criador de tudo é a mente, porque tudo é uma mera designação, ou imputação, feita pela mente. Isso está claramente explicado em detalhes no capítulo *Treinar a Bodhichitta Última*. Somos como servos da nossa mente; sempre que ela deseja fazer algo, temos que fazê-lo sem escolha alguma. Desde tempos sem início até agora, temos estado sob o controle da nossa mente, sem nenhuma liberdade; mas, se praticarmos sinceramente as instruções dadas neste livro, podemos reverter essa situação e ganhar controle sobre a nossa mente. Quando isso acontecer, e somente então, teremos verdadeira liberdade.

Estudando muitos textos budistas, podemos nos tornar um erudito renomado; mas, se não colocarmos os ensinamentos de Buda em prática, nosso entendimento do Budismo permanecerá oco, vazio, sem poder algum para solucionar nossos próprios problemas ou os dos outros. Ter a expectativa de que o entendimento intelectual de textos budistas, por si só, solucione nossos problemas é semelhante a um doente que tem a esperança de curar sua doença simplesmente lendo prescrições médicas, sem efetivamente tomar o medicamento. Como o mestre budista Shantideva diz:

Precisamos colocar os ensinamentos de Buda, o Dharma,
em prática
Porque nada pode ser conquistado apenas com a leitura
de palavras.
Um doente jamais será curado de sua doença
Por apenas ler prescrições médicas!

Todos os seres vivos têm o desejo sincero de evitar sofrimento e problemas de forma permanente. Normalmente, tentamos fazer isso utilizando métodos exteriores, mas não importa quão bem-sucedidos sejamos do ponto de vista mundano – não importa quão ricos, poderosos ou altamente respeitados nos tornemos – nunca encontraremos libertação permanente do sofrimento e dos problemas. Em realidade, todos os problemas que experienciamos no dia a dia provêm do nosso autoapreço e agarramento ao em-si – concepções errôneas que exageram nossa própria importância. No entanto, porque não entendemos isso, culpamos os outros pelos nossos problemas e isso apenas faz com que esses problemas piorem. É a partir dessas duas concepções errôneas básicas que todas as nossas delusões, como raiva e apego, surgem, fazendo-nos experienciar problemas sem fim.

Rezo para que todos os que leiam este livro possam experienciar profunda paz interior, ou paz mental, e realizar o verdadeiro significado da vida humana. Eu, particularmente, gostaria de encorajar todos a lerem, especificamente, o capítulo *Treinar a Bodhichitta Última*. Por meio da leitura e da contemplação cuidadosa desse capítulo, muitas e muitas vezes e com uma mente positiva, você obterá uma compreensão muito profunda, ou sabedoria, que trará grande significado à sua vida.

Geshe Kelsang Gyatso

PARTE UM:

Sutra

Buda Shakyamuni

Explicação Preliminar

O QUE É O BUDISMO?

Budismo é a prática dos ensinamentos de Buda, também denominados "Dharma", palavra que significa "proteção". Praticando os ensinamentos de Buda, os seres vivos ficam permanentemente protegidos do sofrimento. O fundador do Budismo é Buda Shakyamuni, que, em 589 a.C., em Bodh Gaya, na Índia, mostrou como alcançar a meta suprema dos seres vivos – a conquista da iluminação. Por solicitação dos deuses Brahma e Indra, Buda começou, então, a expor seus profundos ensinamentos, ou seja, "girou a Roda do Dharma". Buda deu 84 mil ensinamentos e, a partir desses preciosos ensinamentos, o Budismo se desenvolveu neste mundo.

Podemos ver, atualmente, muitos tipos diferentes de Budismo, como o Budismo Zen e o Theravada. Esses diferentes aspectos são, todos eles, práticas dos ensinamentos de Buda, e todos são igualmente preciosos: eles são apenas apresentações diferentes. Neste livro, explicarei o Budismo de acordo com a Tradição Kadampa, que eu tenho estudado e praticado. Esta explicação não é dada com o objetivo de um entendimento intelectual, mas para que se obtenham profundas realizações através das quais possamos solucionar os nossos problemas diários das delusões e realizar o verdadeiro sentido de nossa vida humana.

Há dois estágios na prática dos ensinamentos de Buda: as práticas de Sutra e as de Tantra, ambas explicadas neste livro. Embora as instruções aqui apresentadas venham de Buda Shakyamuni e de mestres budistas como Atisha, Je Tsongkhapa e de nossos professores atuais, este livro é intitulado *Budismo Moderno* porque sua apresentação do Dharma foi concebida especialmente para as pessoas do mundo moderno. A minha intenção ao escrever este livro é dar ao leitor um forte encorajamento para que desenvolva e mantenha compaixão e sabedoria. Se todos praticarem sinceramente o caminho da compaixão e da sabedoria, todos os seus problemas serão solucionados e nunca mais voltarão a surgir. Isto, eu posso garantir.

Precisamos praticar os ensinamentos de Buda porque não existe nenhum outro método verdadeiro para solucionar os problemas humanos. A tecnologia moderna, por exemplo, não pode ser considerada um método autêntico para solucionar os problemas humanos pelo fato de ela, frequentemente, ocasionar ainda mais sofrimentos e perigos. Embora queiramos ser felizes o tempo todo, não sabemos como conseguir isso e estamos sempre destruindo a nossa própria felicidade ao gerarmos raiva, visões negativas e intenções negativas. Até em nossos sonhos, estamos sempre tentando fugir dos problemas, mas não sabemos como nos libertar do sofrimento e dos problemas. Como não compreendemos a verdadeira natureza das coisas, estamos sempre criando o nosso próprio sofrimento e problemas ao cometer ações inadequadas ou não-virtuosas.

A fonte de todos os nossos problemas e sofrimentos do dia a dia é o nosso desejo descontrolado, também conhecido como "apego". Desde tempos sem início, porque temos tido desejos descontrolados visando a satisfação dos nossos próprios desejos, cometemos diversos tipos de ações não-virtuosas – ações que prejudicam os outros. Como resultado, experienciamos continuamente diversos tipos de sofrimento e condições de infelicidade vida após vida, sem fim. Quando nossos desejos não são satisfeitos, normalmente experienciamos sensações desagradáveis, como infelicidade ou depressão: as sensações desagradáveis são o *nosso próprio* problema, uma vez que somos muito apegados à satisfação dos nossos desejos. Quando perdemos um amigo próximo, experienciamos dor e infelicidade, mas isso somente acontece porque não temos habilidade de controlar nosso desejo. Quando perdemos nossas posses e as coisas de que gostamos, experienciamos infelicidade e ficamos perturbados e com raiva. Isso acontece porque nossos desejos pelas coisas são descontrolados. Se fôssemos capazes de controlar nosso desejo, não haveria base para experienciarmos esses problemas. Muitas pessoas envolvem-se em lutas, ações criminosas e, até mesmo, em guerras: todas essas ações surgem de seu desejo descontrolado em satisfazer seus próprios desejos. Assim, podemos ver que não há um único problema experienciado pelos seres vivos que não venha de seus desejos descontrolados. Isto prova que, a menos que controlemos nosso desejo, os nossos problemas nunca irão cessar. Portanto, qualquer pessoa – budista ou não-budista – que não deseje experienciar problemas e sofrimentos deverá aprender a controlar seu desejo por meio do treino nas meditações específicas que são apresentadas nos ensinamentos de Buda.

Precisamos entender que os nossos problemas não existem fora de nós, mas fazem parte da nossa mente, que está experienciando sensações desagradáveis. Por exemplo, quando nosso computador tem um problema, costumamos dizer "eu tenho um problema", mas, na realidade, o problema é do computador e não nosso. O problema do computador é um problema exterior, e o *nosso* problema – o qual é a nossa própria sensação desagradável – é um problema interior. Esses dois problemas são totalmente diferentes. Precisamos solucionar o problema do computador consertando-o, e precisamos solucionar o *nosso próprio* problema por meio de controlarmos o nosso desejo de que o problema do computador seja solucionado. Mesmo se conseguirmos solucionar o problema do computador, se formos incapazes de controlar nosso desejo pelo computador, continuaremos a experienciar novos problemas relacionados com o computador. O mesmo acontece com a nossa casa, o nosso dinheiro, os nossos relacionamentos, e assim por diante. Como a maioria das pessoas acredita equivocadamente que os problemas exteriores são os seus próprios problemas, elas buscam refúgio em objetos errôneos. Como resultado, o seu sofrimento e os seus problemas nunca acabam.

Enquanto formos incapazes de controlar as nossas delusões, como o nosso desejo descontrolado, teremos de experienciar sofrimentos e problemas continuamente nesta vida e vida após vida, sem fim. Como estamos firmemente atados pela corda do desejo descontrolado que temos pelos prazeres do samsara (o ciclo de vida impura), para nós é impossível ficarmos livres de sofrimentos e problemas a não ser que pratiquemos os ensinamentos de Buda – o Dharma. Entendendo isso, devemos desenvolver e manter o forte desejo de abandonar a raiz do sofrimento – o desejo descontrolado. Esse forte desejo de abandonar a raiz do sofrimento é denominado "renúncia", e surge da nossa sabedoria.

Os ensinamentos de Buda são métodos científicos para solucionar permanentemente os problemas de todos os seres vivos. Colocando os seus ensinamentos em prática, seremos capazes de controlar o nosso desejo e, como consequência disso, ficaremos permanentemente livres de todos os nossos sofrimentos e problemas. Podemos então entender, apenas com esta explicação, como os ensinamentos de Buda – o Dharma – são preciosos e importantes para todos. Como foi mencionado acima, uma vez que todos os nossos problemas vêm do desejo descontrolado, e visto que não existe outro método que não os ensinamentos de Buda – o Dharma – para controlar nosso desejo, fica claro que somente o Dharma é o verdadeiro método para solucionar os nossos problemas diários.

Por praticar os ensinamentos de Buda sobre a visão profunda da vacuidade, apresentados no capítulo *Treinar a Bodhichitta Última*, podemos solucionar permanentemente nossos problemas diários que surgem do apego, da raiva e da ignorância do agarramento ao em-si.

A raiz do desejo descontrolado e de todo o nosso sofrimento é a ignorância do agarramento ao em-si – a ignorância sobre o modo como as coisas realmente existem. Sem confiarmos nos ensinamentos de Buda, não conseguiremos identificar essa ignorância; e, sem praticar os ensinamentos de Buda sobre a vacuidade, não poderemos abandoná-la. Consequentemente, não teremos a oportunidade de alcançar a libertação do sofrimento e dos problemas. Por meio desta explicação, podemos compreender que todos os seres vivos precisam praticar o Dharma, uma vez que todos – sejam eles humanos ou não-humanos, budistas ou não-budistas – desejam ser livres do sofrimento e dos problemas. Não existe outro método para conquistar esse objetivo.

A FÉ BUDISTA

Para os budistas, ter fé em Buda Shakyamuni é sua vida espiritual: é a raiz de todas as realizações de Dharma. Se tivermos profunda fé em Buda, naturalmente desenvolveremos o forte desejo de praticar seus ensinamentos. Com esse desejo, aplicaremos decididamente esforço em nossa prática de Dharma e, com forte esforço, conquistaremos a libertação permanente do sofrimento desta vida e das incontáveis vidas futuras.

A conquista da libertação permanente do sofrimento depende de colocarmos esforço em nossa prática de Dharma, que depende do forte desejo de praticar o Dharma, e que, por sua vez, depende de termos profunda fé em Buda. Por essa razão, podemos compreender que, se quisermos verdadeiramente experienciar grande benefício da nossa prática do Budismo, precisamos desenvolver e manter profunda fé em Buda.

Como desenvolvemos e mantemos essa fé? Em primeiro lugar, devemos saber por que precisamos obter libertação permanente do sofrimento. Não é suficiente experienciar apenas libertação temporária de um sofrimento específico: todos os seres vivos, incluindo os animais, experienciam libertação temporária de sofrimentos específicos. Os animais experienciam libertação temporária do sofrimento humano; e os humanos experienciam libertação temporária do sofrimento animal. Podemos estar, neste momento, livres de sofrimento físico e de dor mental, mas isso é apenas temporário. Mais tarde, nesta vida e em nossas incontáveis vidas futuras, teremos de experienciar insuportável sofrimento físico e dor mental muitas vezes, sem fim. No ciclo de vida impura, o samsara, ninguém tem libertação permanente; todos têm de experienciar continuamente os sofrimentos da doença, envelhecimento, morte e renascimento descontrolado, vida após vida, sem fim.

Nesse ciclo de vida impura há vários reinos, ou mundos, impuros nos quais podemos renascer: os três reinos inferiores (o reino animal, o reino dos fantasmas famintos e o reino do inferno) e os três reinos superiores (o reino dos deuses, o reino dos semideuses e o reino humano). De todos os mundos impuros, o inferno é o pior: é o mundo que aparece para o pior de todos os tipos de mente. O mundo de um animal é menos impuro, e o mundo que aparece para os seres humanos é menos impuro do que o mundo que aparece aos animais. No entanto, existe sofrimento em todos os reinos. Quando renascemos como um ser humano, temos de experienciar sofrimento humano; quando renascemos como um animal, temos de experienciar sofrimento animal; e quando renascemos como um ser-do-inferno, temos de experienciar o sofrimento de um ser-do-inferno. Contemplando isso, realizaremos que apenas experienciar libertação temporária de sofrimentos específicos não é bom o bastante: precisamos, definitivamente, obter libertação permanente dos sofrimentos desta vida e de todas as nossas incontáveis vidas futuras.

Como podemos realizar isso? Somente colocando os ensinamentos de Buda em prática. O motivo é que somente os ensinamentos de Buda são os métodos verdadeiros para abandonar a nossa ignorância do agarramento ao em-si, a fonte de todo o nosso sofrimento. Em seu ensinamento intitulado *Sutra Rei da Concentração*, Buda diz:

Um mágico cria várias coisas
Como cavalos, elefantes e assim por diante.
Suas criações não existem verdadeiramente;
Deves conhecer todas as coisas do mesmo modo.

Esse ensinamento, por si só, tem o poder de libertar todos os seres vivos permanentemente de seus sofrimentos. Por meio de praticar e realizar esse ensinamento, que é explicado em detalhe no capítulo *Treinar a Bodhichitta Última*, podemos erradicar permanentemente a raiz de todo o nosso sofrimento, a nossa ignorância do agarramento ao em-si. Quando isso acontecer, experienciaremos a suprema paz mental permanente, conhecida como "nirvana", a libertação permanente do sofrimento, que é o nosso desejo mais profundo e o verdadeiro sentido da vida humana. Esse é o objetivo principal dos ensinamentos de Buda.

Entendendo isso, apreciaremos profundamente a grande bondade de Buda para com todos os seres vivos ao dar métodos profundos para conquistar a liberdade permanente do ciclo de sofrimento da doença, envelhecimento, morte e renascimento. Nem mesmo nossa própria mãe possui a compaixão que deseja nos libertar desses sofrimentos; somente Buda tem essa compaixão por todos os seres vivos, sem exceção. Na verdade, Buda já está nos libertando quando revela o caminho da sabedoria que nos conduz à meta suprema da vida humana. Precisamos contemplar esse ponto muitas vezes, até desenvolvermos profunda fé em Buda. Essa fé é o objeto da nossa meditação; devemos transformar nossa mente em uma mente de fé em Buda e mantê-la estritamente focada pelo maior tempo possível. Praticando continuamente essa contemplação e meditação, manteremos profunda fé em Buda dia e noite, por toda a nossa vida.

Uma das funções principais de Buda é conceder paz mental para todos e cada um dos seres vivos através de lhes conferir bênçãos. Os seres vivos, por si sós, são incapazes de cultivar uma mente pacífica; é somente por receber as bênçãos de Buda em seu *continuum* mental que os seres vivos, incluindo até mesmo os animais, podem experienciar paz mental. Quando suas mentes estão pacíficas e calmas, eles são verdadeiramente felizes; mas, se suas mentes não estão em paz, eles não são felizes, mesmo que suas condições exteriores sejam perfeitas. Isso prova que a felicidade depende de paz mental, e já que paz mental depende das bênçãos de Buda, Buda é, por esta razão, a fonte de toda a felicidade. Entendendo e contemplando isso, desenvolveremos e manteremos profunda fé em Buda e iremos gerar o forte desejo de praticar seus ensinamentos, em geral, e o Lamrim Kadam, em particular.

O QUE É A MENTE?

Embora falemos com frequência sobre a nossa mente, se alguém nos perguntasse "o que é a mente?", não teríamos uma resposta clara. Algumas pessoas dizem que o nosso cérebro é a mente, mas isso é incorreto. O cérebro não pode ser a mente, porque o cérebro é, apenas, uma parte do corpo – podemos ver o cérebro diretamente com os nossos olhos e podemos, até mesmo, fotografá-lo. Porém, a mente não é uma parte do corpo – ela não pode ser vista com os nossos olhos e não pode ser fotografada. Portanto, fica claro que o cérebro não é a mente. É apenas nos ensinamentos de Buda que podemos encontrar uma resposta clara para a pergunta: "o que é a mente?".

Buda deu explicações claras e detalhadas sobre a mente, que podemos ler a seguir. A mente é algo cuja natureza é vazia, semelhante ao espaço; a mente nunca teve características físicas, formato ou cor, e cuja função é perceber e compreender objetos. A mente tem três níveis diferentes: denso, sutil e muito sutil. Durante nossos sonhos, temos uma consciência onírica, por meio da qual vários tipos de coisas sonhadas aparecem para nós. Essa consciência é uma mente sutil, porque é difícil de ser identificada, ou reconhecida. Durante o sono profundo, temos apenas consciência mental, que percebe vacuidade unicamente. Essa consciência é denominada "clara-luz do sono" e é a mente muito sutil, o que significa que essa mente é extremamente difícil de ser identificada, ou reconhecida.

Durante o período em que estamos acordados, temos uma consciência do estado acordado (ou de vigília); por meio dela, vários tipos de coisas do estado de vigília aparecem para nós. Essa consciência é a mente densa, o que significa que ela não é difícil de ser identificada. Quando dormimos, nossa mente densa (a consciência do estado de vigília) dissolve-se em nossa mente sutil do sono. Ao mesmo tempo, todas as nossas aparências do mundo do estado acordado tornam-se não-existentes; e, quando experienciamos o sono profundo, nossa mente sutil do sono dissolve-se em nossa mente muito sutil do sono: a clara-luz do sono. Nessa etapa, ficamos parecidos com uma pessoa que morreu. Então, porque nossa conexão cármica com esta vida é mantida, nossa mente densa (a consciência do estado de vigília) surge novamente a partir da clara-luz do sono, e as várias coisas do estado de vigília aparecem de novo para nós.

O processo de dormir é muito parecido com o processo de morrer. A diferença entre eles é que, quando estamos morrendo, nossas mentes densa e sutil se dissolvem na nossa mente muito sutil da morte, conhecida como "a clara-luz da morte". Depois, porque nossa conexão cármica com esta vida chegou ao fim, nossa mente muito sutil deixa este corpo, vai para a próxima vida e ingressa em um novo corpo; então, todos os diversos tipos de coisas da próxima vida aparecerão para nós. Tudo será totalmente novo.

Com essa explicação sobre a mente podemos compreender, de modo bastante claro, a existência de nossas vidas futuras, de maneira que podemos preparar, a partir de agora, a felicidade e a liberdade de nossas incontáveis vidas futuras por meio de praticarmos os ensinamentos de Buda – o Dharma. Não há nada mais significativo do que isso. Nossa vida atual é apenas uma única vida, mas nossas vidas futuras são incontáveis. Portanto, não há dúvida de que as vidas futuras são mais importantes que esta vida.

QUEM SÃO OS KADAMPAS?

"Ka" refere-se aos ensinamentos de Buda, e "dam" refere-se às instruções de Atisha sobre o Lamrim (as *Etapas do Caminho à Iluminação*, também conhecidas como Lamrim Kadam). Assim, "Kadam" refere-se à união dos ensinamentos de Buda e das instruções de Atisha, e os praticantes sinceros do Lamrim Kadam são denominados "Kadampas". Existem duas Tradições Kadampa: a antiga e a nova. Os praticantes da Antiga Tradição Kadampa surgiram para enfatizar mais a prática do Lamrim Kadam de Sutra do que a prática de Tantra. Mais tarde, Je Tsongkhapa e seus discípulos enfatizaram a prática do Lamrim Kadam tanto de Sutra como de Tantra igualmente. Essa nova tradição fundada por Je Tsongkhapa é denominada Nova Tradição Kadampa.

Os kadampas confiam sinceramente em Buda Shakyamuni, porque Buda é a fonte do Lamrim Kadam; eles confiam sinceramente em Avalokiteshvara, o Buda da Compaixão, e no Protetor de Sabedoria do Dharma, indicando que sua prática principal é compaixão e sabedoria; e confiam sinceramente em Arya Tara, porque ela prometeu a Atisha que, no futuro, cuidaria especialmente dos praticantes kadampa. Por essa razão, esses quatro seres sagrados iluminados são chamados de os "Quatro Gurus-Deidades Kadampa".

O fundador da Tradição Kadampa é o grande mestre e erudito budista Atisha. Atisha nasceu como um príncipe em Bengala Oriental, na Índia, em 982. O nome do seu pai era Kalyanashri (Virtude Gloriosa), e o de sua mãe, Prabhavarti Shrimati (Radiância Gloriosa). Ele foi o segundo de três filhos e, quando nasceu, recebeu o nome Chandragarbha (Essência da Lua). O nome Atisha, que significa "paz", foi-lhe dado posteriormente pelo rei tibetano Jangchub Ö, porque ele sempre estava calmo e pacífico.

Quando ainda era criança, os pais de Chandragarbha levaram-no para visitar um templo. Ao longo do caminho, milhares de pessoas reuniram-se para ver se conseguiriam enxergar o príncipe de relance. Quando as viu, Chandragarbha perguntou "Quem são essas pessoas?", e os seus pais responderam-lhe: "Elas são os nossos súditos". Compaixão surgiu espontaneamente no coração do príncipe e ele rezou: "Que todas essas pessoas desfrutem de uma boa sorte tão grande quanto a minha". Sempre que Chandragarbha se encontrava com alguém, o seguinte desejo surgia de modo natural em sua mente: "Que esta pessoa encontre felicidade e se liberte do sofrimento".

Mesmo quando ainda era uma criança pequena, Chandragarbha recebia visões de Arya Tara, um ser iluminado feminino. Algumas vezes, enquanto estava no colo de sua mãe, flores azuis de upala caíam do céu e ele começava a conversar, como se estivesse a falar com as flores. Mais tarde, iogues explicaram à sua mãe que as flores azuis que ela havia visto eram um sinal de que Tara estava aparecendo para o seu filho e conversando com ele.

Quando o príncipe cresceu, seus pais desejaram arranjar um casamento para ele, mas Tara aconselhou-o: "Se te apegares ao teu reino, serás como um elefante que afundou no lodo e não consegue mais se levantar novamente por si só porque é demasiado grande e pesado. Não te apegues a esta vida. Estuda e pratica o Dharma. Foste um Guia Espiritual em muitas das tuas vidas anteriores e, nesta vida, tornar-te-ás também um Guia Espiritual". Inspirado por essas palavras, Chandragarbha desenvolveu um interesse muito forte de estudar e praticar o Dharma e tornou-se determinado a alcançar todas as realizações dos ensinamentos de Buda. Ele sabia que, para realizar o seu objetivo, precisaria encontrar um Guia Espiritual plenamente qualificado. Inicialmente, procurou um famoso professor budista chamado Jetari, que vivia nas proximidades, e solicitou instruções de Dharma sobre como encontrar a libertação do samsara. Jetari deu-lhe instruções sobre refúgio e bodhichitta e então lhe disse que, se quisesse praticar puramente, deveria ir para Nalanda e aprender com o Guia Espiritual Bodhibhadra.

Quando se encontrou com Bodhibhadra, o príncipe disse: "Eu realizei que o samsara é sem sentido e que somente a libertação e a plena iluminação valem verdadeiramente a pena. Por favor, dá-me instruções de Dharma que me conduzam rapidamente ao estado além da dor, o nirvana". Bodhibhadra deu-lhe breves instruções sobre gerar a bodhichitta e aconselhou: "Se desejas praticar o Dharma puramente, deves procurar o Guia Espiritual Vidyakokila". Bodhibhadra sabia que Vidyakokila era um grande meditador que havia alcançado uma realização perfeita da vacuidade e que era muito hábil em ensinar as etapas do caminho profundo.

Vidyakokila deu a Chandragarbha instruções completas sobre ambos os caminhos, o vasto e o profundo, e enviou-o então para estudar com o Guia Espiritual Avadhutipa. Avadhutipa não o orientou imediatamente, mas disse ao príncipe que fosse a Rahulagupta para receber as instruções sobre os Tantras de Heruka e de Hevajra e, depois, que retornasse para receber instruções mais detalhadas sobre o Tantra, ou Mantra Secreto. Rahulagupta deu a Chandragarbha o nome secreto de Janavajra (Sabedoria Indestrutível) e a sua primeira iniciação, que foi sobre prática de Hevajra. Depois, disse-lhe para voltar ao seu lar e obter o consentimento de seus pais.

Embora o príncipe não fosse apegado à vida mundana, para ele ainda era importante obter a permissão de seus pais para praticar da maneira que desejava. Assim, ele retornou aos seus pais e disse: "Se eu praticar o Dharma puramente, então, como Arya Tara predisse, serei capaz de retribuir a vossa bondade e a bondade de todos os seres vivos. Se eu puder fazer isso, minha vida humana não terá sido desperdiçada. Caso contrário, ainda que eu passe todo o meu tempo em um glorioso palácio, minha vida será sem significado. Por favor, dai-me o vosso consentimento para deixar o reino e dedicar toda a minha vida à prática do Dharma". O pai de Chandragarbha ficou infeliz ao ouvir isso e quis impedir que o filho abandonasse as suas perspectivas de vida como futuro rei, mas a sua mãe ficou deleitada ao ouvir que o seu filho desejava dedicar a vida ao Dharma. Ela recordou que, no nascimento dele, haviam acontecido sinais maravilhosos, tais como arco-íris, e lembrou-se de milagres como o das flores azuis de upala caindo do céu. Ela sabia que o seu filho não era um príncipe comum e deu-lhe a sua permissão, sem hesitar. Com o tempo, o rei também concordou com o desejo do seu filho.

Chandragarbha retornou a Avadhutipa e, por sete anos, recebeu instruções sobre o Mantra Secreto. Ele se tornou tão realizado que, em uma ocasião, desenvolveu orgulho, pensando: "Provavelmente, eu sei mais sobre o Mantra Secreto do que qualquer outra pessoa em todo o mundo". Naquela noite, Dakinis apareceram em seu sonho e lhe mostraram escrituras raras, que ele nunca havia visto antes. Elas lhe perguntaram: "O que estes textos significam?", mas ele não tinha ideia. Quando acordou, o seu orgulho havia desaparecido.

Mais tarde, Chandragarbha começou a pensar que poderia emular a maneira como Avadhutipa praticava e, na condição de leigo, esforçar-se para alcançar a iluminação rapidamente, através de praticar o Mahamudra na dependência de um mudra-ação; porém, ele recebeu uma visão de Heruka, que lhe disse que, se recebesse a ordenação, seria capaz de ajudar incontáveis seres e difundir o Dharma ampla e extensamente. Naquela mesma noite, sonhou que acompanhava uma procissão de monges na presença de Buda Shakyamuni, que se perguntava por que Chandragarbha ainda não havia recebido a ordenação. Quando acordou do seu sonho, decidiu tornar-se monge. Ele recebeu a ordenação de Shilarakshita, e lhe foi dado o nome de Dhipamkara Shrijana.

Do Guia Espiritual Dharmarakshita, Dhipamkara Shrijana recebeu extensas instruções sobre *Sete Conjuntos do Abhidharma* e *Oceano de Grande Explanação* – textos estes escritos do ponto de vista do sistema vaibhashika. Desta maneira, ele se tornou um mestre nos ensinamentos hinayana.

Ainda insatisfeito, Dhipamkara Shrijana foi receber instruções detalhadas em Bodh Gaya. Um dia, ouviu por acaso uma conversa entre duas mulheres que, na verdade, eram emanações de Arya Tara. A mais jovem perguntou para a mais idosa: "Qual é o método principal para alcançar a iluminação rapidamente?", e a mais idosa respondeu: "É a bodhichitta". Ouvindo isso, Dhipamkara Shrijana determinou-se a alcançar a preciosa bodhichitta. Mais tarde, enquanto circunvolvia a grande estupa em Bodh Gaya, uma estátua de Buda Shakyamuni falou com ele, dizendo: "Se desejas alcançar a iluminação rapidamente, deves ganhar experiência em compaixão, amor e na preciosa bodhichitta". Seu desejo em realizar a bodhichitta tornou-se então intenso. Ele ouviu que o Guia Espiritual Serlingpa, que vivia muito longe em um lugar chamado Serling, em Sumatra, havia alcançado uma experiência muito especial de bodhichitta e que era capaz de dar instruções sobre os *Sutras Perfeição de Sabedoria*.

Dhipamkara Shrijana navegou durante treze meses para chegar até Sumatra. Quando chegou ali, ofereceu um mandala a

Serlingpa e fez-lhe pedidos. Serlingpa disse-lhe que as instruções levariam doze anos para serem transmitidas. Dhipamkara Shrijana ficou em Sumatra durante os doze anos e, por fim, obteve a preciosa realização de bodhichitta. Então, ele retornou para a Índia.

Por confiar em seus Guia Espirituais, Atisha obteve um conhecimento especial sobre os três conjuntos de ensinamentos de Buda – o conjunto da disciplina moral, o conjunto dos discursos e o conjunto da sabedoria – e das quatro classes de Tantra. Ele também dominou as artes e as ciências – tais como a poesia, a retórica e a astrologia –, e foi um excelente médico, além de ser muito hábil em ofícios artesanais e tecnologia.

Atisha também alcançou todas as realizações dos três treinos superiores: o treino em disciplina moral superior, o treino em concentração superior e o treino em sabedoria superior. Visto que todas as etapas de Sutra (como as seis perfeições, os cinco caminhos, os dez solos) e todas as etapas de Tantra (como o estágio de geração e o estágio de conclusão) estão incluídas nos três treinos superiores, Atisha obteve, assim, todas as realizações das etapas do caminho.

Há três tipos de disciplina moral superior: a disciplina moral superior dos votos pratimoksha, ou votos de libertação individual; a disciplina moral superior do voto bodhisattva; e a disciplina moral superior dos votos tântricos. Os votos para abandonar as 253 quedas morais, assumidos por um monge plenamente ordenado, estão entre os votos pratimoksha. Atisha nunca quebrou nenhum deles. Isso mostra que ele possuía uma contínua-lembrança (*mindfulness*) muito forte e uma conscienciosidade muito grande. Ele também manteve puramente o voto bodhisattva de evitar as dezoito quedas morais raízes e as 46 quedas morais secundárias, além de manter puramente todos os seus votos tântricos.

As aquisições de concentração superior e sabedoria superior são divididas em comum e incomum. Uma aquisição comum é aquela que é obtida por praticantes tanto de Sutra quanto de Tantra, e uma aquisição incomum é aquela obtida somente por praticantes de Tantra. Por ter treinado em concentração superior, Atisha obteve a concentração comum do tranquilo-permanecer e, com base nela, clarividência, poderes miraculosos e virtudes comuns. Ele também alcançou concentrações incomuns, como as concentrações do estágio de geração e do estágio de conclusão do Mantra Secreto. Por treinar em sabedoria superior, Atisha obteve a realização comum da vacuidade e as realizações incomuns da clara-luz-exemplo e da clara-luz-significativa do Mantra Secreto.

Atisha dominava tanto os ensinamentos hinayana quanto os ensinamentos mahayana, e era respeitado por professores de ambas as tradições. Ele era como um rei, o ornamento-coroa dos budistas indianos, e visto como um segundo Buda.

Antes da época de Atisha, o trigésimo sétimo rei do Tibete, Trisong Detsen (cerca de 754–797), havia convidado Padmasambhava, Shantarakshita e outros professores budistas da Índia para irem ao Tibete e, por meio da influência deles, o Dharma puro floresceu; mas, alguns anos depois, um rei tibetano chamado Lang Darma (cerca de 836) destruiu o Dharma puro no Tibete e aboliu a Sangha. Até aquele momento, a maioria dos reis havia sido religiosa, mas, durante o maléfico reinado de Lang Darma houve uma era de trevas no país. Por volta de setenta anos após a sua morte, o Dharma começou a florescer novamente na parte mais elevada do Tibete por meio dos esforços de grandes professores, tais como o tradutor Rinchen Sangpo, e também começou a florescer na parte mais baixa do Tibete por meio dos esforços de um grande professor chamado Gongpa Rabsel. Gradualmente, o Dharma difundiu-se para o Tibete Central.

Nessa época não havia uma prática pura da união do Sutra e do Tantra. As duas práticas eram consideradas contraditórias, como fogo e água. Quando as pessoas praticavam o Sutra, abandonavam o Tantra; e quando praticavam o Tantra, abandonavam o Sutra, incluindo até mesmo as regras do Vinaya. Falsos professores vieram da Índia, desejando obter um pouco do abundante ouro tibetano. Passando-se por Guias Espirituais e iogues, eles introduziram perversões tais como magia negra, criação de aparições, práticas sexuais e assassinato ritual. Essas práticas deturpadas se espalharam rapidamente.

Um rei chamado Yeshe Ö e seu sobrinho, Jangchub Ö, que viviam em Ngari, no Tibete ocidental, estavam profundamente preocupados sobre o que estava acontecendo com o Dharma em seu país. O rei chorou quando pensou na pureza do Dharma em tempos passados comparada com o Dharma impuro que agora estava sendo praticado. Ele sofria ao ver quão endurecidas e descontroladas as mentes das pessoas haviam se tornado. Yeshe Ö pensou: "Que maravilhoso seria se o Dharma puro florescesse novamente no Tibete para domar as mentes do nosso povo". Para realizar esse desejo, enviou tibetanos à Índia para aprender sânscrito e treinar o Dharma, mas muitos deles foram incapazes de suportar o clima quente. Os poucos que sobreviveram aprenderam o sânscrito e treinaram muito bem o Dharma. Dentre eles estava o tradutor Rinchen Sangpo, que recebeu muitas instruções e então retornou ao Tibete.

Uma vez que esse plano não havia obtido muito sucesso, Yeshe Ö decidiu convidar um autêntico professor budista para vir da Índia. Ele enviou um grupo de tibetanos para a Índia com uma grande quantidade de ouro e deu-lhes a missão de procurar pelo Guia Espiritual mais qualificado existente na Índia. Aconselhou a todos para estudarem o Dharma e obterem perfeito conhecimento do sânscrito. Esses tibetanos sofreram todas as adversidades do clima e da viagem a fim de cumprirem o objetivo do rei. Alguns se tornaram tradutores famosos. Eles traduziram muitas escrituras e as enviaram ao rei, para o seu grande deleite.

Quando esses tibetanos retornaram ao Tibete, informaram a Yeshe Ö: "Na Índia há muitos professores budistas eruditos, mas o mais ilustre e sublime de todos é Dhipamkara Shrijana. Nós gostaríamos de convidá-lo para vir ao Tibete, mas ele tem milhares de discípulos na Índia". Quando Yeshe Ö ouviu o nome "Dhipamkara Shrijana", ficou contente e determinado a convidar esse mestre para vir ao Tibete. Como já havia usado a maior parte do seu ouro e mais se fazia necessário agora para convidar Dhipamkara Shrijana ao Tibete, o rei saiu em uma expedição à procura de mais ouro. Quando chegou a uma das fronteiras, um rei hostil, não-budista, capturou-o e jogou-o na prisão. Quando as notícias chegaram a Jangchub Ö, ele ponderou: "Sou poderoso o bastante para empreender uma guerra contra esse rei, mas, se eu fizer isso, muitas pessoas sofrerão e terei de cometer muitas ações destrutivas e nocivas". Assim, ele decidiu fazer um apelo pela libertação do seu tio, mas o rei respondeu dizendo: "Libertarei teu tio somente se te tornares meu súdito ou me trouxeres uma quantidade de ouro tão pesada quanto o corpo dele". Com grande dificuldade, Jangchub Ö conseguiu reunir ouro equivalente ao peso do corpo do seu tio, com exceção do peso de sua cabeça. Visto que o rei exigia a quantidade que faltava, Jangchub Ö preparou-se para sair em busca de mais ouro, mas, antes de partir, visitou o seu tio. Ele encontrou Yeshe Ö fisicamente fraco, mas com um bom estado mental. Jangchub Ö disse-lhe através das grades da prisão: "Em breve, serei capaz de libertá-lo, pois já consegui reunir quase todo o ouro". Yeshe Ö respondeu: "Por favor, não me trates como se eu fosse importante. Tu não deves dar o ouro a esse rei hostil. Envia-o todo à Índia e oferece-o a Dhipamkara Shrijana. Este é o meu maior desejo. Darei a minha vida alegremente em prol da restauração do Dharma puro no Tibete. Por favor, transmite esta mensagem a Dhipamkara Shrijana. Deixa-o saber que eu dei a minha vida para convidá-lo para vir ao Tibete. Visto que tem compaixão pelo povo tibetano, ele aceitará o nosso convite quando receber esta mensagem".

Jangchub Ö enviou o tradutor Nagtso junto com alguns companheiros de viagem para a Índia, com o ouro. Quando encontraram Dhipamkara Shrijana, disseram-lhe o que estava acontecendo no Tibete e como o povo desejava convidar um Guia Espiritual da Índia. Eles falaram sobre a quantidade de ouro que o rei havia enviado para ele como oferenda e como muitos tibetanos haviam morrido com o objetivo de restaurar o Dharma puro. Eles lhe contaram como Yeshe Ö havia sacrificado sua vida para trazê-lo ao Tibete. Quando fizeram a sua solicitação, Dhipamkara Shrijana refletiu sobre o que haviam dito e aceitou o convite. Embora tivesse muitos discípulos na Índia e estivesse trabalhando arduamente em prol do Dharma, ele sabia que não existia um Dharma puro no Tibete. Ele também havia recebido uma profecia de Arya Tara de que, se ele fosse ao Tibete, poderia beneficiar incontáveis seres vivos. Compaixão surgiu em seu coração quando pensou nos muitos tibetanos que haviam falecido na Índia e ficou especialmente comovido com o sacrifício de Yeshe Ö.

Dhipamkara Shrijana precisou fazer a sua viagem ao Tibete em segredo, porque, se os seus discípulos indianos soubessem que estava deixando a Índia, tentariam impedi-lo. Ele disse que faria uma peregrinação ao Nepal; mas, do Nepal, passou para o Tibete. Quando os seus discípulos indianos finalmente compreenderam que ele não retornaria, protestaram, dizendo que os tibetanos eram ladrões que haviam roubado o seu Guia Espiritual!

Uma vez que, naqueles dias – como acontece ainda hoje – era costume saudar em grande estilo um convidado honrado, Jangchub Ö enviou uma comitiva de trezentos cavaleiros juntamente com muitos tibetanos eminentes para a fronteira, para dar as boas-vindas a Atisha e oferecer-lhe um cavalo para facilitar a difícil viagem até Ngari. Atisha cavalgou no meio dos trezentos cavaleiros e, com auxílio de seus poderes miraculosos, sentou-se cinquenta centímetros acima do dorso do seu cavalo. Quando viram isso, aqueles que anteriormente não tinham respeito por ele desenvolveram uma fé muito forte, e todos disseram que o segundo Buda havia chegado ao Tibete.

Quando Atisha chegou a Ngari, Jangchub Ö solicitou-lhe: "Ó Compassivo Atisha, por favor, dá instruções para ajudar o povo tibetano. Por favor, dá conselhos que todos possam seguir. Por favor, dá-nos instruções especiais, para que possamos praticar a união de todos os caminhos de Sutra e de Tantra". Para satisfazer esse desejo, Atisha escreveu e ensinou *Lâmpada para o Caminho à Iluminação*, o primeiro texto escrito sobre as etapas do caminho, o Lamrim. Ele deu essas instruções primeiro em Ngari e, depois, no Tibete Central. Muitos discípulos que ouviram esses ensinamentos desenvolveram grande sabedoria.

A PRECIOSIDADE DO LAMRIM KADAM

Atisha escreveu o Lamrim Kadam original fundamentado no *Ornamento para a Realização Clara*, de Buda Maitreya, que é um comentário aos *Sutras Perfeição de Sabedoria*, que Buda Shakyamuni ensinou na Montanha do Bando de Abutres, em Rajagriha, na Índia. Mais tarde, Je Tsongkhapa escreveu seus textos extenso, mediano e condensado de Lamrim Kadam como comentários às instruções do Lamrim Kadam de Atisha e, por meio disso, o precioso Budadharma do Lamrim Kadam floresceu em muitos países no Oriente e, agora, no Ocidente. As instruções do Lamrim Kadam – a união dos ensinamentos de Buda e das instruções especiais de Atisha – são apresentadas em três etapas: as instruções sobre as etapas do caminho de uma pessoa de escopo inicial, as instruções sobre as etapas do caminho de uma pessoa de escopo mediano e as instruções sobre as etapas do caminho de uma pessoa de grande escopo.

Todos os ensinamentos de Buda, tanto os de Sutra como os de Tantra, estão incluídos nesses três conjuntos de instruções. Os ensinamentos de Buda são o remédio supremo, que cura permanentemente tanto as doenças físicas quanto a doença das delusões (ou aflições mentais). Assim como os médicos receitam remédios diferentes para doenças diferentes, Buda também oferece remédios diferentes de Dharma de acordo com as diferentes capacidades de cada pessoa. Buda deu ensinamentos simples para aqueles de escopo inicial, ensinamentos profundos para os de escopo mediano e ensinamentos muito profundos para aqueles de grande escopo. Na prática, todos esses ensinamentos fazem parte do Lamrim Kadam, que é o corpo principal dos ensinamentos de Buda; não há um único ensinamento de Buda que não esteja incluído no Lamrim Kadam. Por essa razão, Je Tsongkhapa disse que, quando ouvimos o Lamrim por inteiro, estamos ouvindo todos os ensinamentos de Buda, e quando praticamos o Lamrim por inteiro, estamos praticando todos os ensinamentos de Buda. O Lamrim Kadam é a síntese de todos os ensinamentos de Buda; ele é muito prático e adequado para todos, e sua apresentação é superior à de outras instruções.

Ao ganhar experiência do Lamrim, compreenderemos que nenhum dos ensinamentos de Buda é contraditório; colocaremos todos os ensinamentos de Buda em prática; realizaremos facilmente a visão e a intenção última de Buda; e ficaremos livres de todas as visões e intenções equivocadas. Todos, budistas e não-budistas, precisam da libertação permanente do sofrimento e de felicidade pura e duradoura. Esse desejo será satisfeito por meio da prática do Lamrim; portanto, ele é a verdadeira joia-que-satisfaz-os-desejos.

Em geral, todos os ensinamentos de Buda – o Dharma – são muito preciosos, mas o Dharma Kadam, ou Lamrim, é um Budadharma muito especial, apropriado para todos, sem exceção. O grande mestre Dromtonpa disse: "O Dharma Kadam é como um *mala* feito de ouro". Assim como qualquer pessoa, mesmo as que não usam um *mala* (rosário, ou contas de oração), ficaria feliz ao receber de presente um *mala* feito de ouro simplesmente porque é de ouro, todas as pessoas, mesmo as não-budistas, podem receber benefícios do Dharma Kadam. O motivo é que não há diferença entre o Dharma Kadam e as experiências do dia a dia das pessoas. Mesmo sem estudar ou ouvir o Dharma, algumas pessoas, por ler jornais ou assistir televisão e entender a situação mundial, frequentemente chegam a conclusões semelhantes àquelas explicadas nos ensinamentos de Dharma Kadam. Isso acontece porque o Dharma Kadam está em conformidade com a experiência diária das pessoas: ele não pode ser separado da vida diária. Todos precisam dele para tornar suas vidas felizes e significativas, para solucionar temporariamente seus problemas humanos e, em última instância, habilitá-los a encontrar felicidade pura e duradoura através do controle da sua raiva, apego, inveja e, especialmente, da ignorância.

Neste tempo espiritualmente degenerado, há cinco impurezas que estão aumentando em todo o mundo: 1) o nosso meio ambiente está se tornando cada vez mais impuro devido à poluição; 2) a nossa água, ar e comida estão se tornando cada vez mais impuros, também em consequência da poluição; 3) o nosso corpo está se tornando cada vez mais impuro porque doenças e enfermidades estão agora mais predominantes; 4) a nossa mente está se tornando cada vez mais impura porque as nossas delusões estão ficando cada vez mais fortes; 5) as nossas ações estão se tornando cada vez mais impuras porque não temos controle sobre nossas delusões.

Sofrimento, problemas e perigos estão aumentando em todos os lugares devido a essas cinco impurezas. Entretanto, por meio da prática do Lamrim Kadam, podemos transformar nossa experiência de todas essas impurezas em caminho espiritual, o qual nos conduzirá à felicidade pura e duradoura da libertação e da iluminação. Podemos usar todas as dificuldades que vemos no mundo como ensinamentos espirituais que nos encorajam a desenvolver renúncia (o desejo de nos libertar do ciclo de vida impura), compaixão (o desejo de que os outros se libertem permanentemente do ciclo de vida impura), e a sabedoria que realiza que todas essas impurezas são o resultado de nossas ações não-virtuosas. Deste modo, pela prática do Lamrim, podemos transformar todas as condições adversas em oportunidades para desenvolver as realizações do caminho espiritual, que irão nos trazer felicidade pura e duradoura.

Sempre que os praticantes de Lamrim experienciam dificuldades e sofrimento, eles pensam: "Outros incontáveis seres vivos experienciam sofrimento e dificuldades maiores do que eu" e, dessa maneira, eles desenvolvem ou aumentam sua compaixão por todos os seres vivos, o que os conduz rapidamente à felicidade suprema da iluminação. O Lamrim Kadam é o remédio supremo que pode curar permanentemente todos os sofrimentos da doença, envelhecimento, morte e renascimento; ele é o método científico para aperfeiçoar nossa natureza e qualidades humanas e para solucionar nossos problemas diários. O Lamrim Kadam é o grande espelho do Dharma, no qual podemos ver o modo como as coisas realmente são, e por meio do qual também podemos ver o que devemos *conhecer*, o que devemos *abandonar*, o que devemos *praticar* e o que devemos *alcançar*. E é somente usando este espelho que podemos ver a grande bondade de todos os seres vivos.

Os praticantes kadampa enfatizam o treino da meditação. O que é meditação? Meditação é uma ação mental, cuja natureza é ser uma concentração estritamente focada e cuja função é tornar a mente pacífica e calma. Queremos ser felizes o tempo todo, inclusive durante nossos sonhos. Como podemos realizar esse desejo? Podemos realizá-lo através do treino da meditação, pois a meditação faz com que a nossa mente se torne pacífica, e quando nossa mente está em paz, somos felizes o tempo todo, mesmo que nossas condições exteriores sejam pobres ou desfavoráveis. Por outro lado, quando nossa mente não está em paz, não nos sentimos felizes, mesmo que as condições exteriores sejam excelentes. Podemos compreender isso por meio de nossa própria experiência. Visto que o método verdadeiro para fazer com que a nossa mente se torne calma, pacífica, é o treino da meditação, devemos aplicar esforço para treinar meditação. Sempre que meditamos, estamos fazendo uma ação, ou carma,

Atisha

que fará com que experienciemos paz mental no futuro. A partir dessa explicação, podemos compreender a importância da prática da meditação.

Os objetos de nossa meditação precisam ser objetos significativos (que serão explicados extensamente a seguir), de modo que, pelo treino em meditação, possamos nos libertar permanentemente de todos os sofrimentos desta vida e das nossas incontáveis vidas futuras, alcançando assim a felicidade suprema da iluminação, da mesma maneira que Buda o fez e demonstrou. O exemplo de Buda é o melhor exemplo para nós. No entanto, no início, podemos utilizar nossa própria respiração como o objeto de nossa meditação e, assim, praticar meditação respiratória, que é uma prática bastante simples.

Como podemos praticar meditação respiratória? Primeiro, devemos relaxar, física e mentalmente, e parar de pensar em qualquer coisa. Depois, de modo suave e natural, inalamos e exalamos pelas narinas – mas não pela boca – e concentramo-nos, de modo estritamente focado, na sensação do ar à medida que ele entra e sai pelas narinas. Devemos permanecer concentrados nessa sensação pelo maior tempo possível. Se, após fazermos isso, nossa mente ainda permanecer agitada, devemos repetir a meditação respiratória mais vezes, até que nossa mente se torne completamente tranquila. Depois, devemos aplicar esforço para permanecermos continuamente tranquilos, dia e noite. Desse modo, podemos nós próprios nos fazermos felizes, bem como aos nossos amigos e familiares, o tempo todo.

O Caminho de uma Pessoa de Escopo Inicial

NESTE CONTEXTO, UMA "pessoa de escopo inicial" refere-se a alguém que tem uma capacidade inicial para desenvolver compreensão e realizações espirituais.

A PRECIOSIDADE DA NOSSA VIDA HUMANA

O propósito de compreender a preciosidade da nossa vida humana é o de nos encorajarmos a extrair o verdadeiro sentido da nossa vida humana e não desperdiçá-la em atividades sem significado. Nossa vida humana é muito preciosa e significativa, mas somente se a usarmos para alcançar a libertação permanente e a felicidade suprema da iluminação. Devemos nos encorajar a realizar o verdadeiro significado da nossa vida humana por meio de compreender e contemplar a seguinte explicação.

Muitas pessoas acreditam que o desenvolvimento material é o verdadeiro significado da vida humana, mas podemos ver que não importa quanto desenvolvimento material exista no mundo, ele nunca reduz o sofrimento e os problemas humanos. Em vez disso, ele frequentemente faz com que o sofrimento e os problemas aumentem; portanto, ele não é o verdadeiro significado da vida humana. Devemos compreender que, vindos das nossas vidas anteriores, alcançamos, presentemente, o mundo humano por apenas um breve instante, e agora temos a oportunidade de alcançar a felicidade suprema da iluminação através de praticar o Dharma. Essa é a nossa extraordinária boa fortuna. Quando alcançarmos a iluminação, teremos realizado os nossos próprios desejos e poderemos realizar os desejos de todos os demais seres vivos; teremos libertado a nós próprios permanentemente dos sofrimentos desta vida e das incontáveis vidas futuras, e poderemos beneficiar diretamente todos e cada um dos seres vivos, todos os dias. A conquista da iluminação é, portanto, o verdadeiro significado da vida humana.

A iluminação é a luz interior de sabedoria que é permanentemente livre de toda aparência equivocada, e cuja função é conceder paz mental para todos e cada um dos seres vivos, todos os dias. Agora mesmo obtivemos um renascimento humano e temos a oportunidade de alcançar a iluminação através da prática do Dharma; portanto, se desperdiçarmos esta preciosa oportunidade em atividades sem significado, não haverá maior perda nem maior insensatez, ou tolice, do que essa. A razão é que tal oportunidade preciosa será extremamente difícil de ser encontrada no futuro. Em um Sutra, Buda esclarece isso por meio da seguinte analogia. Ele pergunta aos seus discípulos: "Suponham que exista um vasto e profundo oceano do tamanho deste mundo; que, na sua superfície, haja uma argola dourada flutuando; e que, no fundo do oceano, viva uma tartaruga cega que vem à superfície apenas uma vez a cada cem mil anos. Quantas vezes a tartaruga passaria sua cabeça pelo meio da argola?". Ananda, seu discípulo, respondeu que isso seria, com toda certeza, extremamente raro.

Neste contexto, o vasto e profundo oceano refere-se ao samsara – o ciclo de vida impura que temos experienciado desde tempos sem início, continuamente, vida após vida, sem fim; a argola dourada refere-se ao Budadharma, e a tartaruga cega refere-se a nós. Embora não sejamos fisicamente uma tartaruga, mentalmente não somos muito diferentes; e embora os nossos olhos físicos possam não ser cegos, os nossos olhos de sabedoria o são. Na maioria das nossas incontáveis vidas anteriores, permanecemos no fundo do oceano do samsara, nos três reinos inferiores (o reino animal, o reino dos fantasmas famintos e o reino do inferno), emergindo como um ser humano apenas uma vez a cada cem mil anos, mais ou menos. Mesmo quando alcançamos brevemente o reino superior do oceano do samsara como um ser humano, é extremamente raro encontrar a argola dourada do Budadharma: o oceano do samsara é extremamente vasto, a argola dourada do Budadharma não permanece num único lugar, mas move-se de um lugar a outro, e os nossos olhos de sabedoria estão sempre cegos. Por essas razões, Buda diz que, no futuro, mesmo se obtivermos um renascimento humano, será extremamente raro encontrar o Budadharma novamente; encontrar o Dharma Kadam é ainda mais raro que isso. Podemos ver que a grande maioria dos seres humanos no mundo, embora tenham alcançado brevemente o reino superior do samsara como seres humanos, não encontraram o Budadharma. A razão disto é que os seus olhos de sabedoria não se abriram.

O que significa "encontrar o Budadharma"? Significa ingressar no Budismo através de buscar sinceramente refúgio em Buda, Dharma e Sangha e, assim, ter a oportunidade de ingressar e fazer progressos no caminho à iluminação. Se não encontrarmos o Budadharma, não teremos oportunidade de fazer isso e, portanto, não teremos a oportunidade de alcançar a felicidade pura e duradoura da iluminação, o verdadeiro significado da vida humana. Concluindo, devemos pensar:

> *Agora eu alcancei, por um breve momento, o mundo humano, e tenho a oportunidade de alcançar a libertação permanente do sofrimento e a felicidade suprema da iluminação através de colocar o Dharma em prática. Se eu desperdiçar esta preciosa oportunidade em atividades sem significado, não haverá maior perda nem maior insensatez.*

Com esse pensamento, tomamos a forte determinação de praticar *agora* o Dharma dos ensinamentos de Buda sobre renúncia, compaixão universal e visão profunda da vacuidade, enquanto temos a oportunidade. Então, meditamos repetidamente nessa determinação. Devemos praticar essa contemplação e meditação todos os dias em muitas sessões e, desse modo, nos encorajarmos a extrair o verdadeiro significado da nossa vida humana.

Devemos nos perguntar o que consideramos como o mais importante para nós – o que mais desejamos, pelo que nos esforçamos ou o que nos faz sonhar acordados? Para algumas pessoas são as posses materiais, como uma casa espaçosa com os últimos requintes de conforto, um carro veloz ou um emprego bem remunerado. Para outras é reputação, boa aparência, poder, excitação ou aventura. Muitas tentam encontrar o sentido de suas vidas em relacionamentos familiares e círculo de amigos. Todas essas coisas podem nos fazer superficialmente felizes por um breve espaço de tempo, mas elas também podem causar muita preocupação e sofrimento. Elas nunca irão nos dar a verdadeira felicidade que todos nós, do fundo do nosso coração, desejamos. Já que não podemos levá-las conosco quando morrermos, com certeza irão nos decepcionar se tivermos feito delas o principal sentido da nossa vida. As aquisições mundanas, tomadas como um fim em si mesmas, são vazias: elas não são o verdadeiro sentido da vida humana.

Com a nossa vida humana podemos, ao colocar o Dharma em prática, obter a suprema paz mental permanente, conhecida como "nirvana", e a iluminação. Uma vez que essas aquisições são não-enganosas e são estados últimos de felicidade, elas são o verdadeiro sentido da vida humana. No entanto, porque o nosso desejo por prazeres mundanos é muito forte, temos pouco ou nenhum interesse pela prática de Dharma. Do ponto de vista espiritual, essa falta de interesse pela prática de Dharma é um tipo de preguiça, denominado "preguiça do apego". Enquanto tivermos essa preguiça, a porta para a libertação permanecerá fechada para nós e, como consequência, continuaremos a vivenciar infortúnio e sofrimento nesta vida e nas incontáveis vidas futuras. A maneira de superar essa preguiça, o obstáculo principal à nossa prática de Dharma, é meditar sobre a morte.

Precisamos contemplar e meditar sobre a nossa morte muitas e muitas vezes, até obtermos uma profunda realização sobre a morte. Embora, num nível intelectual, todos nós saibamos que definitivamente iremos morrer, nossa consciência sobre a morte permanece superficial. Visto que a nossa compreensão intelectual da morte não toca o nosso coração, continuamos a pensar todos os dias "eu não vou morrer hoje, eu não vou morrer hoje". Mesmo no dia da nossa morte, ainda estaremos pensando sobre o que faremos no dia ou na semana seguintes. Essa mente que pensa todo dia "eu não vou morrer hoje" é enganosa – ela nos conduz na direção errada e faz com que a nossa vida humana se torne vazia. Por outro lado, por meditarmos sobre a morte, substituiremos gradualmente o pensamento enganoso "eu não vou morrer hoje" pelo pensamento *não-enganoso* "pode ser que eu morra hoje". A mente que pensa espontaneamente, todos os dias, "pode ser que eu morra hoje" é a realização sobre a morte. É essa realização que elimina diretamente a nossa preguiça do apego e abre a porta para o caminho espiritual.

Em geral, podemos ou não morrer hoje – não sabemos. No entanto, se pensarmos todos os dias "pode ser que eu *não* morra hoje", esse pensamento irá nos enganar, porque vem da nossa ignorância; porém, se em vez disso pensarmos todos os dias "pode ser que eu morra hoje", esse pensamento não nos enganará, porque vem da nossa sabedoria. Esse pensamento benéfico impedirá a nossa preguiça do apego e irá nos encorajar a preparar o bem-estar das nossas incontáveis vidas futuras ou a aplicar grande esforço para ingressarmos no caminho à libertação e à iluminação. Desse modo, tornaremos esta nossa vida humana atual significativa. Desperdiçamos até agora, sem significado algum, nossas incontáveis vidas anteriores – não trouxemos nada conosco das nossas vidas passadas, exceto delusões e sofrimento.

O QUE A NOSSA MORTE SIGNIFICA?

A nossa morte é a separação permanente do nosso corpo e da nossa mente. Podemos experienciar muitas separações temporárias do nosso corpo e mente, mas elas não são a nossa morte. Por exemplo, quando aqueles que concluíram seu treino na prática conhecida como "transferência de consciência" entram em meditação, a mente deles se separa do corpo. O corpo desses meditadores permanece onde estão meditando, mas sua mente vai para uma Terra Pura e, então, retorna para o corpo deles. À noite, durante os sonhos, nosso corpo permanece na cama, mas a nossa mente vai para diversos lugares do mundo do sonho e, então, retorna para o nosso corpo. Essas separações do nosso corpo e da nossa mente não são a nossa morte, porque essas separações são apenas temporárias.

Na morte, nossa mente separa-se permanentemente do nosso corpo. O nosso corpo permanece no local desta vida, mas a nossa mente vai para os diversos lugares das nossas vidas futuras, como um pássaro que deixa o ninho e voa para outro. Isso mostra claramente a existência das nossas incontáveis vidas futuras e que a natureza e a função do nosso corpo e da nossa mente são muito diferentes. Nosso corpo é uma forma visual que possui cor e formato, mas nossa mente é um *continuum* sem forma que sempre carece de cor e formato. A natureza da nossa mente é um vazio semelhante ao espaço, e sua função é perceber ou compreender objetos. Por meio disso, podemos compreender que o nosso cérebro não é a nossa mente. O cérebro é simplesmente uma parte do nosso corpo que, por exemplo, pode ser fotografada, ao passo que não podemos fazer o mesmo com a nossa mente.

Podemos não ficar felizes ao ouvir sobre a nossa morte, mas contemplar e meditar sobre a morte é muito importante para a efetividade da nossa prática de Dharma. O motivo é que contemplar e meditar sobre a morte impede o obstáculo principal à nossa prática de Dharma – a preguiça do apego às coisas desta vida – e nos encoraja a praticar o Dharma puro agora. Se fizermos isso, realizaremos o verdadeiro significado da vida humana antes da nossa morte.

COMO MEDITAR SOBRE A MORTE

Primeiro, fazemos a seguinte contemplação:

> *Com certeza, eu vou morrer. Não há nenhuma maneira de impedir que o meu corpo finalmente decaia. Dia após dia, momento após momento, a minha vida está se esvaindo. Eu não tenho ideia alguma de quando morrerei: a hora da morte é completamente incerta. Muitas pessoas jovens morrem antes de seus pais; outras, no momento em que nascem – não há certezas neste mundo. Além disso, há muitas causas de morte prematura. As vidas de muitas pessoas fortes e saudáveis são destruídas em acidentes. Não há garantia de que não morrerei hoje.*

Tendo contemplado repetidamente estes pontos, repetimos mentalmente, muitas e muitas vezes, "pode ser que eu morra hoje, pode ser que eu morra hoje" e concentramo-nos no sentimento que isso evoca. Transformamos a nossa mente nesse sentimento "pode ser que eu morra hoje" e permanecemos estritamente focados nele pelo maior tempo possível. Devemos praticar essa meditação repetidamente, até acreditarmos espontaneamente todos os dias: "pode ser que eu morra hoje". Por fim, chegaremos à conclusão: "Já que, em breve, terei de partir deste mundo, não há sentido em ficar apegado às coisas desta vida. Em vez disso, a partir de agora devotarei toda a minha vida a praticar o Dharma, pura e sinceramente". Mantemos, então, essa determinação dia e noite.

Durante o intervalo entre as meditações, devemos, sem preguiça, aplicar esforço em nossa prática de Dharma. Compreendendo que os prazeres mundanos são enganosos e que eles nos distraem de usarmos nossa vida de uma maneira significativa, devemos abandonar o apego por eles. Dessa maneira, podemos eliminar o obstáculo principal à prática pura do Dharma.

OS PERIGOS DE UM RENASCIMENTO INFERIOR

O propósito desta explicação é encorajar-nos a preparar uma proteção contra os perigos do renascimento inferior. Se não fizermos isso agora, enquanto temos uma vida humana com suas liberdades e dotes e a oportunidade de fazê-lo, será tarde demais quando tivermos qualquer um dos três renascimentos inferiores, e será extremamente difícil obter uma preciosa vida humana novamente. É dito que é mais fácil para os seres humanos alcançarem a iluminação do que para outros seres, como os animais, obterem um precioso renascimento humano. Compreender isso irá nos encorajar a abandonar não-virtude (ou ações negativas), praticar virtude (ou ações positivas) e buscar refúgio em Buda, Dharma e Sangha (os amigos espirituais supremos). Esta é a nossa verdadeira proteção.

Cometer ações não-virtuosas é a causa principal de renascimento inferior, ao passo que praticar virtude e buscar refúgio em Buda, Dharma e Sangha são as causas principais de um precioso renascimento humano – um renascimento no qual temos a oportunidade de obter a libertação permanente de todo o sofrimento. Ações não-virtuosas graves são a causa principal para renascer como um ser-do-inferno, ações não-virtuosas medianas são a causa principal para renascer como um fantasma faminto, e ações não-virtuosas leves são a causa principal para renascer como um animal. Existem muitos exemplos dados nas escrituras budistas sobre como as ações não-virtuosas levam a renascer nos três reinos inferiores.

Havia uma vez um caçador cuja esposa vinha de uma família de criadores de animais. Após morrer, ele renasceu como uma vaca, pertencendo à família de sua mulher. Então, um açougueiro comprou essa vaca, abateu-a e vendeu a carne. O caçador renasceu sete vezes como uma vaca, pertencendo à mesma família, e, dessa maneira, veio a se tornar o alimento de outras pessoas.

No Tibete há um lago chamado Yamdroktso, onde muitas pessoas da cidade próxima costumavam passar suas vidas pescando. Certa vez, um grande iogue com clarividência visitou a cidade e disse: "eu vejo que as pessoas desta cidade e os peixes deste lago estão continuamente trocando suas posições". O que ele quis dizer é que as pessoas da cidade que gostavam de pescar renasciam como peixes, o alimento de outras pessoas, e os peixes no lago renasciam como as pessoas que gostavam de pescar. Dessa maneira, trocando seus aspectos físicos, eles estavam continuamente matando e comendo uns aos outros. Esse ciclo de infortúnio continuou geração após geração.

COMO MEDITAR SOBRE OS PERIGOS DE UM RENASCIMENTO INFERIOR

Primeiro, fazemos a seguinte contemplação:

Quando o óleo de uma lamparina é totalmente consumido, a chama se extingue porque a chama é produzida pelo óleo; mas, quando o nosso corpo morre, a nossa consciência não se extingue, porque a consciência não é produzida pelo corpo. Quando morremos, nossa mente tem de deixar este corpo atual, que é apenas uma morada temporária, e encontrar outro corpo, assim como um pássaro que deixa o ninho e voa para outro. A nossa mente não tem liberdade de permanecer e não tem escolha para onde ir. Somos soprados para o lugar do nosso próximo renascimento pelos ventos das nossas ações, ou carma (nossa boa ou má fortuna). Se o carma que amadurecer na hora da nossa morte for negativo, teremos, com toda a certeza, um renascimento inferior. Carma negativo grave causa renascimento no inferno, carma negativo mediano causa renascimento como fantasma faminto, e carma negativo leve causa renascimento como um animal.

É muito fácil cometer carma negativo grave. Por exemplo, ao simplesmente esmagarmos um mosquito motivados por raiva, criamos a causa para renascer no inferno. Durante esta vida e em todas as nossas incontáveis vidas anteriores, cometemos muitas ações negativas graves. A não ser que já tenhamos purificado essas ações por meio de praticarmos sincera confissão, seus potenciais permanecem em nosso continuum *mental, e qualquer um desses potenciais negativos poderá amadurecer quando morrermos. Mantendo isso em mente, devemos nos perguntar: "Se eu morrer hoje, onde estarei amanhã? É muito provável que eu me encontre no reino animal, entre os fantasmas famintos ou no inferno. Se alguém hoje me chamasse de vaca estúpida, acharia difícil tolerar isso, mas o que eu faria se realmente me tornasse uma vaca, um porco ou um peixe – o alimento de seres humanos?".*

Tendo contemplado repetidamente esses pontos e compreendido como os seres nos reinos inferiores, tais como os animais, experienciam sofrimento, geramos um medo intenso de renascer nos reinos inferiores. Essa sensação de medo é o objeto da nossa meditação. Mantemos então esse medo sem esquecê-lo; a nossa mente deve permanecer estritamente focada nessa sensação de medo pelo maior tempo possível. Se perdermos o objeto da nossa meditação, renovamos a sensação de medo recordando-a imediatamente ou repetindo a contemplação.

Durante o intervalo entre as meditações, devemos tentar nunca nos esquecer da nossa sensação de medo de renascer nos reinos inferiores. Em geral, medo é algo sem sentido, mas o medo gerado por meio da contemplação e meditação acima tem um imenso significado, porque ele surge da sabedoria e não da ignorância. Esse medo é a principal causa de buscar refúgio em Buda, Dharma e Sangha, a verdadeira proteção contra tais perigos, e nos ajuda a sermos conscienciosos e atentos em evitar ações não-virtuosas.

BUSCAR REFÚGIO

Neste contexto, "buscar refúgio" significa buscar refúgio em Buda, Dharma e Sangha. O propósito desta prática é nos protegermos permanentemente de um renascimento inferior. No momento presente, porque somos humanos, isso significa que nos livramos de um renascimento como um animal, fantasma faminto ou ser-do-inferno, mas essa liberdade é apenas temporária. Somos como um prisioneiro que ganhou permissão para ficar em casa por uma semana, mas que, depois disso, tem de retornar à prisão. Precisamos de libertação permanente dos sofrimentos desta vida e das incontáveis vidas futuras. Isso depende de ingressar, fazer progressos e concluir o caminho budista à libertação, o que, por sua vez, depende de ingressar no Budismo.

Ingressamos no Budismo através da prática de buscar refúgio. Para que a nossa prática de refúgio seja qualificada, devemos fazer, verbal ou mentalmente, enquanto visualizamos Buda diante de nós, a promessa de buscar refúgio em Buda, Dharma e Sangha durante toda a nossa vida. Essa promessa é o nosso voto de refúgio e é a porta pela qual ingressamos no Budismo. Enquanto mantivermos essa promessa, permanecemos no Budismo, mas, se quebrarmos essa promessa, estamos fora. Ao ingressar e permanecer no Budismo, temos a oportunidade de iniciar, fazer progressos e concluir o caminho budista à libertação e à iluminação.

Nunca devemos abandonar nossa promessa de buscar refúgio em Buda, Dharma e Sangha durante toda a nossa vida. Buscar refúgio em Buda, Dharma e Sangha significa que devemos aplicar esforço para receber as bênçãos de Buda, para colocar o Dharma em prática e para receber ajuda da Sangha. Esses são os três compromissos principais do voto de refúgio. Por manter e praticar sinceramente esses três compromissos principais de refúgio, podemos realizar nossa meta final.

A razão principal pela qual precisamos tomar a determinação e prometer buscar refúgio em Buda, Dharma e Sangha durante toda a nossa vida é que precisamos alcançar a libertação permanente do sofrimento. No momento presente, pode ser que estejamos livres de sofrimento físico e dor mental, mas, como foi mencionado anteriormente, essa liberdade é apenas temporária. Mais tarde, nesta vida e em nossas incontáveis vidas futuras, teremos de vivenciar insuportável sofrimento físico e dor mental continuamente, vida após vida, sem fim.

Quando a nossa vida está em perigo ou quando somos ameaçados por alguém, o que normalmente fazemos é buscar refúgio na polícia. É claro que, algumas vezes, a polícia consegue nos proteger de um perigo específico, mas ela não pode nos dar a libertação permanente da morte. Quando estamos seriamente doentes, buscamos refúgio nos médicos. Algumas vezes, os médicos podem curar uma doença específica, mas nenhum médico pode nos dar a libertação permanente das doenças. O que realmente precisamos é da libertação permanente de todos os sofrimentos, e, como seres humanos, podemos alcançar essa libertação unicamente atráves de buscar refúgio em Buda, Dharma e Sangha.

Os Budas são "Despertos", o que significa que eles despertaram do sono da ignorância e são livres dos sonhos do samsara, o ciclo de vida impura. Eles são seres completamente puros, permanentemente livres de todas as delusões (ou aflições mentais) e aparências equivocadas. Como mencionado anteriormente, a função de um Buda é conceder paz mental a todos e cada um dos seres vivos todos os dias, através de lhes conferir suas bênçãos. Sabemos que estamos *felizes* quando a nossa mente está pacífica, e *infelizes* quando a nossa mente não está pacífica. Fica claro, portanto, que a nossa felicidade depende de termos uma mente pacífica, e não de boas condições exteriores. Mesmo se as nossas condições exteriores forem insuficientes ou desfavoráveis, estaremos sempre felizes se mantivermos uma mente pacífica o tempo todo. Por meio de receber continuamente as bênçãos de Buda, podemos manter uma mente pacífica o tempo todo. Buda é, portanto, a fonte da nossa felicidade. O Dharma é a verdadeira proteção, por meio do qual somos libertados permanentemente dos sofrimentos da doença, envelhecimento, morte e renascimento; e a Sangha são os amigos espirituais supremos que nos guiam aos caminhos espirituais corretos. Por meio dessas três preciosas joias-que-satisfazem-os-desejos (Buda, Dharma e Sangha, conhecidas como as "Três Joias") podemos satisfazer tanto os nossos próprios desejos como os desejos de todos os seres vivos.

Devemos recitar todos os dias, do fundo do nosso coração, preces de pedidos aos Budas iluminados, ao mesmo tempo que mantemos profunda fé neles. Este é um método simples para recebermos continuamente as bênçãos dos Budas. Devemos, também, nos reunir para fazer preces em grupo, conhecidas como *pujas*, organizadas nos Templos Budistas ou Salas de Preces; as preces feitas em grupo são métodos poderosos para recebermos as bênçãos e a proteção dos Budas.

COMO MEDITAR EM BUSCAR REFÚGIO

Primeiro, fazemos a seguinte contemplação:

> *Eu quero me proteger e me libertar permanentemente dos sofrimentos desta vida e das incontáveis vidas futuras. Somente posso realizar isso por meio de receber as bênçãos de*

Buda, de colocar o Dharma em prática e de receber ajuda da Sangha – os amigos espirituais supremos.

Pensando profundamente desse modo, primeiro tomamos a forte determinação de buscar sinceramente refúgio em Buda, Dharma e Sangha por toda a nossa vida e, depois, fazemos sinceramente essa promessa. Devemos meditar nessa determinação todos os dias e manter continuamente nossa promessa pelo restante de nossa vida. Como compromissos do nosso voto de refúgio, devemos sempre aplicar esforço para receber bênçãos de Buda, colocar o Dharma em prática e receber ajuda da Sangha, nossos amigos espirituais puros, incluindo nosso professor espiritual. É desse modo que buscamos refúgio em Buda, Dharma e Sangha. Através disso, realizaremos nosso objetivo – a libertação permanente de todos os sofrimentos desta vida e das incontáveis vidas futuras, o verdadeiro significado da nossa vida humana.

Para manter a nossa promessa de buscar refúgio em Buda, Dharma e Sangha durante toda a nossa vida e para que nós e todos os seres vivos possamos receber as bênçãos e a proteção de Buda, recitamos a seguinte prece de refúgio todos os dias, com forte fé:

Eu e todos os seres sencientes, até alcançarmos a iluminação,
Nos refugiamos em Buda, Dharma e Sangha.

O QUE É CARMA?

O propósito de compreender e acreditar no carma é impedir o sofrimento futuro e estabelecer o fundamento básico para o caminho à libertação e à iluminação. De modo geral, carma significa "ação". Das ações não-virtuosas vem sofrimento, e das ações virtuosas vem felicidade: se acreditamos nisso, acreditamos no carma. Buda deu extensos ensinamentos que provam a verdade dessa afirmação e muitos exemplos diferentes que mostram a conexão especial entre as ações das nossas vidas anteriores e as nossas experiências nesta vida, alguns deles explicados no livro *Caminho Alegre da Boa Fortuna*.

Em nossas vidas anteriores, cometemos muitos tipos de ações não-virtuosas que causaram sofrimento aos outros. Como resultado dessas ações não-virtuosas, vários tipos de condições e situações adversas surgem e vivenciamos sofrimentos e problemas humanos intermináveis. O mesmo acontece para todos os demais seres vivos.

Devemos avaliar se acreditamos ou não que a causa principal do sofrimento são as nossas ações não-virtuosas, e que a causa principal de felicidade são as nossas ações virtuosas. Se não acreditarmos nisso, nunca aplicaremos esforço para acumular ações virtuosas, ou mérito, e nunca purificaremos nossas ações não-virtuosas, e, por causa disso, experienciaremos sofrimento e dificuldades continuamente, vida após vida, sem fim.

Toda ação que executamos deixa uma marca em nossa mente muito sutil, e cada marca dá origem, por fim, ao seu próprio efeito. Nossa mente é como um campo, e executar ações é como plantar sementes nesse campo. Ações virtuosas plantam sementes de felicidade futura, e ações não-virtuosas plantam sementes de sofrimento futuro. Essas sementes permanecem adormecidas em nossa mente até que as condições para o seu amadurecimento ocorram, e, então, produzam seu efeito. Em alguns casos, isso pode acontecer muitas vidas depois que a ação original foi realizada.

As sementes que amadurecem quando morremos são muito importantes, pois elas determinam que tipo de renascimento teremos em nossa próxima vida. A semente que amadurece especificamente na hora da morte depende do estado mental com o qual morremos. Se morrermos com uma mente pacífica, isso estimulará uma semente virtuosa e experienciaremos um renascimento afortunado. Entretanto, se morrermos com uma mente perturbada – em estado de raiva, por exemplo –, isso estimulará uma semente não-virtuosa e experienciaremos um renascimento desafortunado. Isso é semelhante ao modo como os pesadelos são provocados por estarmos com um estado mental agitado logo antes de adormecer.

Todas as ações inadequadas, incluindo matar, roubar, má conduta sexual, mentir, discurso divisor, discurso ofensivo, conversa não-significativa, cobiça, maldade e sustentar visões errôneas, são ações não-virtuosas. Quando abandonamos as ações não-virtuosas e aplicamos esforço para purificar nossas ações não-virtuosas anteriores, estamos praticando disciplina moral. Isso irá nos impedir de experienciar sofrimento futuro e de ter um renascimento inferior. Exemplos de ações virtuosas são treinar todas as meditações e demais práticas espirituais apresentadas neste livro. Meditação é uma ação mental virtuosa que é a causa principal para experienciar paz mental no futuro. Sempre que praticamos meditação, seja a nossa meditação clara ou não, estamos executando uma ação mental virtuosa que é uma causa da nossa felicidade e paz mental futuras. Normalmente, estamos preocupados principalmente com as nossas ações físicas e verbais, mas, na verdade, as ações mentais são mais importantes. Nossas ações físicas e verbais dependem da nossa ação mental, ou seja, de mentalmente tomarmos uma decisão.

Sempre que fazemos ações virtuosas, tais como meditação ou outras práticas espirituais, devemos ter a seguinte determinação mental:

Montando o cavalo das ações virtuosas,
Eu o conduzirei ao caminho da libertação com as rédeas da renúncia;
E instigando-o para adiante com o chicote do esforço,
Alcançarei rapidamente a Terra Pura da libertação e da iluminação.

Tendo contemplado a explicação acima, devemos pensar:

Uma vez que eu nunca desejo sofrer e quero sempre ser feliz, preciso abandonar e purificar as minhas ações não-virtuosas e executar, sinceramente, ações virtuosas.

Devemos meditar nessa determinação todos os dias, e colocar essa nossa determinação em prática.

Je Tsongkhapa

O Caminho de uma Pessoa de Escopo Mediano

Neste contexto, uma "pessoa de escopo mediano" refere-se a alguém que tem uma capacidade mediana para desenvolver compreensão e realizações espirituais.

O QUE DEVEMOS CONHECER

No *Sutra das Quatro Nobres Verdades,* Buda diz: "Deves conhecer os sofrimentos". Ao dizer isso, Buda nos aconselha que devemos tomar conhecimento dos insuportáveis sofrimentos que experienciaremos nas nossas incontáveis vidas futuras e, portanto, desenvolver renúncia: a determinação de nos libertarmos permanentemente desses sofrimentos.

Em geral, todos os que têm dor física ou mental, incluindo os animais, compreendem seu próprio sofrimento; mas, quando Buda diz "Deves conhecer os sofrimentos", ele quer dizer que devemos conhecer os sofrimentos das nossas vidas futuras. Compreendendo isso, desenvolveremos um forte desejo de nos libertar deles. Esse conselho prático é importante para todos porque, se tivermos o desejo de nos libertar dos sofrimentos das vidas futuras, devemos, definitivamente, usar nossa vida humana atual para a liberdade e a felicidade das nossas incontáveis vidas futuras. Não há nada mais significativo do que isso.

Se não tivermos esse desejo, desperdiçaremos nossa preciosa vida humana apenas para a liberdade e a felicidade desta única e breve vida. Isso seria uma insensatez, porque nossa intenção e ações não seriam diferentes da intenção e das ações dos animais, os quais estão preocupados apenas com esta vida. Certa vez, o grande iogue Milarepa disse para um caçador chamado Gonpo Dorje:

> O teu corpo é humano, mas tua mente é a de um animal.
> Tu, um ser humano que possuis uma mente de animal,
> por favor, ouve a minha canção.

Normalmente, acreditamos que solucionar os sofrimentos e os problemas da nossa vida atual é o mais importante e, por conseguinte, dedicamos toda a nossa vida a esse propósito. Na realidade, a duração dos sofrimentos e dos problemas desta vida é muito curta; se morrermos amanhã, eles acabarão amanhã. No entanto, já que a duração dos sofrimentos e dos problemas das vidas futuras é interminável, a liberdade e a felicidade das nossas vidas futuras são imensamente mais importantes que a liberdade e a felicidade desta breve vida. Com as palavras "Deves conhecer os sofrimentos", Buda nos encoraja a usar a nossa vida humana atual para preparar a liberdade e a felicidade das nossas incontáveis vidas futuras. Aqueles que fazem isso são verdadeiramente sábios.

Nas vidas futuras, quando renascermos como um animal – uma vaca ou um peixe, por exemplo – iremos nos tornar o alimento de outros seres vivos e teremos de vivenciar muitos outros tipos de sofrimento animal. Os animais não têm liberdade e são usados pelos seres humanos como alimento e para trabalho e divertimento. Eles não têm oportunidade de aperfeiçoarem a si mesmos; ainda que ouçam preciosas palavras de Dharma, elas são tão sem sentido para eles como o soprar do vento. Quando renascermos como um fantasma faminto, não teremos sequer uma minúscula gota de água para beber; nossa única água serão as nossas lágrimas. Teremos de vivenciar os insuportáveis sofrimentos da sede e da fome por muitas centenas de anos. Quando renascermos como um ser-do-inferno nos infernos quentes, nosso corpo irá se tornar inseparável do fogo, e os outros serão capazes de distinguir nosso corpo do fogo somente por ouvir nossos gritos de sofrimento. Teremos de vivenciar o insuportável tormento do nosso corpo ser queimado por milhões de anos. Assim como todos os outros fenômenos, os reinos do inferno não existem inerentemente, mas existem como meras aparências à mente, como os sonhos.

Quando renascermos como um deus do reino do desejo, vivenciaremos grande conflito e insatisfação. Mesmo que experienciemos algum prazer superficial, nossos desejos tornar-se-ão ainda mais fortes e teremos até mais sofrimento mental que os seres humanos. Quando renascermos como um semideus, seremos sempre invejosos da glória dos deuses e, por causa disso, teremos grande sofrimento mental. Nossa inveja é como um espinho penetrando em nossa mente, fazendo-nos experienciar sofrimento físico e mental por longos períodos. Quando renascermos como um ser humano, teremos de vivenciar vários tipos de sofrimento humano, incluindo os sofrimentos do nascimento, doença, envelhecimento e morte.

NASCIMENTO

Quando nossa consciência ingressa na união do espermatozoide do nosso pai e do óvulo da nossa mãe, o nosso corpo é uma substância aquosa bastante quente, como iogurte branco tingido de vermelho. Nos primeiros momentos após a concepção não temos sensações densas, mas, assim que elas se desenvolvem, começamos a experienciar dor. O nosso corpo torna-se, gradualmente, mais consistente, e os nossos membros crescem como se nosso corpo estivesse sendo esticado numa roda de tortura. Dentro do útero da nossa mãe é quente e escuro. O nosso lar por nove meses é esse espaço pequeno, bastante comprimido e cheio de substâncias impuras. É como estar espremido dentro de um pequeno tanque de água cheio de líquido imundo, com a tampa firmemente fechada, de modo que nenhum ar ou luz consigam entrar.

Enquanto estamos no útero da nossa mãe, experienciamos muita dor e medo, tudo isso inteiramente sós. Somos extremamente sensíveis a tudo o que a nossa mãe faz. Quando ela anda rapidamente, sentimos como se estivéssemos caindo de uma montanha alta e ficamos aterrorizados. Se ela tem relações sexuais, sentimos como se estivéssemos sendo esmagados e sufocados entre dois imensos pesos e ficamos em pânico. Se nossa mãe der apenas um pequeno salto, sentimos como se estivéssemos sendo jogados contra o chão de uma grande altura. Se ela beber qualquer coisa quente, sentimos como se água escaldante estivesse queimando nossa pele e, se ela beber qualquer coisa fria, é como se fosse uma ducha gelada no inverno.

Quando saímos do útero da nossa mãe, sentimos como se estivéssemos sendo forçados através de uma abertura estreita entre duas rochas bem firmes, e, quando acabamos de nascer, o nosso corpo é tão delicado que qualquer tipo de contato é doloroso. Mesmo se alguém nos segurar com muita ternura, as suas mãos parecerão espinhos penetrando em nossa carne, e os mais delicados tecidos parecerão ásperos e abrasivos. Comparada com a maciez e suavidade do útero da nossa mãe, qualquer sensação tátil é desagradável e dolorosa. Se alguém nos pegar, é como se estivéssemos sendo balançados acima de um grande precipício, e nos sentimos assustados e inseguros. Teremos nos esquecido de tudo o que sabíamos em nossa vida passada; do útero da nossa mãe, trazemos apenas dor e confusão. Tudo o que escutamos é sem sentido, como o som do vento, e não podemos compreender nada do que percebemos. Nas primeiras semanas somos como alguém que é cego, surdo e mudo e que sofre de profunda amnésia. Quando estamos com fome, não podemos dizer "Eu preciso de comida", e quando sentimos dor não podemos falar "Isto está me causando dor". Os únicos sinais que conseguimos produzir são lágrimas quentes e gestos furiosos. Frequentemente, a nossa mãe não tem ideia da dor e do desconforto que estamos experienciando. Somos completamente impotentes, e tudo tem que ser ensinado a nós – como comer, como sentar, como andar, como falar.

Embora sejamos muito vulneráveis nas primeiras semanas da nossa vida, os nossos sofrimentos não cessam à medida que crescemos. Continuamos a vivenciar diversos tipos de sofrimento ao longo da nossa vida. Quando acendemos uma lareira numa casa espaçosa, o calor do fogo permeia toda a casa, e todo o calor da casa tem a sua origem no fogo; do mesmo modo, quando nascemos no samsara, o sofrimento permeia toda a nossa vida, e todos os infortúnios e infelicidade que experienciamos surgem porque tivemos um renascimento contaminado.

Nosso renascimento humano, contaminado pela delusão venenosa do agarramento ao em-si, é a base do nosso sofrimento humano; sem essa base, não há problemas humanos. As dores do nascimento gradualmente se convertem nas dores da doença, do envelhecimento e da morte – elas são um único *continuum*.

DOENÇA

Nosso nascimento também dá origem ao sofrimento da doença. Assim como o vento e a neve do inverno roubam a glória dos prados verdejantes, das árvores, das florestas e das flores, a doença tira o esplendor juvenil do nosso corpo, destruindo o seu vigor e o poder dos nossos sentidos. Se normalmente somos saudáveis e nos sentimos bem, quando adoecemos ficamos repentinamente incapazes de nos dedicar a todas as nossas atividades físicas habituais. Mesmo um campeão de boxe, que normalmente é capaz de nocautear todos os seus adversários, torna-se completamente indefeso quando a doença o atinge. A doença faz com que todas as experiências dos nossos prazeres diários desapareçam, e leva-nos a experienciar sensações desagradáveis dia e noite.

Quando caímos doentes, somos como um pássaro que pairava nas alturas do céu e repentinamente é abatido. Quando um pássaro é abatido, ele cai direto ao chão como um pedaço de chumbo, e toda a sua glória e poder são imediatamente destruídos. Do mesmo modo, temos de experienciar repentinamente nossa falta de capacidade física. Se estivermos seriamente doentes, podemos nos tornar completamente dependentes dos outros e perder, até mesmo, a habilidade de controlar nossas funções corporais. Essa transformação é difícil de suportar, especialmente para os que se orgulham de sua independência e bem-estar físico.

Quando estamos doentes, não podemos fazer o nosso trabalho habitual nem concluir todas as tarefas com as quais nos comprometemos, e isso nos faz sentir frustrados. Ficamos facilmente impacientes com a nossa doença e deprimidos com todas as coisas que não podemos fazer. Não conseguimos desfrutar das coisas que normalmente nos dão prazer, como a prática de um esporte, dançar, beber, comer alimentos saborosos ou a companhia dos nossos amigos. Todas essas limitações fazem com que nos sintamos ainda mais infelizes; e, para aumentar a nossa infelicidade, temos que suportar todas as dores físicas que a doença traz.

Quando estamos doentes, temos de experienciar não apenas todas as dores indesejáveis da própria doença, como também todo tipo de outras coisas desagradáveis. Por exemplo, temos de tomar qualquer medicamento que for prescrito, quer seja um remédio de sabor repugnante, uma série de injeções, passar por uma grande cirurgia ou nos abster de alguma coisa de que gostamos muito. Se tivermos que fazer uma intervenção cirúrgica, teremos de ir ao hospital e aceitar todas as suas condições. Talvez tenhamos que comer alimentos que não gostamos e ficar o dia inteiro em uma cama sem nada para fazer, e podemos nos sentir ansiosos em relação à cirurgia. O nosso médico pode não nos explicar exatamente qual é o problema que temos, e se ele, ou ela, espera que sobrevivamos ou não.

Se descobrirmos que a nossa doença é incurável e não tivermos experiência espiritual, sofreremos de ansiedade, medo e arrependimento. Podemos ficar deprimidos e perder a esperança, ou talvez fiquemos com raiva da nossa doença, sentindo que ela é um inimigo que maldosamente nos privou de toda a alegria.

ENVELHECIMENTO

O nosso nascimento também dá origem aos sofrimentos do envelhecimento. O envelhecimento rouba a nossa beleza, a nossa saúde, a nossa boa constituição física, a suavidade e radiância da nossa tez, a nossa vitalidade e bem-estar. O envelhecimento transforma-nos em objetos de desdém. Ele traz muitos sofrimentos indesejáveis e leva-nos rapidamente para a nossa morte.

À medida que envelhecemos, perdemos toda a beleza da nossa juventude, e o nosso corpo sadio e forte torna-se fraco e oprimido por doenças. A nossa constituição física, outrora firme e bem proporcionada, torna-se curvada e desfigurada; os nossos músculos e carne encolhem tanto que os membros se tornam finos como gravetos, e os nossos ossos, salientes e protuberantes. O nosso cabelo perde a cor e o brilho, e a nossa pele perde o seu lustre. O nosso rosto torna-se enrugado e a nossa fisionomia pouco a pouco se deforma. Milarepa disse:

> Como os velhos se levantam? Eles se levantam como se estivessem arrancando uma estaca do chão. Como os velhos andam? Uma vez que estejam em pé, eles têm que andar cautelosamente, como fazem os caçadores de pássaros. Como os velhos se sentam? Eles se estatelam como malas pesadas cujas alças se romperam.

Podemos contemplar o seguinte poema sobre os sofrimentos do envelhecimento, escrito pelo erudito Gungtang:

Quando somos idosos, nosso cabelo se torna branco,
Não porque o tenhamos lavado muito bem;
Isso é um sinal de que, em breve, encontraremos o Senhor
da Morte.

Temos rugas em nossa fronte,
Não porque tenhamos carne demais;
É um aviso do Senhor da Morte: "Estás prestes a morrer".

Nossos dentes caem,
Não para abrir espaço para novos;
É um sinal de que, em breve, perderemos a capacidade
de ingerir alimentos que as pessoas normalmente
desfrutam.

Nosso rosto é feio e desagradável,
Não porque estejamos usando máscaras;
Isso é um sinal de que perdemos a máscara da juventude.

Nossa cabeça balança de um lado para outro,
Não porque estejamos discordando;
É o Senhor da Morte batendo em nossa cabeça com o
bastão que ele traz em sua mão direita.

Andamos curvados, fitando o chão,
Não porque estejamos à procura de agulhas que perdemos;
Isso é um sinal de que estamos em busca da nossa beleza
e memórias perdidas.

Levantamo-nos do chão usando os quatro membros,
Não porque estejamos a imitar os animais;

Isso é um sinal de que as nossas pernas estão fracas
demais para suportar o nosso corpo.

Sentamo-nos como se tivéssemos sofrido uma queda
repentina,
Não porque estejamos zangados;
Isso é um sinal de que o nosso corpo perdeu o seu vigor.

Nosso corpo balança quando andamos,
Não porque pensemos que somos importantes;
Isso é um sinal de que as nossas pernas não podem
sustentar o nosso corpo.

Nossas mãos tremem,
Não porque estejam com ânsia de roubar;
Isso é um sinal de que os dedos gananciosos do Senhor
da Morte estão roubando as nossas posses.

Comemos pouco,
Não porque sejamos avaros;
Isso é um sinal de que não podemos digerir nossa comida.

Sibilamos com frequência,
Não porque estejamos sussurrando mantras aos doentes;
Isso é um sinal de que nossa respiração em breve
desaparecerá.

Quando somos jovens, podemos viajar ao redor do mundo inteiro, mas, quando somos idosos, dificilmente conseguimos ir até a porta de entrada da nossa própria casa. Tornamo-nos muito fracos para nos envolver em muitas das atividades mundanas, e, com frequência, abreviamos as nossas atividades espirituais. Por exemplo, temos pouco vigor físico para fazer ações virtuosas e pouca energia mental para memorizar, contemplar e meditar. Não podemos comparecer a ensinamentos que são dados em locais de difícil acesso ou desconfortáveis de se estar. Não podemos ajudar os outros através de meios que requeiram força física e boa saúde. Privações como estas frequentemente deixam as pessoas idosas muito tristes.

Quando envelhecemos, ficamos como alguém que é cego e surdo. Não conseguimos ver com clareza e precisamos de óculos cada vez mais fortes, até chegar o momento em que não poderemos mais ler. Não conseguimos escutar claramente, e isso nos deixa com dificuldades cada vez maiores para ouvir música ou a televisão, bem como para escutar o que os outros estão dizendo. A nossa memória se enfraquece. Todas as atividades, mundanas e espirituais, tornam-se mais difíceis. Se praticamos meditação, torna-se mais difícil obtermos realizações, porque a nossa memória e concentração estão muito fracas. Não conseguimos nos dedicar ao estudo. Desse modo, se não tivermos aprendido e treinado as práticas espirituais quando éramos jovens, a única coisa que faremos quando envelhecermos será desenvolver arrependimento e aguardar pela chegada do Senhor da Morte.

Quando somos idosos, não conseguimos obter o mesmo prazer das coisas que costumávamos desfrutar, como alimentos, bebida e sexo. Estamos fracos demais para praticar um esporte ou uma atividade recreativa e, com frequência, sentimo-nos exaustos até para nos divertirmos. À medida que o nosso tempo de vida se esgota, não conseguimos nos incluir nas atividades das pessoas jovens. Quando elas viajam, temos que ficar para trás. Ninguém quer nos levar consigo quando somos velhos e ninguém deseja nos visitar. Mesmo os nossos netos não querem ficar conosco por muito tempo. Pessoas idosas frequentemente pensam consigo mesmas: "Que maravilhoso seria se os jovens estivessem comigo. Poderíamos sair para caminhadas e eu poderia mostrar-lhes muitas coisas", mas os jovens não desejam ser incluídos nos seus planos. À medida que as suas vidas vão chegando ao fim, as pessoas idosas experienciam o sofrimento do abandono e da solidão. Elas têm muitos sofrimentos, amarguras e aflições que lhes são próprias.

MORTE

O nosso nascimento também dá origem aos sofrimentos da morte. Se, durante a nossa vida, tivermos trabalhado arduamente para adquirir posses e se tivermos nos tornado muito apegados a elas, experienciaremos grande sofrimento na hora da morte, pensando: "Agora eu tenho de deixar todas as minhas preciosas posses para trás". Mesmo agora, achamos difícil emprestar algum dos nossos mais preciosos bens, quanto mais dá-lo. Não é de surpreender que fiquemos tão arrasados quando nos damos conta de que, nas mãos da morte, temos de abandonar tudo.

Quando morremos, temos de nos separar até mesmo dos nossos amigos mais próximos. Temos de deixar o nosso companheiro ainda que tenhamos estado juntos durante anos, sem passar sequer um dia separados. Se formos muito apegados aos nossos amigos, experienciaremos grande sofrimento na hora da morte, mas tudo o que conseguiremos fazer será segurar as suas mãos. Não seremos capazes de deter o processo da morte, mesmo que eles implorem para que não morramos. Geralmente, quando somos muito apegados a alguém, sentimos ciúme caso ele, ou ela, deixe-nos sozinhos e passe o seu tempo com outra pessoa; mas, quando morrermos, teremos de deixar os nossos amigos com os outros para sempre. Teremos de deixar todos, incluindo nossa família e todas as pessoas que nos ajudaram nesta vida.

Quando morrermos, este corpo que temos apreciado e cuidado de tantas e variadas maneiras terá de ser deixado para trás. Sem a mente, ele ficará tão insensível como uma pedra e será sepultado sob a terra ou cremado. Se não tivermos a proteção interior da experiência espiritual, na hora da morte experienciaremos medo e angústia, bem como dor física.

Quando a nossa consciência deixar o nosso corpo na hora da morte, todos os potenciais que acumulamos em nossa mente, por meio das ações virtuosas e não-virtuosas que fizemos, irão com ela. Não poderemos levar mais nada deste mundo além disso. Todas as outras coisas irão nos decepcionar. A morte acaba com todas as nossas atividades – as nossas conversas, as nossas refeições, os nossos encontros com os amigos, o nosso sono. Tudo chega ao fim no dia da nossa morte e temos de deixar todas as coisas para trás, inclusive os anéis em nossos dedos. No Tibete, os mendigos carregam consigo um bastão para se defenderem dos cães. Para compreender a completa privação provocada pela morte devemos lembrar de que, na hora da morte, os mendigos têm de deixar até esse velho bastão, a mais insignificante das posses humanas. Pelo mundo todo, podemos ver que a única posse dos mortos são os seus nomes gravados em pedra.

OUTROS TIPOS DE SOFRIMENTO

Nós também temos de experienciar os sofrimentos da separação, de ter que nos defrontar com o que não gostamos, e de não ter nossos desejos satisfeitos – os quais incluem os sofrimentos da pobreza, de ser prejudicado por humanos e não-humanos, e de ser prejudicado por água, fogo, vento e terra. Antes da separação final na hora da morte, frequentemente temos que experienciar a separação temporária de pessoas e coisas de que gostamos, o que nos causa dor mental. Podemos ter que deixar o nosso país, onde todos os nossos amigos e parentes vivem, ou talvez tenhamos de deixar o trabalho de que gostamos. Podemos perder nossa reputação. Muitas vezes, nesta vida, temos que vivenciar o sofrimento de nos separar das pessoas de que gostamos ou abandonar e perder as coisas que consideramos agradáveis e atraentes; mas, quando morrermos, teremos de nos separar para sempre de todas as nossas companhias e prazeres desta vida, bem como de todas as condições exteriores e interiores que contribuem para a nossa prática de Dharma.

Frequentemente temos que nos encontrar e conviver com pessoas que não gostamos ou enfrentar situações que consideramos desagradáveis. Algumas vezes podemos estar em meio a uma situação muito perigosa, como um incêndio ou uma enchente, ou onde há violência, como um tumulto ou uma batalha. As nossas vidas estão repletas de situações menos extremas que achamos irritantes. Às vezes, somos impedidos de fazer as coisas que queremos. Num dia ensolarado podemos nos determinar a ir para a praia, mas ficarmos presos em um congestionamento. Continuamente, experienciamos interferência dos nossos demônios interiores – as delusões, ou aflições mentais – que perturbam a nossa mente e as nossas práticas espirituais. Há inumeráveis condições que frustram os nossos planos e impedem-nos de fazer o que queremos. É como se estivéssemos nus e vivendo em um arbusto espinhento – sempre que tentamos nos mexer, somos feridos pelas circunstâncias. Pessoas e coisas são como espinhos perfurando a nossa carne, e nenhuma situação jamais nos parecerá inteiramente confortável. Quanto mais desejos e planos temos, mais frustrações experienciamos. Quanto mais desejamos determinadas situações, mais nos encontramos presos em situações que não queremos. Todo desejo parece convidar seu próprio obstáculo. Situações indesejáveis acontecem-nos sem que procuremos por elas. Na verdade, as únicas coisas que vêm sem esforço são as que não queremos. Ninguém deseja morrer, mas a morte vem sem esforço. Ninguém deseja ficar doente, mas a doença vem sem esforço. Por termos renascido sem liberdade ou controle, temos um corpo impuro e vivemos em um ambiente, ou entorno, impuro e, por essa razão, coisas indesejáveis desabam sobre nós. No samsara, esse tipo de experiência é completamente natural.

Temos incontáveis desejos, mas não importa quanto esforço façamos, nunca sentimos que os satisfizemos. Mesmo quando conseguimos o que queremos, não o conseguimos da maneira que desejávamos. Possuímos o objeto, mas não extraímos satisfação por possuí-lo. Por exemplo, podemos sonhar em nos tornarmos ricos, mas, se realmente enriquecermos, a nossa vida não será da maneira que havíamos imaginado e não sentiremos que o nosso desejo foi satisfeito. O motivo é que os nossos desejos não diminuem conforme a nossa riqueza aumenta. Quanto mais riqueza temos, mais desejamos. A riqueza que buscamos não pode ser encontrada, pois buscamos uma quantidade que sacie os nossos desejos, e nenhuma quantidade de riqueza pode fazê-lo. Para piorar as coisas, ao obter o objeto do nosso desejo criamos novas situações para descontentamento. Com cada objeto que desejamos vêm outros objetos que não queremos. Por exemplo, com a riqueza vêm impostos, insegurança e complicados assuntos financeiros. Esses efeitos secundários indesejados nos impedem que nos sintamos plenamente satisfeitos. De modo semelhante, podemos sonhar em passar as férias em um lugar exótico e podemos realmente ir até lá, mas a experiência nunca será o que esperamos e, junto com as nossas férias, vêm outras coisas, como uma queimadura de sol e grandes despesas.

Se examinarmos nossos desejos, veremos que eles são excessivos. Queremos todas as melhores coisas no samsara – o melhor trabalho, o melhor companheiro, a melhor reputação, a melhor casa, o melhor carro, as melhores férias. Qualquer coisa que não seja a melhor deixa-nos com um sentimento de desapontamento – ainda à procura, porém, sem encontrar o que desejamos. Nenhum prazer mundano, no entanto, pode nos dar a satisfação completa e perfeita que desejamos. Coisas melhores estão sempre sendo produzidas. Em toda parte, novas publicidades anunciam que a melhor coisa acabou de chegar ao mercado, mas, poucos dias depois, chega outra ainda melhor que a "melhor" de poucos dias atrás. O surgimento de novas coisas para cativar os nossos desejos não tem fim.

As crianças na escola nunca conseguem satisfazer as suas próprias ambições ou as de seus pais. Mesmo que cheguem ao primeiro lugar da classe, elas sentem que não podem se contentar com isso, a menos que façam a mesma coisa no ano seguinte. Se prosseguirem assim, de modo que sejam bem-sucedidas em seus empregos, sua ambição será mais forte do que nunca. Não há nenhum ponto a partir do qual possam descansar, com o sentimento de que estão completamente satisfeitas com o que já fizeram.

Podemos pensar que, ao menos, as pessoas que levam uma vida simples no campo devem estar satisfeitas, mas, se olharmos para a sua situação, vamos perceber que mesmo os agricultores procuram, mas não encontram o que desejam. As suas vidas estão cheias de problemas e ansiedades e eles não desfrutam de paz e satisfação verdadeiras. O sustento deles depende de muitos fatores incertos que estão além do seu controle, como o clima. Os agricultores não têm maior liberdade perante o descontentamento do que uma pessoa de negócios que vive e trabalha na cidade. Pessoas de negócios parecem elegantes e eficientes quando saem a cada manhã para trabalhar, carregando as suas pastas, mas, embora exteriormente pareçam tão confiantes, em seus corações carregam muitas insatisfações. Elas ainda estão procurando, mas nunca encontram o que desejam.

Se refletirmos sobre essa situação, podemos chegar à conclusão de que encontraremos o que procuramos se abandonarmos todas as nossas posses. Podemos ver, no entanto, que mesmo as pessoas pobres estão à procura, mas não encontram o que buscam, e muitas pessoas pobres têm dificuldade em obter até mesmo as necessidades mais básicas da vida – milhões de pessoas no mundo vivenciam os sofrimentos da pobreza extrema.

Não podemos evitar o sofrimento da insatisfação através de mudarmos frequentemente a nossa situação. Podemos pensar que se arranjarmos constantemente um novo companheiro, um novo emprego ou viajarmos mundo afora, encontraremos, por fim, o que queremos; mas, mesmo se viajássemos para todos os lugares do mundo e tivéssemos um novo companheiro em cada lugar, ainda assim continuaríamos à procura de uma outra localidade e de um outro companheiro. No samsara não existe verdadeira satisfação dos nossos desejos.

Sempre que virmos qualquer pessoa numa posição elevada ou inferior, seja homem ou mulher, essa pessoa difere das outras apenas na aparência, roupas, comportamento e *status*. Em essência, todas as pessoas são iguais – todas vivenciam problemas em suas vidas. Sempre que temos um problema, é fácil pensar que ele é causado por nossas circunstâncias particulares e que, se mudássemos nossas circunstâncias, nosso problema desapareceria. Acusamos as outras pessoas, nossos amigos, nossa comida, o governo, nossa época, o clima, a sociedade, a história e assim por diante. No entanto, circunstâncias exteriores como essas não são as causas principais dos nossos problemas. Precisamos reconhecer que todo sofrimento físico e dor mental que experienciamos são a consequência de termos tido um renascimento contaminado pelo veneno interior das delusões. Seres humanos têm de vivenciar diversos tipos de sofrimento humano porque tiveram um renascimento contaminado humano; os animais têm de vivenciar sofrimento animal porque tiveram um renascimento contaminado animal; e fantasmas famintos e seres-do-inferno têm de vivenciar seus próprios sofrimentos porque tiveram um renascimento contaminado como fantasmas famintos ou seres-do-inferno. Mesmo os deuses não estão livres do sofrimento porque eles também tiveram um renascimento contaminado. Assim como uma pessoa presa num violento incêndio desenvolve um medo intenso, devemos desenvolver um medo intenso dos sofrimentos insuportáveis do ciclo de vida impura, sem fim. Esse medo é *verdadeira* renúncia e surge da nossa sabedoria.

Como conclusão, tendo contemplado a explicação acima, devemos pensar:

Não há benefício algum em negar os sofrimentos das vidas futuras; quando eles realmente caírem sobre mim, será tarde demais para me proteger deles. Portanto, preciso, agora e definitivamente, preparar uma proteção para mim, enquanto tenho esta vida humana que me dá a oportunidade de me libertar permanentemente dos sofrimentos das minhas incontáveis vidas futuras. Se eu não aplicar esforço para realizar isso, mas permitir que a minha vida humana se torne vazia de sentido, não haverá maior engano nem maior insensatez. Preciso aplicar esforço agora para me libertar permanentemente dos sofrimentos das minhas incontáveis vidas futuras.

Meditamos continuamente nessa determinação, até desenvolvermos o desejo espontâneo de nos libertarmos permanentemente dos sofrimentos das incontáveis vidas futuras. Essa é a verdadeira realização da renúncia. No momento em que desenvolvermos essa realização, teremos ingressado no caminho à libertação. Neste contexto, libertação refere-se à suprema paz mental permanente, conhecida como "nirvana", que nos dá felicidade pura e duradoura.

O QUE DEVEMOS ABANDONAR

No *Sutra das Quatro Nobres Verdades*, Buda diz: "Deves abandonar as origens". Ao dizer isso, Buda nos aconselha que, se desejamos nos libertar permanentemente dos sofrimentos das nossas incontáveis vidas futuras, devemos abandonar as origens. "Origens" significa as nossas delusões, ou aflições mentais, principalmente a nossa delusão do agarramento ao em-si. O agarramento ao em-si é chamado de "origem" porque ele é a fonte de todo o nosso sofrimento e problemas, e também é conhecido como o "demônio interior". As delusões são percepções errôneas cuja função é destruir a paz mental, a fonte de felicidade; elas não têm outra função que não seja nos prejudicar. As delusões, como o agarramento ao em-si, habitam em nosso coração e continuamente nos prejudicam dia e noite sem descanso, destruindo a nossa paz mental. No samsara, o ciclo de vida impura, ninguém tem a oportunidade de experienciar felicidade verdadeira porque sua paz mental, a fonte de felicidade, está continuamente sendo destruída pelo demônio interior do agarramento ao em-si.

A nossa ignorância do agarramento ao em-si é uma mente que acredita equivocadamente que o nosso *self*, o nosso corpo e todas as outras coisas que normalmente vemos existem verdadeiramente. Por causa dessa ignorância, desenvolvemos apego pelas coisas de que gostamos e raiva pelas coisas de que não gostamos. Então, cometemos diversos tipos de ações não-virtuosas e, como resultado dessas ações, experienciamos diversos tipos de sofrimentos e problemas nesta vida e vida após vida.

A ignorância do agarramento ao em-si é um veneno interior que causa um prejuízo muito maior do que qualquer outro veneno. Por estar poluída por esse veneno interior, a nossa mente vê e percebe tudo de modo equivocado e, como resultado, vivenciamos sofrimentos e problemas semelhantes-a-alucinações. Na verdade, o nosso *self*, o nosso corpo e todas as outras coisas que normalmente vemos e percebemos não existem. O agarramento ao em-si pode ser comparado a uma árvore venenosa; todas as outras delusões, a seus galhos; e todo o nosso sofrimento e problemas, a seus frutos – o agarramento ao em-si é a fonte fundamental de todas as demais delusões e de todo o nosso sofrimento e problemas. Podemos compreender por meio dessa explicação que, se abandonarmos permanentemente nosso agarramento ao em-si, todos os nossos sofrimentos e problemas desta vida e das incontáveis vidas futuras cessarão permanentemente. O grande iogue Saraha disse: "Se a tua mente for libertada permanentemente do agarramento ao em-si, não há dúvida alguma de que serás libertado permanentemente do sofrimento". Compreendendo isso e tendo contemplado as explicações acima, devemos pensar:

> *Preciso aplicar grande esforço em reconhecer, reduzir e, por fim, abandonar totalmente minha ignorância do agarramento ao em-si.*

Devemos meditar nessa determinação continuamente, e colocar essa nossa determinação em prática.

O QUE DEVEMOS PRATICAR

No *Sutra das Quatro Nobres Verdades*, Buda diz: "Deves praticar o caminho". Neste contexto, "caminho" não significa um caminho exterior que conduz de um lugar a outro, mas um caminho interior, uma realização espiritual que nos conduz à felicidade pura da libertação e da iluminação. A prática das etapas do caminho à libertação pode ser condensada nos três treinos de disciplina moral superior, concentração superior e sabedoria superior. Esses treinos são chamados de "superiores" porque são motivados por renúncia. Eles são, portanto, o caminho efetivo à libertação que precisamos praticar.

A natureza da disciplina moral é uma determinação virtuosa de abandonar ações inadequadas. Quando praticamos disciplina moral, nós abandonamos as ações inadequadas, mantemos um comportamento puro e fazemos toda ação corretamente, com uma motivação pura. A disciplina moral é muito importante para todos, porque ela evita problemas futuros para nós e para os outros. Ela nos torna puros porque faz com que as nossas ações sejam puras. Precisamos ser limpos e puros; ter um corpo limpo, apenas, não é suficiente, pois o nosso corpo não é o nosso *self*. A disciplina moral é como um vasto solo que sustenta e nutre o cultivo das realizações espirituais. Sem praticar disciplina moral, é muito difícil fazer progressos no treino espiritual. Treinar em disciplina moral superior é aprender a tornar-se profundamente familiarizado com a prática de disciplina moral motivada por renúncia.

O segundo treino superior é treinar em concentração superior. A natureza da concentração é ser uma mente virtuosa estritamente focada. Enquanto mantivermos essa mente, experienciaremos paz mental e, consequentemente, seremos felizes. Quando praticamos concentração, impedimos distrações e nos concentramos em objetos virtuosos. É muito importante treinar concentração, pois, com distrações, não conseguimos realizar nada. Treinar em concentração superior é, com a motivação de renúncia, aprender a nos familiarizarmos profundamente com a capacidade de parar as distrações e de nos concentrarmos em objetos virtuosos. Com relação a qualquer prática de Dharma, se a nossa concentração for clara e forte será muito fácil fazer progressos. Normalmente, a distração é o obstáculo principal à nossa prática de Dharma. A prática de disciplina moral impede as distrações densas, e a concentração impede as distrações sutis; juntas, elas produzem resultados rápidos em nossa prática de Dharma.

O terceiro treino superior é treinar em sabedoria superior. A natureza da sabedoria é ser uma mente inteligente virtuosa que funciona para compreender objetos significativos, como a existência de vidas passadas e futuras, o carma e a vacuidade. Compreender esses objetos proporciona grande significado para esta vida e para as incontáveis vidas futuras. Muitas pessoas são muito inteligentes para destruir seus inimigos, cuidar das suas famílias, encontrar aquilo que desejam e assim por diante, mas isso não é sabedoria. Até os animais têm uma inteligência assim. A inteligência mundana é enganosa, ao passo que a sabedoria nunca nos enganará. Ela é o nosso Guia Espiritual interior que nos conduz aos caminhos corretos, e é o olho divino através do qual podemos ver as vidas passadas e futuras e a conexão especial entre as nossas ações em vidas passadas e as nossas experiências nesta vida, conhecida como "carma". O carma é um assunto muito extenso e sutil e somente podemos compreendê-lo através de sabedoria. Treinar em sabedoria superior é aprender, com a motivação de renúncia, a desenvolver e aumentar nossa sabedoria que realiza a vacuidade por meio de contemplar e meditar sobre a vacuidade. Essa sabedoria é extremamente profunda. O seu objeto, a vacuidade, não é um nada, ou inexistência, mas a verdadeira natureza de todos os fenômenos. Uma explicação detalhada da vacuidade é dada no capítulo *Treinar a Bodhichitta Última*.

Os três treinos superiores são o método efetivo para alcançar a libertação permanente dos sofrimentos desta vida e das incontáveis vidas futuras. Isso pode ser compreendido com a seguinte analogia. Quando cortamos uma árvore usando uma serra, a serra não pode, sozinha, cortar a árvore sem que usemos as nossas mãos, que, por sua vez, dependem do nosso corpo. Treinar em disciplina moral superior é como o nosso corpo, treinar em concentração superior é como as nossas mãos, e treinar em sabedoria superior é como a serra. Usando as três juntas, podemos cortar a árvore venenosa da nossa ignorância do agarramento ao em-si e, automaticamente, todas as demais delusões (seus galhos) e todos os nossos sofrimentos e problemas (seus frutos) cessarão por completo. Teremos alcançado, então, a cessação permanente dos sofrimentos desta vida e das vidas futuras – a suprema paz mental permanente conhecida como "nirvana", ou libertação. Teremos solucionado todos os nossos problemas humanos e realizado o verdadeiro sentido da nossa vida.

Contemplando a explicação acima, devemos pensar:

Visto que os três treinos superiores são o método efetivo para alcançar a libertação permanente dos sofrimentos desta vida e das incontáveis vidas futuras, eu preciso aplicar grande esforço em praticá-los.

Devemos meditar nessa determinação continuamente, e colocar essa nossa determinação em prática.

O QUE DEVEMOS ALCANÇAR

No *Sutra das Quatro Nobres Verdades*, Buda diz: "Deves alcançar as cessações". Neste contexto, "cessação" significa a cessação permanente do sofrimento e de sua raiz, a ignorância do agarramento ao em-si. Ao dizer isso, Buda nos aconselha a não ficarmos satisfeitos com uma libertação temporária de sofrimentos específicos, mas que devemos ter a intenção de realizar a meta última da vida humana: a suprema paz mental permanente (nirvana) e a felicidade pura e duradoura da iluminação.

Todo ser vivo, sem exceção, tem de vivenciar o ciclo dos sofrimentos da doença, envelhecimento, morte e renascimento, vida após vida, interminavelmente. Seguindo o exemplo de Buda, devemos desenvolver forte renúncia por esse ciclo interminável. Quando vivia no palácio com sua família, Buda observou como o seu povo estava constantemente experienciando esses sofrimentos e tomou a forte determinação de alcançar a iluminação, a grande libertação, e conduzir cada ser vivo a esse estado.

Buda não nos estimula a abandonar as atividades diárias que proporcionam as condições necessárias para viver ou aquelas que evitam a pobreza, os problemas ambientais, doenças específicas e assim por diante. No entanto, não importa o quanto sejamos bem-sucedidos nessas atividades, nunca alcançaremos a cessação permanente de problemas desse tipo. Teremos ainda de vivenciá-los em nossas incontáveis vidas futuras e, mesmo nesta vida, embora trabalhemos arduamente para evitar esses problemas, os sofrimentos da pobreza, poluição ambiental e doença estão aumentando em todo o mundo. Além disso, devido ao poder da tecnologia moderna, muitos perigos graves estão a se desenvolver agora no mundo, perigos que nunca haviam sido experienciados anteriormente. Portanto, não devemos ficar satisfeitos com uma mera liberdade temporária de sofrimentos específicos, mas aplicar grande esforço em alcançar a liberdade permanente enquanto temos essa oportunidade.

Devemos nos lembrar da preciosidade da nossa vida humana. Por exemplo, aqueles que, devido às suas visões deludidas passadas que negavam o valor da prática espiritual, renasceram como animais, não têm agora a oportunidade de se empenharem em uma prática espiritual, pois somente ela torna a nossa vida significativa. Visto que para eles é impossível ouvir, compreender, contemplar e meditar nas instruções espirituais, o seu renascimento presente como animal é, por si só, um obstáculo. Como foi mencionado anteriormente, somente os seres humanos estão livres de tais obstáculos e têm todas as condições necessárias para se empenharem em caminhos espirituais, os únicos caminhos que conduzem à paz e felicidade duradouras. Essa combinação de liberdade e de posse de condições necessárias é a característica especial que torna a nossa vida humana tão preciosa.

Concluindo, devemos pensar:

Eu não devo ficar satisfeito com uma mera cessação temporária de sofrimentos específicos, que até mesmo os animais podem experienciar. Eu preciso alcançar a cessação permanente da ignorância do agarramento ao em-si – a raiz do sofrimento – praticando sinceramente os três treinos superiores.

Devemos meditar nessa determinação todos os dias, e colocar essa nossa determinação em prática. Desse modo, nós próprios nos guiaremos ao caminho libertador.

O Caminho de uma Pessoa de Grande Escopo

Neste contexto, uma "pessoa de grande escopo" refere-se a alguém que tem uma grande capacidade para desenvolver compreensão e realizações espirituais.

Esse tema é extenso e profundo, abarcando tanto o Sutra quanto o Tantra, e, por esta razão, uma explicação detalhada será oferecida nos próximos capítulos.

Buda da Compaixão

O Supremo Bom Coração – Bodhichitta

DIA E NOITE, devemos manter renúncia – o desejo sincero de obter libertação permanente. Ela é a porta à libertação – a suprema paz mental permanente – e a base de realizações mais avançadas. Entretanto, não devemos nos contentar em buscar apenas nossa própria libertação; precisamos, também, levar em consideração o bem-estar dos outros seres vivos. Existem incontáveis seres afogando-se no oceano do samsara, experienciando sofrimento insuportável. Ao passo que cada um de nós é apenas uma só pessoa, os outros seres vivos são numericamente incontáveis; portanto, a felicidade e a liberdade dos outros são muito mais importantes do que a nossa própria felicidade e liberdade. Por essa razão, devemos ingressar no caminho do Bodhisattva, que nos conduz ao estado da plena iluminação.

A porta de entrada pela qual ingressamos no caminho do Bodhisattva é a bodhichitta. *Bodhi* significa "iluminação", e *chitta* significa "mente". A bodhichitta é uma mente que deseja espontaneamente alcançar a iluminação para beneficiar diretamente todos e cada um dos seres vivos. No momento em que desenvolvermos essa preciosa mente da bodhichitta, tornamo-nos um Bodhisattva – uma pessoa que deseja espontaneamente alcançar a iluminação para o benefício de todos os seres vivos – e tornamo-nos, também, um Filho, ou Filha, dos Budas Conquistadores.

Este supremo bom coração da bodhichitta não pode ser desenvolvido sem treino. Je Tsongkhapa disse:

> Regando o solo do amor afetuoso com amor apreciativo
> E plantando, em seguida, as sementes do amor
> desiderativo e da compaixão,
> A árvore medicinal da bodhichitta irá se desenvolver.

Isso implica que há cinco estágios para treinar a bodhichitta: 1. Treinar amor afetuoso; 2. Treinar amor apreciativo; 3. Treinar amor desiderativo; 4. Treinar compaixão universal; e 5. Treinar a bodhichitta propriamente dita.

TREINAR AMOR AFETUOSO

Neste treino, aprendemos a desenvolver e a manter um coração caloroso e um sentimento de sermos próximos de todos os seres vivos, sem exceção. Esse amor afetuoso torna a nossa mente pura e equilibrada, e prepara o fundamento para gerarmos amor apreciativo por todos os seres vivos. Normalmente, a nossa mente carece de equilíbrio: sentimo-nos muito próximos de alguns por apego ou muito distantes de outros por raiva. É impossível desenvolver o supremo bom coração da bodhichitta com tal mente desprovida de equilíbrio. Essa mente desprovida de equilíbrio é a fonte de todos os nossos problemas diários. Poderíamos pensar que algumas pessoas são nossos inimigos porque estão nos prejudicando; logo, como poderíamos desenvolver e manter um coração caloroso e um sentimento de proximidade com tais pessoas? Esse modo de pensar é incorreto. As pessoas que acreditamos serem nossos inimigos são, na realidade, nossas mães das vidas anteriores. As nossas mães das vidas anteriores e a nossa mãe desta vida atual são, todas elas, nossas mães, e todas são igualmente bondosas para conosco.

É incorreto pensar que as nossas mães das vidas anteriores não são mais nossas mães apenas porque um longo tempo se passou desde que elas realmente cuidaram de nós. Se a nossa mãe atual falecesse hoje, deixaria ela de ser a nossa mãe? Não, nós ainda a reconheceríamos como a nossa mãe e rezaríamos pela sua felicidade. O mesmo é verdadeiro para todas as nossas mães anteriores – elas morreram, mas ainda permanecem sendo nossas mães. É somente por causa das mudanças na nossa aparência exterior que não nos reconhecemos mais um ao outro.

Em nossa vida diária, vemos muitos seres vivos diferentes, tanto humanos quanto não-humanos. Consideramos alguns como amigos, outros como inimigos e a maioria como estranhos. Essas distinções são feitas por nossas mentes equivocadas: elas não são confirmadas por mentes válidas. Em vez de seguir tais mentes equivocadas, devemos considerar e acreditar que todos os seres vivos são nossas mães. Quem quer que encontremos, devemos pensar "essa pessoa é minha mãe". Desse modo, iremos gerar um coração caloroso e um sentimento de sermos próximos de todos os seres vivos igualmente. Nossa crença de que todos os seres vivos são nossas mães é sabedoria, pois compreende um objeto significativo, qual seja: que todos os seres vivos são nossas mães. Por meio dessa compreensão, experienciaremos um grande significado nesta vida e nas incontáveis vidas futuras. Nunca devemos abandonar essa crença ou visão benéfica.

Devemos contemplar como segue:

Já que é impossível encontrar um início para o meu continuum *mental, segue-se que eu tive incontáveis renascimentos no passado, e, se eu tive incontáveis renascimentos, devo ter tido incontáveis mães. Onde estão todas essas mães agora? Elas são todos os seres vivos que vivem hoje.*

Tendo contemplado repetidamente esse ponto, acreditamos intensamente que todos os seres vivos são nossas mães e meditamos nessa crença.

A BONDADE DOS SERES VIVOS

Depois de nos termos convencido de que todos os seres vivos são nossas mães, contemplamos a imensa bondade que recebemos de cada um deles quando foram nossas mães, bem como a bondade que eles nos têm demonstrado em outros momentos.

Quando fomos concebidos, se a nossa mãe não nos tivesse desejado em seu útero, ela poderia ter feito um aborto. Se ela o tivesse feito, não teríamos agora esta vida humana. Devido à sua bondade, ela nos permitiu ficar em seu útero e, por isso, desfrutamos agora de uma vida humana e experienciamos todas as suas vantagens. Quando éramos um bebê, se não tivéssemos recebido seu constante cuidado e atenção, certamente teríamos tido um acidente e poderíamos agora estar inválidos ou cegos. Afortunadamente, nossa mãe não descuidou de nós. Dia e noite, ela nos deu seu cuidado amoroso, considerando-nos mais importantes do que a si mesma. A cada dia, ela salvou nossa vida muitas vezes. Durante a noite, permitia que seu sono fosse interrompido, e, durante o dia, privava-se de seus prazeres habituais. Ela teve que deixar seu trabalho e, quando seus amigos saíam para se divertir, ficava para trás. Ela gastou todo o seu dinheiro conosco, dando-nos a melhor comida e as melhores roupas que podia proporcionar. Ela nos ensinou a como comer, como andar, como falar. Pensando em nosso bem-estar futuro, ela fez o melhor que pôde para garantir que recebêssemos uma boa educação. Por causa da sua bondade, agora somos capazes de estudar qualquer coisa que escolhermos. É principalmente pela bondade da nossa mãe que agora temos a oportunidade de praticar o Dharma e, por fim, alcançar a iluminação.

Já que não há um ser vivo que não tenha sido nossa mãe em algum momento de nossas vidas passadas e já que, quando fomos seus filhos, eles nos trataram com a mesma bondade que a nossa mãe atual tem nos tratado nesta vida, todos os seres vivos são muito bondosos.

A bondade dos seres vivos não está limitada ao tempo em que foram nossas mães. A todo momento, nossas necessidades diárias são atendidas pela bondade dos outros. Não trouxemos nada da nossa vida anterior, mas, assim que nascemos, nos foi dado um lar, comida, roupas e tudo o de que precisávamos – tudo provido pela bondade dos outros. Tudo o que agora desfrutamos foi proporcionado pela bondade dos outros seres, passados ou presentes.

Podemos usar muitas coisas com muito pouco esforço de nossa parte. Se considerarmos recursos como estradas, carros, trens, aviões, navios, casas, restaurantes, hotéis, bibliotecas, hospitais, lojas, dinheiro e assim por diante, fica claro que muitas pessoas trabalharam arduamente para providenciar essas coisas. Mesmo que contribuamos pouco, ou nada, para o fornecimento desses recursos, eles estão todos à nossa disposição para que os utilizemos. Isso mostra a grande bondade dos outros.

Tanto a nossa educação geral como o nosso treino espiritual são, ambos, proporcionados pelos outros. Todas as nossas realizações de Dharma, desde os nossos primeiros *insights* até a nossa conquista final da libertação e da iluminação, serão obtidas na dependência da bondade dos outros. Como seres humanos, temos a oportunidade de conquistar a felicidade suprema da iluminação. A razão disso é que, devido ao nosso renascimento humano, temos a oportunidade de ingressar e prosseguir no caminho à iluminação, um caminho espiritual motivado pela compaixão por todos os seres vivos. A porta de entrada através da qual ingressamos no caminho à iluminação é, portanto, a compaixão por todos os seres vivos – compaixão universal – e somente podemos desenvolver essa compaixão na dependência de todos os seres vivos como os objetos da nossa compaixão. Isso mostra que é através da grande bondade de todos os seres vivos, atuando como objetos da nossa compaixão, que temos a oportunidade de ingressar no caminho à iluminação e de alcançar a felicidade suprema da iluminação. Por isso, está claro que, para nós, todos os seres vivos são supremamente bondosos e preciosos.

Do fundo do nosso coração, devemos pensar:

> *Todos e cada um dos seres vivos são supremamente bondosos e preciosos para mim. Eles me proporcionam a oportunidade de obter a felicidade pura e duradoura da iluminação – a meta suprema da vida humana.*

Compreendendo isso e pensando desse modo, geramos então um coração caloroso e um sentimento de sermos próximos de todos os seres vivos igualmente, sem exceção. Fazemos com que nossa mente se transforme nesse sentimento e permanecemos estritamente focados nele pelo maior tempo possível. Contemplando e meditando continuamente desse modo, manteremos um coração caloroso e um sentimento de sermos próximos de todos os seres vivos o tempo todo, em qualquer situação. Tendo compreendido os oito benefícios de manter amor afetuoso, que estão listados abaixo na seção *Treinar Amor Desiderativo*, devemos aplicar esforço contínuo nessa prática.

TREINAR AMOR APRECIATIVO

Este treino tem duas etapas: 1. Equalizar eu com outros; e 2. Trocar eu por outros.

EQUALIZAR EU COM OUTROS

Essa prática é denominada "equalizar eu com outros" porque estamos aprendendo a acreditar que a nossa própria felicidade e liberdade e a felicidade e liberdade de todos os outros seres vivos são igualmente importantes. Aprender a apreciar os outros é a melhor solução para os nossos problemas diários e é a fonte de toda a nossa felicidade e boa fortuna futuras.

Existem dois níveis de apreciar os outros: (1) apreciar os outros do mesmo modo que apreciamos um amigo próximo ou um parente; (2) apreciar os outros do mesmo modo que apreciamos a nós mesmos. O segundo nível é mais profundo. Por meio de apreciar todos os seres vivos como apreciamos a nós mesmos, desenvolveremos a compaixão universal profunda que atua como o caminho rápido à iluminação. Esse é um dos pontos essenciais do Lamrim Kadam.

Para treinar em equalizar eu com outros, fazemos a seguinte contemplação, pensando:

> *Preciso acreditar que a felicidade e a liberdade, tanto as minhas como as de todos os seres vivos, são igualmente importantes porque:*
>
> *(1) Todos os seres vivos têm me demonstrado grande bondade, tanto nesta como nas vidas passadas.*
>
> *(2) Assim como eu desejo estar livre do sofrimento e experienciar somente felicidade, todos os outros seres também desejam isso para si próprios. A esse respeito, não sou diferente de qualquer outro ser vivo; somos todos iguais.*
>
> *(3) Eu sou apenas um, ao passo que os outros são incontáveis; logo, como posso estar preocupado apenas comigo enquanto negligencio ou não levo em conta os outros? Minha felicidade e sofrimento são insignificantes quando comparados com a felicidade e o sofrimento dos incontáveis seres vivos.*

Tendo contemplado repetidamente esses pontos, acreditamos fortemente que a nossa própria felicidade e liberdade e as de todos os seres vivos são igualmente importantes. Permanecemos então estritamente focados nessa crença pelo maior tempo possível. Devemos praticar continuamente essa contemplação e meditação até acreditarmos, espontaneamente, que a nossa felicidade e liberdade e as de todos os seres vivos são igualmente importantes. Isso é a realização de equalizar eu com outros.

TROCAR EU POR OUTROS

Este treino tem três etapas: 1. Contemplar as desvantagens do autoapreço; 2. Contemplar as vantagens de apreciar os outros; e 3. O treino propriamente dito de trocar eu por outros.

CONTEMPLAR AS DESVANTAGENS DO AUTOAPREÇO

O que é, exatamente, o autoapreço? Autoapreço é a nossa mente que pensa "eu sou importante" enquanto negligencia, ou não leva em conta, os outros. Quando pensamos "*eu*" e "*meu*", percebemos um *eu* inerentemente existente e, então, apreciamos esse *eu* e acreditamos que sua felicidade e liberdade são mais importantes que tudo. Isso é autoapreço. Cuidar de nós mesmos não é autoapreço. Precisamos cuidar de nós para sustentar esta vida humana, de modo que possamos aplicar esforço continuamente para realizar seu verdadeiro significado.

Autoapreço e agarramento ao em-si são aspectos diferentes de uma única mente. O agarramento ao em-si agarra-se a um "*eu*" inerentemente existente, e o autoapreço acredita que esse "*eu*" é precioso e que sua felicidade e liberdade são supremamente importantes. O autoapreço é a nossa visão normal que acredita "eu sou importante" e "a minha felicidade e liberdade são importantes" e que negligencia, ou não leva em conta, a felicidade e a liberdade dos outros. Ele é parte da nossa ignorância porque, na realidade, não existe um *eu* inerentemente existente. A nossa mente de autoapreço, contudo, aprecia esse *eu* e acredita que ele é mais importante do que tudo. O autoapreço é uma mente tola e enganosa que sempre interfere com a nossa paz interior, e é também um grande obstáculo para a nossa realização do verdadeiro sentido da nossa vida humana. Temos estado com essa mente de autoapreço vida após vida, desde tempos sem início, até mesmo enquanto dormimos e sonhamos.

No *Guia do Estilo de Vida do Bodhisattva*, Shantideva diz:

> (...) todo o sofrimento que existe neste mundo
> Surge de desejar que nós mesmos sejamos felizes.

Sofrimentos não nos são dados como punições. Todos eles vêm da nossa mente de autoapreço, que deseja que nós mesmos sejamos felizes enquanto negligencia, ou não leva em conta, a felicidade dos outros. Existem dois modos de entender isso. Primeiro, a mente de autoapreço é a criadora de todo o nosso sofrimento e problemas; segundo, o autoapreço é a base para experienciarmos todo o nosso sofrimento e problemas.

Sofremos porque, em nossas vidas passadas, executamos ações motivadas por intenções egoístas (o nosso autoapreço), que fizeram os outros experienciar sofrimento. Como resultado dessas ações, experienciamos agora o nosso sofrimento e problemas atuais. Portanto, o verdadeiro criador de todo o nosso sofrimento e problemas é a nossa mente de autoapreço.

Nossa experiência atual de sofrimentos e problemas específicos tem uma conexão especial com ações específicas que fizemos em nossas vidas passadas. Isso é muito sutil. Não conseguimos enxergar essa conexão oculta com os nossos olhos, mas, como já foi explicado, podemos entendê-la usando a nossa sabedoria e, em particular, confiando nos ensinamentos de Buda sobre o carma. Em geral, todos sabem que, se executarem más ações, experienciarão maus resultados e, se executarem boas ações, experienciarão bons resultados.

A mente de autoapreço é também a base para experienciarmos todos os nossos sofrimentos e problemas. Por exemplo, quando são incapazes de satisfazer seus desejos, muitas pessoas experienciam depressão, desencorajamento, infelicidade e dor mental, e algumas até desejam se matar. O motivo disso é que o seu autoapreço acredita que os seus próprios desejos são muito importantes. É por esta razão que o seu autoapreço é o principal responsável por seus problemas. Sem o autoapreço, não haveria base para experienciar um sofrimento como esse.

Quando estamos seriamente doentes, achamos difícil suportar o nosso sofrimento, mas a doença somente nos prejudica porque apreciamos a nós mesmos. Mas, se uma outra pessoa estiver experienciando uma doença semelhante, nós não temos um problema. Por quê? O motivo é que não a apreciamos. No entanto, se apreciássemos os outros tanto quanto apreciamos a nós mesmos, acharíamos difícil suportar seu sofrimento. Isso é compaixão. Como diz Shantideva:

> O sofrimento que experiencio
> Não prejudica os outros,
> Mas acho difícil suportá-lo
> Porque aprecio a mim mesmo.
>
> Do mesmo modo, o sofrimento dos outros
> Não me prejudica,
> Mas, se eu apreciar os outros,
> Acharei o seu sofrimento difícil de suportar.

Vida após vida, desde tempos sem início, temos tentado satisfazer os desejos da nossa mente de autoapreço, acreditando em sua visão como sendo verdadeira. Temos colocado grande esforço em buscar felicidade em fontes exteriores, mas até agora não temos nada para mostrar. Porque o autoapreço tem nos enganado, desperdiçamos incontáveis vidas passadas. Ele nos tem levado a trabalhar para o nosso próprio propósito, mas não obtivemos coisa alguma. Essa mente tola tornou todas as nossas vidas anteriores vazias – quando tivemos este renascimento humano, não trouxemos nada conosco, exceto as delusões. Em todos os momentos, todos os dias, essa mente de autoapreço continua a nos enganar.

Tendo contemplado esses pontos, pensamos:

Nada me causa maior dano que o demônio do meu autoapreço. Ele é a fonte de toda a minha negatividade, desgraça, problemas e sofrimento. Portanto, preciso abandonar o meu autoapreço.

Devemos meditar nessa determinação todos os dias, e colocar essa nossa determinação em prática.

CONTEMPLAR AS VANTAGENS DE APRECIAR OS OUTROS

Quando consideramos profundamente que os outros são importantes e que a felicidade e liberdade deles são importantes, estamos apreciando os outros. Se apreciarmos os outros desse modo, sempre teremos bons relacionamentos e viveremos em harmonia com eles, e a nossa vida diária será pacífica e feliz. Podemos começar essa prática com a nossa família, amigos e com aqueles ao nosso redor e, então, gradualmente desenvolveremos e manteremos amor apreciativo por todos os seres vivos, sem exceção.

No *Guia do Estilo de Vida do Bodhisattva*, Shantideva diz:

Toda a felicidade que existe neste mundo
Surge de desejar que os outros sejam felizes.

Se pensarmos cuidadosamente sobre isso, realizaremos que toda a nossa felicidade, presente e futura, depende de apreciarmos os outros – depende do nosso desejo de que os outros sejam felizes. Em nossas vidas passadas, porque apreciamos os outros, praticamos ações virtuosas – como nos abster de matar ou de prejudicar os outros – e abandonamos as ações de roubá-los e enganá-los. Prestamos assistência material e proteção a eles e praticamos paciência. Como resultado dessas ações virtuosas, obtivemos agora esta preciosa vida humana, com a oportunidade para experienciarmos prazeres humanos.

O efeito imediato de apreciar os outros será que muitos dos nossos problemas diários (como aqueles que surgem da raiva, inveja e comportamento egoísta) desaparecerão, e a nossa mente irá se tornar calma e pacífica. Na medida em que agirmos com mais consideração, agradaremos aos outros e não nos envolveremos em brigas ou disputas. Se apreciarmos os outros, ficaremos mais interessados em ajudá-los do que em prejudicá-los e, portanto, naturalmente evitaremos ações não-virtuosas. Em vez disso, praticaremos ações virtuosas (como compaixão, amor, paciência e dar ajuda material e proteção), criando, desse modo, a causa para obter felicidade pura e duradoura no futuro.

Particularmente, se apreciarmos todos os seres vivos do mesmo modo que apreciamos a nós mesmos, acharemos difícil suportar o seu sofrimento. Esse nosso sentimento – de que é difícil suportar o sofrimento de todos os outros seres vivos – é compaixão universal, e esse sentimento rapidamente nos conduzirá à felicidade pura e duradoura da iluminação. Assim como todos os Budas anteriores, nasceremos desta mãe, a compaixão universal, como um Buda iluminado. Essa é a razão pela qual o nosso apreço por todos os seres vivos possibilitará que alcancemos a iluminação muito rapidamente.

Contemplando todos esses benefícios, pensamos:

A preciosa mente que aprecia todos os seres vivos protege a mim e aos outros do sofrimento, traz felicidade pura e duradoura e satisfaz os desejos, tanto os meus quanto os dos outros. Portanto, preciso sempre apreciar todos os seres vivos, sem exceção.

Devemos meditar nessa determinação todos os dias e, fora da meditação, colocar essa nossa determinação em prática. Isso significa que devemos realmente apreciar todos e cada um dos seres vivos, incluindo os animais.

O TREINO PROPRIAMENTE DITO DE TROCAR EU POR OUTROS

Trocar eu por outros significa que mudamos o objeto do nosso apreço – de nós mesmos para todos os outros seres vivos. Isto é impossível sem treino. Como treinamos trocar eu por outros? Compreendendo as grandes desvantagens de apreciar a nós mesmos e as grandes vantagens de apreciar todos os seres vivos, como foi explicado acima, e lembrando que tomamos a determinação de abandonar o nosso autoapreço e de sempre apreciar todos os seres vivos, sem exceção, pensamos do fundo do nosso coração:

Eu preciso parar de apreciar a mim mesmo e, em vez disso, apreciar todos os seres vivos, sem exceção.

Meditamos, então, nessa determinação. Devemos praticar continuamente essa meditação até acreditarmos espontaneamente que a felicidade e a liberdade de todos os seres vivos são muito mais importantes do que a nossa própria felicidade e liberdade. Essa crença é a realização de trocar eu por outros.

TREINAR AMOR DESIDERATIVO

Compreendendo e acreditando que a felicidade e a liberdade de todos e de cada ser vivo são muito mais importantes do que a nossa própria felicidade e liberdade, geramos amor desiderativo por todos os seres vivos, pensando:

Que maravilhoso seria se todos os seres vivos alcançassem a felicidade pura e duradoura da iluminação! Que eles alcancem essa felicidade. Eu mesmo trabalharei para esse objetivo.

Permanecemos estritamente focados nessa mente preciosa de amor desiderativo por todos os seres vivos pelo maior tempo possível. Repetimos essa meditação muitas vezes, até desejarmos espontaneamente que todos e cada um dos seres vivos possam experienciar a felicidade da iluminação. Esse desejo espontâneo é a verdadeira realização do amor desiderativo.

O amor desiderativo, ou amor que deseja a felicidade dos outros, é também denominado "amor incomensurável" porque, por meramente meditar no amor desiderativo, recebemos incomensuráveis benefícios nesta vida e em incontáveis vidas futuras. Com base nos ensinamentos de Buda, o grande erudito Nagarjuna enumerou oito benefícios do amor afetuoso e do amor desiderativo: (1) meditando em amor afetuoso e amor desiderativo por apenas um instante, acumulamos mais mérito do que se déssemos comida, três vezes todos os dias, para todos os que estão com fome no mundo.

Quando damos comida para os que estão com fome, não estamos dando felicidade verdadeira para eles. O motivo é que a felicidade que vem de comer não é verdadeira felicidade, mas apenas uma redução temporária do sofrimento da fome. No entanto, meditar em amor afetuoso e amor desiderativo conduz a nós e a todos os seres vivos à felicidade pura e duradoura da iluminação.

Os sete benefícios restantes de meditar em amor afetuoso e amor desiderativo são que, no futuro: (2) receberemos grande bondade amorosa de humanos e não-humanos; (3) seremos protegidos de diversas maneiras por humanos e não-humanos; (4) seremos mentalmente felizes o tempo todo; (5) seremos fisicamente saudáveis o tempo todo; (6) não seremos feridos por armas, prejudicados por veneno e outras condições danosas;

(7) obteremos todas as condições necessárias sem esforço; e (8) nasceremos no paraíso superior de uma Terra Búdica.

Tendo contemplado esses benefícios, devemos aplicar esforço em meditar em amor desiderativo muitas vezes, todos os dias.

TREINAR COMPAIXÃO UNIVERSAL

Compaixão universal é uma mente que deseja sinceramente libertar permanentemente todos os seres vivos do sofrimento. Se, com base no apreço por todos os seres vivos, contemplarmos o fato de que eles experienciam, vida após vida, o ciclo sem fim de sofrimento físico e dor mental, sua incapacidade para se libertarem do sofrimento, sua falta de liberdade e como, ao se envolverem em ações negativas, os seres vivos criam as causas de sofrimento futuro, desenvolveremos profunda compaixão por eles. Precisamos desenvolver empatia por eles e sentir suas dores de modo tão intenso como sentimos nossas próprias dores.

Ninguém quer sofrer, mas, devido à ignorância, os seres vivos criam sofrimento ao executarem ações não-virtuosas. Portanto, devemos sentir compaixão por todos os seres vivos igualmente, sem exceção; não há um único ser vivo que não seja um objeto adequado de nossa compaixão.

Todos os seres vivos sofrem porque tiveram renascimentos contaminados. Os seres humanos não têm escolha a não ser experienciar imensos sofrimentos humanos porque tiveram um renascimento humano, que é contaminado pelo veneno interior das delusões, ou aflições mentais. De modo semelhante, os animais têm de experienciar sofrimento animal, e fantasmas famintos e seres-do-inferno têm de experienciar todos os sofrimentos dos seus respectivos reinos. Se os seres vivos tivessem de experienciar todo esse sofrimento por apenas uma única vida, isso não seria tão mau, mas o ciclo de sofrimento continua vida após vida, sem fim.

Para desenvolver renúncia, contemplamos anteriormente como, em nossas incontáveis vidas futuras, teremos de experienciar o insuportável sofrimento dos animais, fantasmas famintos, seres-do-inferno, humanos, semideuses e deuses. Agora, para desenvolver compaixão por todos os seres vivos – que são nossas mães – contemplamos como, em suas incontáveis vidas futuras, eles terão de experienciar os insuportáveis sofrimentos dos animais, fantasmas famintos, seres-do-inferno, humanos, semideuses e deuses.

Tendo contemplado isso, devemos pensar:

Eu não posso suportar o sofrimento desses incontáveis seres-mães. Afogando-se no vasto e profundo oceano do samsara, o ciclo de renascimento contaminado, eles têm de experienciar sofrimento físico e dor mental insuportáveis, nesta vida e nas incontáveis vidas futuras. Preciso libertar permanentemente todos esses seres vivos dos seus sofrimentos.

Devemos meditar continuamente nessa determinação, que é a compaixão universal, e aplicar grande esforço em cumprir seu objetivo.

TREINAR A BODHICHITTA PROPRIAMENTE DITA

No momento em que desenvolvemos a bodhichitta, tornamo-nos um Bodhisattva, uma pessoa que deseja espontaneamente alcançar a iluminação para o benefício de todos os seres vivos. Inicialmente, seremos um Bodhisattva no Caminho da Acumulação. Então, prosseguindo no caminho da iluminação com o veículo da bodhichitta, podemos progredir, avançando de um Bodhisattva no Caminho da Acumulação para um Bodhisattva no Caminho da Preparação, para um Bodhisattva no Caminho da Visão e, então, para um Bodhisattva no Caminho da Meditação. A partir desse ponto, alcançaremos o Caminho do Não-Mais-Aprender, que é o estado de iluminação propriamente dito. Como já foi mencionado, a iluminação é a luz interior de sabedoria que é permanentemente livre de toda aparência equivocada e cuja função é conceder paz mental para todos e cada um dos seres vivos, todos os dias. Quando alcançarmos a iluminação de um Buda, seremos capazes de beneficiar todos e cada um dos seres vivos diretamente, concedendo-lhes bênçãos e por meio de nossas incontáveis emanações.

Nos ensinamentos de Sutra, Buda diz:

> Nesta vida impura do samsara
> Ninguém experiencia felicidade verdadeira;
> As ações que eles executam
> Sempre serão causas de sofrimento.

A felicidade que normalmente experienciamos por termos boas condições (como boa reputação, boa posição social ou econômica, um bom trabalho, um bom relacionamento); ou quando vemos formas atraentes, ouvimos boas notícias ou uma música bonita; ou através de comer, beber e sexo – nada disso é felicidade verdadeira, mas sofrimento-que-muda: uma redução do nosso sofrimento anterior. Por causa da nossa ignorância, contudo, acreditamos que somente essas coisas trazem felicidade e, por isso, nunca desejamos obter felicidade verdadeira, a felicidade pura e duradoura da libertação e da iluminação, nem sequer para o nosso próprio benefício. Estamos sempre buscando felicidade nesta vida impura do samsara, como o ladrão que procurava por ouro na caverna vazia de Milarepa e que nada encontrou. O grande iogue Milarepa ouviu o ladrão vasculhando sua caverna uma noite e desafiou-o, exclamando: "Como esperas encontrar algo valioso aqui, à noite, quando eu não consigo encontrar nada de valor aqui durante o dia?".

Quando, por meio de treino, desenvolvermos a preciosa mente de iluminação, a bodhichitta, pensaremos espontaneamente:

Que maravilhoso seria se eu e todos os seres vivos alcançássemos felicidade verdadeira, a felicidade pura e duradoura da iluminação! Que eu e todos os seres vivos alcancemos essa felicidade. Eu mesmo vou trabalhar para esse objetivo.

Precisamos ter essa preciosa mente de bodhichitta em nosso coração. Ela é o nosso Guia Espiritual interior, que nos conduz diretamente ao estado da suprema felicidade da iluminação, e é a verdadeira joia-que-satisfaz-os-desejos, por meio da qual podemos satisfazer nossos próprios desejos e os dos outros. Não existe intenção mais benéfica do que a dessa mente preciosa.

Tendo contemplado a explicação acima, pensamos do fundo do nosso coração:

Eu sou uma única pessoa, mas os outros seres vivos são incontáveis e eles são minhas bondosas mães. Esses incontáveis seres-mães têm de vivenciar sofrimento físico e dor mental insuportáveis, nesta vida e nas suas incontáveis vidas futuras. Quando comparado com o sofrimento desses incontáveis seres vivos, o meu próprio sofrimento é insignificante. Eu preciso libertar todos os seres vivos do sofrimento permanentemente e, para esse propósito, preciso alcançar a iluminação de um Buda.

Meditamos nessa determinação, que é a bodhichitta, com concentração focada. Devemos praticar essa contemplação e meditação continuamente, até desenvolvermos o desejo espontâneo de alcançar a iluminação para beneficiar todos os seres vivos diretamente e, então, aplicar grande esforço para cumprir o desejo da nossa bodhichitta.

Treinar o Caminho da Bodhichitta

Existem três estágios para treinar o caminho da bodhichitta: 1. Treinar as seis perfeições; 2. Treinar o tomar associado à prática das seis perfeições; 3. Treinar o dar associado à prática das seis perfeições.

TREINAR AS SEIS PERFEIÇÕES

As seis perfeições são o caminho efetivo à iluminação, e elas também são o caminho da bodhichitta e o caminho do Bodhisattva. Percorrendo esse caminho com o veículo da bodhichitta, alcançaremos, definitivamente, o estado de iluminação. O desejo da nossa bodhichitta é alcançar a iluminação para beneficiar diretamente todos e cada um dos seres vivos. Para cumprir esse desejo, devemos prometer, diante do nosso Guia Espiritual ou de uma imagem de Buda percebida como um Buda vivente, ingressar e nos empenhar no caminho, ou treino, do Bodhisattva, enquanto recitamos três vezes a seguinte prece ritual. Essa promessa é o voto do Bodhisattva.

Assim como todos os anteriores Sugatas, os Budas,
Geraram a mente de iluminação – a bodhichitta –
E concluíram todas as etapas
Do treino do Bodhisattva,

Também eu, para o benefício de todos os seres,
Vou gerar a mente de iluminação
E concluir todas as etapas
Do treino do Bodhisattva.

Quando tomamos o voto do Bodhisattva, estamos nos comprometendo a ingressar e a nos empenhar no caminho à iluminação, ou seja, o treino de um Bodhisattva, que é a prática das seis perfeições. Normalmente, quando começamos num emprego, comprometemo-nos em cumprir os desejos do nosso empregador; caso contrário, perderemos rapidamente o nosso emprego. Do mesmo modo, tendo gerado a bodhichitta – a determinação de alcançar a iluminação para beneficiar diretamente todos e cada um dos seres vivos – precisamos nos comprometer a nos empenharmos na prática das seis perfeições. Se não assumirmos esse compromisso através de tomar o voto do Bodhisattva, perderemos nossa oportunidade de alcançar a iluminação. Contemplando isso, devemos nos encorajar a tomar o voto do Bodhisattva e praticar sinceramente as seis perfeições.

As seis perfeições são as práticas de dar, disciplina moral, paciência, esforço, concentração e sabedoria, motivadas por bodhichitta. Devemos reconhecer que as seis perfeições são a nossa prática diária.

Na prática de dar, devemos praticar: (1) dar ajuda material aos que estão na pobreza, incluindo dar comida aos animais; (2) dar ajuda prática aos doentes ou aos fisicamente debilitados; (3) dar proteção, sempre tentando salvar a vida dos outros, incluindo a dos insetos; (4) dar amor aprendendo a apreciar todos os seres vivos, acreditando sempre que a felicidade e a liberdade deles são importantes; (5) dar Dharma, ajudando os outros a solucionarem os seus problemas da raiva, apego e ignorância através de dar ensinamentos de Dharma ou conselhos significativos.

Na prática de disciplina moral, devemos abandonar quaisquer ações inadequadas, incluindo aquelas que causam sofrimento aos outros. Devemos, especialmente, abandonar a quebra dos nossos compromissos do voto do Bodhisattva. Este é o fundamento básico sobre o qual podemos fazer progressos no Caminho do Bodhisattva. Fazendo isso, nossas ações de corpo, fala e mente serão puras, de modo que nos tornaremos um ser puro.

Na prática de paciência, nunca devemos nos permitir ficar com raiva ou desencorajados, mas aceitar temporariamente quaisquer dificuldades ou danos vindos dos outros. Quando praticamos paciência, estamos vestindo a suprema armadura interior que nos protege diretamente de sofrimentos físicos, dor mental e outros problemas. A raiva destrói nosso mérito, ou boa fortuna, de modo que experienciaremos continuamente muitos obstáculos, e, devido à carência de boa fortuna, será difícil satisfazer os nossos desejos, especialmente as nossas metas espirituais. Não existe maior mal do que a raiva. Com a prática da paciência, podemos realizar qualquer meta espiritual; não existe virtude maior do que a paciência.

Na prática de esforço, devemos confiar em esforço irreversível para acumular as grandes coleções de mérito e de sabedoria, que são as causas principais para se obter o Corpo-Forma (*Rupakaya*) e o Corpo-Verdade (*Dharmakaya*) de um Buda; e, especialmente, devemos enfatizar a contemplação e a meditação na vacuidade – o modo como as coisas realmente são. Fazendo isso, podemos facilmente fazer progressos no caminho à iluminação. Com esforço, podemos realizar a nossa meta, ao passo que, com preguiça, não podemos obter resultado algum.

Na prática de concentração devemos enfatizar, nesta etapa, a aquisição da concentração do tranquilo-permanecer que observa a vacuidade. Uma explicação sobre isso é dada no próximo capítulo, na seção *Um Treino Simples em Bodhichitta Última*. Quando, pelo poder dessa concentração, experienciarmos uma sabedoria especial denominada "visão superior", que realiza a vacuidade de todos os fenômenos de modo muito claro, teremos progredido, passando de um Bodhisattva no

Caminho da Acumulação para um Bodhisattva no Caminho da Preparação.

Na prática de sabedoria precisamos enfatizar, nesta etapa, o aumento do poder da nossa sabedoria da visão superior, através de meditar continuamente na vacuidade de todos os fenômenos com a motivação de bodhichitta. Por meio disso, quando a nossa visão superior se transformar no Caminho da Visão, que é a realização direta da vacuidade de todos os fenômenos, teremos progredido, passando de um Bodhisattva no Caminho da Preparação para um Bodhisattva no Caminho da Visão. No momento em que alcançarmos o Caminho da Visão, seremos um Bodhisattva superior, que não mais experiencia os sofrimentos do samsara. Mesmo que alguém corte nosso corpo pedaço por pedaço com uma faca, não sentiremos dor porque temos uma realização direta do modo como as coisas realmente existem.

Tendo concluído o Caminho da Visão precisamos, para continuar a fazer progressos, de nos empenharmos continuamente na meditação sobre a vacuidade de todos os fenômenos com a motivação de bodhichitta. Essa meditação é denominada "o Caminho da Meditação". Quando alcançarmos essa etapa, teremos progredido, passando de um Bodhisattva no Caminho da Visão para um Bodhisattva no Caminho da Meditação.

Tendo concluído o Caminho da Meditação, quando então nossa sabedoria do Caminho da Meditação se transforma na sabedoria onisciente que é permanentemente livre de todas as aparências equivocadas, essa sabedoria onisciente passa a ser denominada "o Caminho do Não-Mais-Aprender", que é a iluminação propriamente dita. Quando alcançarmos essa etapa, teremos progredido, passando de um Bodhisattva no Caminho da Meditação para o estado de um ser iluminado, um Buda. Teremos concluído o objetivo último dos seres vivos.

O treino inicial de um Bodhisattva em acumular mérito ou sabedoria é o Caminho da Acumulação do Bodhisattva; o treino de um Bodhisattva em acumular mérito ou sabedoria que é uma preparação para alcançar o Caminho da Visão é o Caminho da Preparação do Bodhisattva; o treino do Bodhisattva que é a realização direta inicial da vacuidade é o Caminho da Visão do Bodhisattva. Após completar o Caminho da Visão, o treino do Bodhisattva de meditar continuamente na vacuidade é o Caminho da Meditação do Bodhisattva; e a sabedoria onisciente de Buda, que é alcançada pela conclusão de todos os treinos de Sutra e de Tantra, é o Caminho do Não-Mais-Aprender, o estado de iluminação.

TREINAR O TOMAR ASSOCIADO À PRÁTICA DAS SEIS PERFEIÇÕES

Existem quatro benefícios principais das meditações em tomar e dar: elas são métodos poderosos para (1) purificar os potenciais das ações não-virtuosas, que são a causa de experienciarmos doenças graves, como o câncer; (2) acumular uma grande coleção de mérito; (3) amadurecer nosso potencial de sermos capazes de beneficiar todos os seres vivos; (4) purificar nossa mente.

Existiu, certa vez, um praticante de Lamrim chamado Kharak Gomchen, que estava gravemente afligido pela lepra. Os tratamentos prescritos pelos seus médicos não surtiram efeito e sua condição piorava a cada ano. Finalmente, os médicos disseram-lhe que não havia mais nada que eles pudessem fazer para curar sua doença. Acreditando que morreria em breve, Gomchen deixou seu lar e foi para um cemitério, a fim de se preparar para morrer. Enquanto permaneceu no cemitério, ele se concentrou dia e noite em praticar as meditações em tomar e dar com forte compaixão por todos os seres vivos. Por meio dessa prática, ele ficou completamente curado e retornou saudável ao lar, com uma mente feliz. Existem muitos outros exemplos semelhantes.

No momento presente, somos incapazes de beneficiar todos os seres vivos, mas temos o potencial para essa habilidade, pois ela é parte da nossa natureza búdica. Por praticar as meditações em tomar e dar com forte compaixão por todos os seres vivos, esse potencial de sermos capazes de beneficiá-los amadurecerá, e quando isso acontecer, iremos nos tornar um ser iluminado, um Buda. Quando purificarmos a nossa mente por meio das práticas de tomar e dar, todas as realizações espirituais crescerão facilmente em nossa mente. Contemplando os quatro principais benefícios de meditar em tomar e dar, devemos nos encorajar a praticar essas meditações sinceramente.

"Tomar", neste contexto, significa tomar os sofrimentos dos outros sobre nós através de meditação. Quando meditamos em tomar, nossa motivação deve ser a de compaixão, pensando:

> *Preciso libertar permanentemente todos os seres vivos dos seus sofrimentos e medos desta vida e das incontáveis vidas futuras.*

Desse modo, ao dar proteção estamos praticando a *perfeição de dar*; ao abandonar o autoapreço, estamos praticando a *perfeição de disciplina moral*; ao aceitar de boa vontade quaisquer condições adversas que obstruam nossa prática de tomar, estamos praticando a *perfeição de paciência*; ao aplicar esforço em praticar essa meditação continuamente, livres de preguiça, estamos praticando a *perfeição de esforço*; por nos concentrarmos de modo focado, livres de distrações, na meditação em tomar, estamos praticando a *perfeição de concentração*; e ao realizar que tudo o que existe – nós mesmos, todos os seres vivos e seus sofrimentos – existe como mero nome e não existe inerentemente, estamos praticando a *perfeição de sabedoria*. Esse é o modo como devemos treinar a meditação de tomar associada com a prática das seis perfeições. Este é um método muito profundo de praticar as seis perfeições. Devemos aplicar esse mesmo método a todas as outras meditações, como a meditação sobre a morte, de modo que possamos fazer rapidamente progressos ao longo do caminho à iluminação.

Há duas etapas na meditação de tomar: 1. Meditar em tomar, focando todos os seres vivos; 2. Meditar em tomar, focando seres vivos específicos.

MEDITAR EM TOMAR, FOCANDO TODOS OS SERES VIVOS

Nessa primeira etapa, focamos a assembleia de todos os seres vivos, sem exceção, e pensamos do fundo do nosso coração:

> *Em suas incontáveis vidas futuras, esses seres vivos experienciarão continuamente, sem escolha alguma, os sofrimentos de humanos, animais, fantasmas famintos, seres-do-inferno, semideuses e deuses. Que maravilhoso seria se todos esses seres vivos fossem libertados permanentemente do sofrimento e dos medos desta vida e das incontáveis vidas futuras! Que eles conquistem isso. Eu próprio trabalharei para que eles conquistem isso. Eu preciso fazer isso.*

Pensando desse modo, imaginamos que os sofrimentos de todos os seres vivos se reúnem sob o aspecto de uma fumaça preta. Ela se dissolve na nossa ignorância do agarramento ao em-si e do autoapreço, em nosso coração. Acreditamos então, fortemente, que todos os seres vivos ficaram permanentemente livres de todo sofrimento, e que a nossa ignorância do agarramento ao em-si e do autoapreço foi completamente destruída. Meditamos estritamente focados nessa crença pelo maior tempo possível.

Com compaixão por todos os seres vivos, devemos praticar continuamente essa meditação até experienciarmos sinais que indiquem que a nossa mente foi purificada. Esses sinais podem incluir: a cura de qualquer doença que possamos ter; a redução das nossas delusões, ou aflições mentais; a obtenção de uma mente mais pacífica e feliz; o aumento da nossa fé, intenção correta e visão correta; e, em especial, o fortalecimento da nossa experiência de compaixão universal.

MEDITAR EM TOMAR, FOCANDO SERES VIVOS ESPECÍFICOS

Nessa meditação podemos focar, por exemplo, a assembleia de todos os seres vivos que experienciam o sofrimento da doença. Então, pensamos:

> *Esses seres vivos experienciam, interminavelmente, o sofrimento da doença, nesta vida e em suas incontáveis vidas futuras. Que maravilhoso seria se esses seres vivos fossem libertados permanentemente da doença! Que eles conquistem isso. Eu mesmo trabalharei para que eles conquistem isso. Eu preciso fazer isso.*

Pensando desse modo, imaginamos que o sofrimento da doença de todos esses seres vivos se reúne sob o aspecto de uma fumaça preta. Ela se dissolve na nossa ignorância do agarramento ao em-si e do autoapreço, em nosso coração. Então, acreditamos fortemente que todos esses seres vivos foram permanentemente libertados da doença, e que a nossa ignorância do agarramento ao em-si e do autoapreço foi completamente destruída. Meditamos com concentração focada nessa crença pelo maior tempo possível.

Do mesmo modo, podemos praticar a meditação em tomar enquanto focamos um indivíduo ou um grupo específico de seres vivos que estão experienciando outros sofrimentos, como pobreza, guerra ou fome.

Devemos aplicar esforço, em especial, para desenvolver profunda familiaridade com a meditação de tomar que foca todos os seres vivos. Essa meditação torna a nossa mente pura, o que, por sua vez, faz com que nossas ações se tornem puras, de modo que nos tornamos um ser puro. Se morrermos com forte compaixão por todos os seres vivos, definitivamente nasceremos na Terra Pura de um Buda. O motivo é que a compaixão que manifestarmos quando estivermos morrendo atuará diretamente no amadurecimento de nosso potencial para renascer na Terra Pura de um Buda. Esse é o bom resultado de um bom coração. O resultado de manter o bom coração de desejar sinceramente a libertação permanente de todos os seres vivos do sofrimento é que nós mesmos experienciaremos libertação permanente do sofrimento renascendo na Terra Pura de um Buda.

Por exemplo, quando Geshe Chekhawa estava morrendo, ele desenvolveu o desejo sincero de renascer no inferno, a fim de poder ajudar os seres-do-inferno diretamente, mas ele recebeu visões claras de que renasceria em Sukhavati, a Terra Pura de Buda Amitabha. Ele disse ao seu assistente: "Infelizmente, meu desejo não será satisfeito". O assistente perguntou-lhe: "Qual é o seu desejo?", e Geshe Chekhawa respondeu: "Meu desejo é renascer no inferno para que eu possa ajudar os seres-do-inferno diretamente, mas eu vi sinais claros de que nascerei na Terra Pura de Buda Amitabha". Embora Geshe Chekhawa quisesse renascer no inferno, sua compaixão por todos os seres vivos impediu-o de ter um renascimento inferior; ele não tinha escolha a não ser ir para a Terra Pura de um Buda, onde experienciaria libertação permanente do sofrimento. No entanto, embora Geshe Chekhawa tenha renascido numa Terra Pura, ele era capaz de ajudar os seres-do-inferno por meio de suas emanações.

Podemos pensar que a nossa crença de que os seres vivos alcançaram a libertação permanente do sofrimento através da nossa meditação seja incorreta, porque os seres vivos não a obtiveram realmente. Embora seja verdade que os seres vivos não tenham realmente alcançado a libertação permanente, a nossa crença, ainda assim, é correta, porque ela surge da nossa compaixão e sabedoria. Meditar nessa crença fará com que o nosso potencial de sermos capazes de libertar permanentemente todos os seres vivos do sofrimento amadureça rapidamente, de modo a alcançarmos com rapidez a iluminação. Portanto, nunca devemos abandonar essa crença benéfica, que é da natureza da sabedoria. Meditar em tomar é o caminho rápido à iluminação e possui função similar à prática tântrica. É dito que as realizações tântricas podem ser alcançadas através de, simplesmente, confiar em crença e imaginação corretas. Essa prática é muito simples: tudo o que precisamos fazer é, por meio de aplicar esforço contínuo, tornarmo-nos profundamente familiarizados com a meditação em crença e imaginação corretas, tal como apresentada no Tantra.

TREINAR O DAR ASSOCIADO À PRÁTICA DAS SEIS PERFEIÇÕES

"Dar", neste contexto, significa dar a nossa própria felicidade aos outros por meio de meditação. Em geral, no ciclo de vida impura, o samsara, não existe felicidade verdadeira de modo algum. Como foi mencionado anteriormente, a felicidade que normalmente experienciamos através de comer, beber, sexo e assim por diante, não é verdadeira felicidade, mas meramente uma redução de um problema ou insatisfação anteriores. Por exemplo, se a felicidade que experienciamos com o sexo fosse felicidade verdadeira, seguir-se-ia então que o sexo, por si só, seria uma causa verdadeira de felicidade. Se isso fosse verdade, então, quanto mais relações sexuais tivéssemos, mais a nossa felicidade aumentaria, mas, na verdade, é o oposto que acontece; em vez de a nossa felicidade aumentar, o nosso sofrimento cresce. Em *Quatrocentas Estrofes*, o mestre budista Aryadeva diz:

> A experiência do sofrimento nunca será mudada pela mesma causa,
> Mas podemos ver que a experiência de felicidade será mudada pela mesma causa.

Isso significa que, por exemplo, o sofrimento causado por fogo nunca será transformado em felicidade pelo fogo, mas podemos observar que a felicidade causada, por exemplo, por comer será transformada em sofrimento simplesmente pelo ato de comer.

Como meditamos no dar? No *Guia do Estilo de Vida do Bodhisattva*, Shantideva diz:

> (...) para realizar o bem-estar de todos os seres vivos,
> Transformarei meu corpo numa joia-iluminada-que--satisfaz-os-desejos.

Devemos considerar nosso corpo residente-contínuo, ou nosso corpo muito sutil, como sendo a verdadeira joia-que-satisfaz--os-desejos; ele é a nossa natureza búdica, por meio da qual os nossos desejos e os desejos de todos os outros seres vivos serão satisfeitos. Então, pensamos:

> *Todos os seres vivos desejam ser felizes o tempo todo, mas eles não sabem como fazer isso. Eles nunca experienciam felicidade verdadeira, porque, devido à ignorância, destroem sua própria felicidade ao desenvolverem delusões, como a raiva, e cometerem ações não-virtuosas. Que maravilhoso seria se todos esses seres vivos experienciassem a felicidade pura e duradoura da iluminação! Que eles experienciem essa felicidade. Eu darei, agora, a minha própria felicidade futura da iluminação para todos e cada um dos seres vivos.*

Pensando dessa maneira, imaginamos que, do nosso corpo residente-contínuo no nosso coração, emanamos infinitos raios de luz, que são da natureza da nossa felicidade futura da iluminação. Eles tocam todos os seres vivos dos seis reinos e acreditamos, fortemente, que todos e cada um dos seres vivos experienciam a felicidade pura e duradoura da iluminação. Meditamos nessa crença com concentração estritamente focada, pelo maior tempo possível. Devemos praticar continuamente essa meditação até acreditarmos, espontaneamente, que todos os seres vivos receberam, agora e efetivamente, a nossa felicidade futura da iluminação. Ao fazer essa prática, somos como um Bodhisattva que pratica a bodhichitta pastor. Assim como um pastor deseja proteger e providenciar as condições necessárias ao seu rebanho antes que ele próprio possa descansar, um Bodhisattva que pratica a bodhichitta pastor deseja preparar proteção e felicidade supremas para todos os seres, antes que ele mesmo as obtenha para si.

Essa meditação possui quatro benefícios principais: (1) aumenta nosso amor desiderativo por todos os seres vivos; (2) amadurece nosso potencial de beneficiar todos os seres vivos; (3) acumula uma grande coleção de mérito, ou boa fortuna; (4) faz com que as nossas aparências e concepções comuns cessem.

Nossa felicidade futura da iluminação é o resultado de gerarmos compaixão por todos os seres vivos. A meditação no dar traz esse resultado futuro para o caminho e, por essa razão, ela é um caminho rápido à iluminação e possui uma função similar à prática tântrica. Devemos aplicar grande esforço em praticar essa meditação, para que possamos fazer rapidamente progressos no caminho à iluminação.

Quando meditamos no dar, a nossa motivação deve ser a de amor desiderativo. Ao dar amor desse modo, estamos praticando a *perfeição de dar*; ao abandonar o autoapreço, estamos praticando a *perfeição de disciplina moral*; ao aceitar de boa vontade quaisquer condições adversas que obstruam nossa prática de dar, estamos praticando a *perfeição de paciência*; ao aplicar esforço em praticar essa meditação continuamente, livres de preguiça, estamos praticando a *perfeição de esforço*; por nos concentrarmos de modo focado, livres de distrações, na meditação no dar, estamos praticando a *perfeição de concentração*; e ao realizar que tudo o que existe – nós mesmos, todos os seres vivos e sua felicidade – existe como mero nome e não existe inerentemente, estamos praticando a *perfeição de sabedoria*. Esse é o modo como devemos treinar a meditação no dar associada com a prática das seis perfeições.

Treinar o dar é uma meditação especial no amor desiderativo, que deseja sinceramente que todos os seres vivos obtenham felicidade verdadeira – a felicidade pura e duradoura da libertação e da iluminação. Como mencionado anteriormente, a meditação no amor desiderativo é também chamada de "incomensurável amor" porque, por simplesmente meditar no amor desiderativo, recebemos incomensuráveis benefícios nesta vida e nas incontáveis vidas futuras.

Arya Tara

Treinar a Bodhichitta Última

Quando meditamos na vacuidade para desenvolver ou intensificar a bodhichitta última, estamos treinando a bodhichitta última. A bodhichitta última propriamente dita é uma sabedoria que, motivada por bodhichitta, realiza diretamente a vacuidade. Ela é denominada "bodhichitta última" porque seu objeto é a verdade última, a vacuidade, e é um dos principais caminhos à iluminação. A bodhichitta que foi explicada até agora é a bodhichitta convencional, cuja natureza é compaixão, ao passo que a bodhichitta última tem a natureza da sabedoria. Essas duas bodhichittas são como as duas asas de um pássaro, com as quais podemos voar para o mundo iluminado.

Se não soubermos o significado da vacuidade, não haverá base para treinarmos a bodhichitta última, porque a vacuidade é o objeto da bodhichitta última. Je Tsongkhapa disse:

> O conhecimento da vacuidade é superior a qualquer
> outro conhecimento,
> O professor que ensina inequivocamente a vacuidade
> é superior a qualquer outro professor,
> E a realização da vacuidade é a verdadeira essência
> do Budadharma.

O QUE É A VACUIDADE?

Vacuidade é o modo como as coisas realmente são. É o modo como as coisas existem, que é oposto ao modo como elas aparecem. Acreditamos naturalmente que as coisas que vemos ao nosso redor – como mesas, cadeiras e casas – são verdadeiramente existentes porque acreditamos que elas existem exatamente do modo como aparecem. No entanto, o modo como as coisas aparecem aos nossos sentidos é enganoso e completamente contraditório ao modo como elas realmente existem. As coisas aparecem como existindo do seu próprio lado, sem dependerem da nossa mente. Este livro que aparece à nossa mente, por exemplo, parece ter sua própria existência objetiva, independente. Ele parece estar "fora", ao passo que nossa mente parece estar "dentro". Sentimos que o livro pode existir sem a nossa mente; não sentimos que nossa mente esteja, de alguma maneira, envolvida em trazer o livro à existência. Esse modo de existência, independente da nossa mente, recebe várias denominações: "existência verdadeira", "existência inerente", "existência do seu próprio lado" e "existência do lado do objeto".

Embora as coisas apareçam diretamente aos nossos sentidos como sendo verdadeiramente existentes, ou inerentemente existentes, na verdade todos os fenômenos carecem, ou são vazios, de existência verdadeira. Este livro, nosso corpo, nossos amigos, nós próprios e o universo inteiro são, em realidade, apenas aparências à mente, como coisas vistas em um sonho. Se sonharmos com um elefante, o elefante aparecerá vividamente com todos os seus detalhes – poderemos vê-lo, ouvi-lo, cheirá-lo e tocá-lo; mas, quando acordarmos, realizaremos que ele era apenas uma aparência à mente. Não iremos perguntar "Onde está o elefante, agora?" porque entenderemos que ele era simplesmente uma projeção da nossa mente e não tinha existência fora da nossa mente. Quando a percepção onírica que apreendia o elefante cessou, o elefante não foi para lugar algum – ele simplesmente desapareceu, pois era apenas uma aparência à mente e não existia separado da mente. Buda disse que isso também é verdadeiro para todos os fenômenos; eles são meras aparências à mente, em total dependência das mentes que os percebem.

O mundo que experienciamos quando estamos acordados e o mundo que experienciamos quando sonhamos são, ambos, meras aparências à mente, e que surgem das nossas concepções equivocadas. Se quisermos afirmar que o mundo do sonho é falso, teremos também que dizer que o mundo da vigília é falso; e se quisermos afirmar que o mundo da vigília é verdadeiro, também teremos que dizer que o mundo onírico, ou mundo do sonho, é verdadeiro. A única diferença entre eles é que o mundo onírico é uma aparência para a nossa mente sutil do sonho, ao passo que o mundo da vigília é uma aparência para a nossa mente densa da vigília. O mundo onírico existe apenas enquanto existir a percepção onírica para a qual ele aparece; e o mundo da vigília existe apenas enquanto existir a percepção da vigília para a qual ele aparece. Buda disse: "Deves saber que todos os fenômenos são como sonhos". Quando morremos, nossas mentes densas da vigília se dissolvem em nossa mente muito sutil, e o mundo que experienciávamos quando estávamos vivos simplesmente desaparece. O mundo tal como os outros o percebem continuará, mas o nosso mundo pessoal desaparecerá tão completa e irrevogavelmente como o mundo do sonho da noite passada desapareceu.

Buda também declarou que todos os fenômenos são como ilusões. Há muitos tipos diferentes de ilusão, como miragens, arco-íris e alucinações provocadas por drogas. Em tempos antigos, era costume haver mágicos que podiam lançar um encantamento sobre uma plateia, fazendo com que as pessoas vissem um objeto qualquer – um pedaço de madeira, por exemplo – como se fosse um tigre ou qualquer outra coisa. Os que estavam iludidos pelo encantamento viam o que aparecia como um tigre de verdade e desenvolviam medo, mas as pessoas que chegassem após o encantamento ter sido lançado viam, simplesmente, um pedaço de madeira. O que todas as ilusões têm em comum é que o modo como elas aparecem não coincide com o modo como elas existem. Buda comparou todos os fenômenos a ilusões porque, devido à força das marcas da ignorância do agarramento ao em-si, acumuladas desde tempos sem início, o que quer que apareça à nossa mente aparece, naturalmente, como verdadeiramente existente e, instintivamente, concordamos com essa aparência; mas, em realidade, tudo é totalmente vazio de existência verdadeira. Assim como uma miragem que aparece como sendo água, quando, na realidade, não é água, as coisas aparecem de um modo enganoso. Por não compreendermos sua real natureza, somos enganados pelas aparências e nos aferramos a livros e mesas, corpos e mundos como verdadeiramente existentes. O resultado de nos aferrarmos aos fenômenos desse modo é que desenvolvemos autoapreço, apego, ódio, inveja (ou ciúme) e demais delusões, nossa mente torna-se agitada e desprovida de equilíbrio, e a nossa paz mental é destruída. Somos como viajantes em um deserto, que se esgotam correndo atrás de miragens, ou como alguém andando à noite por uma rua ou estrada, confundindo as sombras das árvores com criminosos ou animais selvagens à espreita para atacar.

A VACUIDADE DO NOSSO CORPO

Para compreender como os fenômenos são vazios de existência verdadeira, ou inerente, devemos considerar nosso próprio corpo. Uma vez que tenhamos compreendido como o nosso corpo carece de existência verdadeira, facilmente poderemos aplicar o mesmo raciocínio para outros objetos.

No *Guia do Estilo de Vida do Bodhisattva*, Shantideva diz:

> Portanto, não há corpo,
> Mas, devido à ignorância, vemos um corpo presente nas mãos e assim por diante,

Assim como uma mente que, de maneira equivocada,
apreende uma pessoa
Quando observa o formato de uma pilha de pedras ao
anoitecer.

Em certo nível, conhecemos muito bem o nosso corpo – sabemos se ele está saudável ou doente, se é bonito ou feio, e assim por diante. No entanto, nunca o examinamos mais profundamente, questionando-nos: "O que é o meu corpo, precisamente? Onde está o meu corpo? Qual é a sua verdadeira natureza?". Se examinássemos nosso corpo desse modo, não seríamos capazes de encontrá-lo – em vez de encontrar o nosso corpo, o resultado desse exame seria o desaparecimento do nosso corpo. O significado do primeiro verso da estrofe de Shantideva, "Portanto, não há corpo", é que, se procurarmos por nosso corpo "real", não há corpo; o nosso corpo existe apenas se não procurarmos por um corpo real por detrás de sua mera aparência.

Há duas maneiras de procurar um objeto. Um exemplo da primeira maneira, que podemos chamar de "busca convencional", é procurar por nosso carro em um estacionamento. A conclusão desse tipo de busca é que encontraremos o carro, no sentido de que veremos a coisa que todos concordam ser nosso carro. No entanto, tendo localizado nosso carro no estacionamento, vamos supor que ainda não estejamos satisfeitos com a mera aparência do carro e que desejemos determinar exatamente o que o carro é. Empenhamo-nos, então, naquilo que podemos denominar de "busca última" pelo carro, pela qual olhamos em profundidade para o objeto ele próprio, a fim de encontrar algo que seja o objeto. Para fazer isso, perguntamo-nos: "Alguma das partes individuais do carro é o carro? As rodas são o carro? O motor é o carro? O chassi é o carro?", e assim por diante. Quando, ao conduzir uma busca última pelo nosso carro, não ficarmos satisfeitos apenas em apontar para o capô, as rodas e assim por diante e, então, dizermos "carro", vamos querer saber o que o carro realmente é. Em vez de apenas usarmos a palavra "carro", como as pessoas comuns fazem, vamos querer saber a que a palavra "carro", em realidade, se refere. Vamos querer separar mentalmente o carro de tudo aquilo que não é carro, para que possamos dizer: "Isto é o que o carro realmente é". Queremos encontrar um carro, mas, em verdade, não há carro: não podemos encontrar coisa alguma. No *Sutra Perfeição de Sabedoria Condensado*, Buda diz: "Se procurares por teu corpo com sabedoria, não conseguirás encontrá-lo". Isso também se aplica ao nosso carro, à nossa casa e a todos os demais fenômenos.

No *Guia do Estilo de Vida do Bodhisattva*, Shantideva diz:

> Quando examinado dessa maneira,
> Quem está vivendo e quem é este que morrerá?
> O que é o futuro e o que é o passado?
> Quem são os nossos amigos e quem são os nossos parentes?
>
> Rogo a ti, que és exatamente como eu,
> Por favor, reconhece que todas as coisas são vazias, como o espaço.

O sentido essencial dessas palavras é que, quando procuramos pelas coisas com sabedoria, não existe pessoa que esteja vivendo ou morrendo, não há passado ou futuro e não existe presente, incluindo os nossos amigos e parentes. Devemos compreender que todos os fenômenos são vazios, como o espaço, o que significa que devemos compreender que todos os fenômenos não são algo além que vacuidade.

Para compreender a afirmação de Shantideva de que, em realidade, não há corpo, precisamos conduzir uma busca última pelo nosso corpo. Se formos seres comuns, todos os objetos, incluindo nosso corpo, aparecem como existindo inerentemente. Como já foi mencionado, os objetos parecem ser independentes de nossa mente e independentes dos demais fenômenos. O universo aparece como constituído de objetos separados, independentes, que têm existência do seu próprio lado. Esses objetos aparecem existindo *em si mesmos*, como estrelas, planetas, montanhas, pessoas e assim por diante, "esperando" para serem experienciados por seres conscientes. Normalmente, não nos ocorre que estejamos, de algum modo, envolvidos na existência desses fenômenos. Por exemplo, sentimos que nosso corpo existe do seu próprio lado e que ele não depende de nossa mente ou da mente de qualquer outra pessoa para trazê-lo à existência. No entanto, se nosso corpo existisse desse modo ao qual instintivamente nos agarramos – mais propriamente, como um objeto exterior em vez de existir apenas como uma projeção da mente – deveríamos ser capazes de apontar para o nosso corpo sem que apontássemos para qualquer outro fenômeno que não seja o nosso corpo. Deveríamos ser capazes de encontrá-lo entre suas partes ou fora de suas partes. Já que não há uma terceira possibilidade, se nosso corpo não puder ser encontrado entre suas partes nem fora de suas partes, devemos concluir que o nosso corpo que normalmente vemos não existe.

Não é difícil compreender que as partes individuais do nosso corpo não são o nosso corpo – é absurdo dizer que nossas costas, pernas ou nossa cabeça são o nosso corpo. Se uma das partes – digamos, as costas – for o nosso corpo, então as outras partes são igualmente o nosso corpo, e seguir-se-á que temos muitos corpos. Além disso, nossas costas, pernas e assim por diante não podem ser o nosso corpo porque elas são partes do nosso corpo. O corpo é o possuidor das partes, e as costas, pernas e assim por diante são as partes possuídas; e o possuidor e a posse não podem ser o mesmo.

Algumas pessoas acreditam que, embora nenhuma das partes individuais do corpo seja o corpo, a coleção de todas as partes reunidas é o corpo. De acordo com elas, é possível encontrar nosso corpo quando procuramos analiticamente por ele, porque a coleção de todas as partes de nosso corpo é o nosso corpo. Entretanto, essa afirmação pode ser refutada com muitas razões válidas. A força desses raciocínios talvez não seja imediatamente óbvia para nós, mas, se os contemplarmos de maneira bastante cuidadosa, com uma mente calma e positiva, iremos apreciar sua validade.

Já que nenhuma das partes individuais de nosso corpo é o nosso corpo, de que maneira a coleção, ou o conjunto, de todas as partes pode ser o nosso corpo? Por exemplo, um conjunto de cães não pode ser um ser humano, já que nenhum dos cães, individualmente, é humano. Como cada membro individual é "não-humano", de que maneira essa coleção de não-humanos pode se transformar magicamente em um ser humano? Do mesmo modo, uma vez que a coleção das partes de nosso corpo é uma coleção de coisas que não são o nosso corpo, ela não pode ser o nosso corpo. Assim como o conjunto de cães permanece simplesmente como cães, a coleção de todas as partes de nosso corpo permanece simplesmente como partes de nosso corpo – a coleção não se transforma, magicamente, no possuidor das partes: o nosso corpo.

Podemos achar esse ponto difícil de compreender, mas, se pensarmos sobre isso por um longo tempo, com uma mente calma e positiva e debatermos com praticantes mais experientes, gradualmente ele se tornará mais claro. Podemos também consultar livros autênticos sobre o assunto, como *Novo Coração de Sabedoria* e *Oceano de Néctar*.

Existe outra maneira pela qual podemos compreender que a coleção das partes de nosso corpo não é o nosso corpo. Se pudermos apontar para a coleção das partes de nosso corpo e dizer que a coleção é, em si mesma, nosso corpo, então a coleção das partes de nosso corpo precisa existir independentemente de todos os fenômenos que não são nosso corpo. Desse modo, segue-se que a coleção das partes de nosso corpo existiria independentemente de suas próprias partes. Isso é, claramente, um absurdo – se isso fosse verdade, poderíamos remover todas as partes de nosso corpo e a coleção das partes permaneceria. Podemos concluir, portanto, que a coleção das partes de nosso corpo não é o nosso corpo.

Já que o corpo não pode ser encontrado nas suas partes, nem como uma parte individual nem como a coleção das partes, a única possibilidade que resta é que o corpo exista separado de suas partes. Se esse for o caso, seria possível remover, física ou mentalmente, todas as partes de nosso corpo e, ainda assim, ficar com o corpo. No entanto, se removermos nossos braços, pernas, cabeça, tronco e todas as demais partes de nosso corpo, não restará nenhum corpo. Isso prova que não existe um corpo separado de suas partes. Devido à ignorância, sempre que apontamos para o nosso corpo, apontamos apenas para uma parte do corpo – parte essa que não é nosso corpo.

Acabamos de procurar em todos os lugares possíveis e fomos incapazes de encontrar nosso corpo, seja entre suas partes ou em qualquer outro lugar. Não conseguimos encontrar nada que corresponda ao corpo que aparece de modo tão vívido e ao qual normalmente nos aferramos. Somos forçados a concordar com Shantideva que, quando procuramos por nosso corpo, não há um corpo a ser encontrado. Isso prova, de modo bastante claro, que o nosso corpo que normalmente vemos não existe. É quase como se o nosso corpo não existisse de modo algum. Com efeito, o único meio pelo qual podemos dizer que nosso corpo existe é se ficarmos satisfeitos com o mero nome "corpo" e não esperarmos encontrar um corpo real por detrás do nome. Se tentarmos encontrar, ou apontar, um corpo real ao qual o nome "corpo" se refira, não iremos encontrar absolutamente nada. Ao invés de encontrarmos um corpo verdadeiramente existente, perceberemos a mera ausência do nosso corpo que normalmente vemos. Essa mera ausência do nosso corpo que normalmente vemos é o modo como o nosso corpo existe realmente. Compreenderemos e realizaremos que o corpo que normalmente percebemos, ao qual nos aferramos e apreciamos, não existe de modo algum. Essa não-existência do corpo ao qual normalmente nos agarramos é a vacuidade do nosso corpo, a verdadeira natureza do nosso corpo.

O termo "verdadeira natureza" é muito significativo. Não satisfeitos com a mera aparência e nome "corpo", examinamos nosso corpo para descobrir sua verdadeira natureza. O resultado desse exame foi que o nosso corpo é, definitivamente, impossível de ser encontrado. Onde esperávamos encontrar um corpo verdadeiramente existente, descobrimos a absoluta não-existência desse corpo verdadeiramente existente. Essa não-existência, ou vacuidade, é a verdadeira natureza de nosso corpo. Exceto a mera ausência de um corpo verdadeiramente existente, não existe nenhuma outra verdadeira natureza de nosso corpo – qualquer outro atributo do corpo é, apenas, parte de sua natureza enganosa. Já que esse é o caso, porque gastamos tanto tempo nos concentrando na natureza enganosa de nosso corpo? No momento presente, ignoramos a verdadeira natureza de nosso corpo e a dos outros fenômenos, e nos concentramos apenas em sua natureza enganosa; o resultado de nos concentrarmos todo o tempo em objetos enganosos é que a nossa mente fica perturbada e permanecemos na vida infeliz do samsara. Se quisermos experienciar felicidade pura, precisamos familiarizar nossa mente com a verdade. Em vez de desperdiçar nossa energia nos concentrando apenas em objetos enganosos e sem significado, devemos nos concentrar na verdadeira natureza das coisas.

Embora seja impossível encontrar nosso corpo quando procuramos por ele analiticamente, ele aparece de modo muito claro quando não estamos envolvidos em analisá-lo. Por que isso acontece? Shantideva diz que, devido à ignorância, vemos nosso corpo nas mãos e nas outras partes de nosso corpo. Na verdade, o nosso corpo não existe nas suas partes. Assim como podemos, ao anoitecer, ver uma pilha de pedras como se fosse um homem, mesmo que não exista homem algum entre as pedras, do mesmo modo, nossa mente ignorante vê um corpo na coleção de braços, pernas e assim por diante, ainda que não exista corpo algum ali. O corpo que vemos dentro da coleção de braços e pernas é, simplesmente, uma alucinação de nossa mente ignorante. No entanto, porque não o reconhecemos como uma alucinação, nos aferramos muito fortemente a ele, apreciando-o e extenuando-nos na tentativa de protegê-lo de qualquer desconforto.

A maneira de familiarizar nossa mente com a verdadeira natureza do corpo é usar o raciocínio acima para procurar pelo nosso corpo e, depois, quando o tivermos procurado em todos os lugares possíveis e não o tivermos encontrado, nos concentrarmos na vacuidade semelhante-ao-espaço, que é a mera ausência do corpo que normalmente vemos. Essa vacuidade semelhante-ao-espaço é a verdadeira natureza do nosso corpo. Embora se assemelhe a um espaço vazio, é um vazio muito significativo. Seu significado é a absoluta não-existência do corpo que normalmente vemos, o corpo ao qual nos agarramos tão fortemente e que temos apreciado e cuidado durante toda a nossa vida.

Ao nos familiarizarmos com a experiência da natureza última semelhante-ao-espaço do nosso corpo, nosso agarramento ao nosso corpo será reduzido. Como resultado, experienciaremos muito menos sofrimento, ansiedade e frustração com relação ao nosso corpo. A nossa tensão física diminuirá e nossa saúde irá melhorar, e, mesmo que fiquemos doentes, nosso desconforto físico não perturbará nossa mente. Aqueles que têm uma experiência direta da vacuidade não sentem dor alguma, mesmo que sejam violentamente agredidos ou baleados. Compreendendo que a verdadeira natureza de seu corpo é semelhante ao espaço, sofrer uma agressão física é, para eles, como agredir o espaço, e ser baleado é como atirar no espaço. Além disso, boas e más condições exteriores não têm mais o poder de perturbar suas mentes, porque eles realizaram que as condições exteriores são como a ilusão de um mágico – elas não têm existência separada da mente. Em vez de serem controlados pela mudança das condições, como uma marionete é controlada pelos fios, suas mentes permanecem livres e tranquilas na sabedoria da natureza última, idêntica e imutável, de todas as coisas. Desse modo, uma pessoa que realize diretamente a vacuidade, a verdadeira natureza dos fenômenos, experiencia paz e felicidade dia e noite, vida após vida.

Precisamos fazer a distinção entre o corpo convencionalmente existente, que existe, e o corpo inerentemente existente, que não existe; mas precisamos tomar cuidado para não sermos enganados pelas palavras, pensando que o corpo convencionalmente existente é algo mais do que uma mera aparência à mente. Talvez seja mais simples apenas dizer que, para uma mente que vê diretamente a verdade, ou vacuidade, não existe corpo. Um corpo só existe para uma mente comum, para a qual um corpo aparece.

Shantideva nos aconselha que, a menos que desejemos entender a vacuidade, não devemos examinar as verdades convencionais – como o nosso corpo, posses, lugares e amigos –, mas, em vez disso, ficarmos satisfeitos com os seus meros nomes, da mesma maneira que as pessoas comuns. Quando uma pessoa comum, ou mundana, conhece o nome e o propósito de um objeto, ela fica satisfeita por conhecer o objeto e não prossegue com a investigação. Devemos fazer o mesmo, a menos que queiramos meditar na vacuidade. No entanto, devemos lembrar que, se examinássemos os objetos com mais rigor, não os encontraríamos, porque eles simplesmente desapareceriam, do mesmo modo que uma miragem desaparece se tentarmos procurá-la.

O mesmo raciocínio que usamos para provar a carência de existência verdadeira do nosso corpo pode ser aplicado para todos os demais fenômenos. Este livro, por exemplo, parece existir do seu próprio lado, em algum lugar dentro de suas partes; mas, quando examinamos o livro com mais precisão, descobrimos que nenhuma das páginas individualmente nem o conjunto das páginas é o livro, e que, ainda assim, sem as páginas o livro não existe. Ao invés de encontrar um livro verdadeiramente existente, somos levados a contemplar a vacuidade, que é a não-existência do livro que anteriormente sustentávamos existir. Devido à nossa ignorância, o livro aparece como se existisse separado de nossa mente, como se a nossa mente estivesse *dentro* e o livro, *fora*. Mas, ao analisar o livro, descobrimos que sua aparência é completamente falsa. Não há livro fora da nossa mente. Não há um livro "lá fora", entre as, ou nas, páginas. O único modo pelo qual o livro existe é como uma mera aparência à mente, uma mera projeção da mente.

Todos os fenômenos existem por meio de convenção; nada é inerentemente existente. Isso se aplica à mente, a Buda e até mesmo à vacuidade. Tudo é meramente designado, ou imputado, pela mente. Todos os fenômenos têm partes – os fenômenos físicos têm partes físicas, e os fenômenos não físicos têm várias partes, ou atributos, que podem ser distinguidos pelo pensamento. Utilizando o mesmo tipo de raciocínio acima, podemos compreender que nenhum fenômeno é uma de suas partes, nem a coleção de suas partes e tampouco é algo separado de suas partes. Desse modo, podemos compreender e realizar a vacuidade de todos os fenômenos, a mera ausência de todos os fenômenos que normalmente vemos ou percebemos.

É particularmente útil meditar na vacuidade dos objetos que fazem surgir fortes delusões em nós, como apego e raiva. Ao analisar corretamente, compreenderemos que o objeto que desejamos ou pelo qual temos aversão não existe do seu próprio lado. Sua beleza ou feiura e, até mesmo, sua própria existência, são designadas, ou imputadas, pela mente. Pensando desse modo, descobriremos que não existe base para o apego ou a raiva.

A VACUIDADE DA NOSSA MENTE

Em *Treinar a Mente em Sete Pontos*, após esquematizar como devemos nos empenhar na meditação analítica da vacuidade dos fenômenos exteriores, como o nosso corpo, Geshe Chekhawa continua dizendo que precisamos, então, analisar nossa própria mente para compreender de que maneira ela carece de existência inerente.

A nossa mente não é uma entidade independente, mas um *continuum* em constante mudança, que depende de muitos fatores; por exemplo: os seus momentos anteriores, os seus objetos e os ventos-energia interiores sobre os quais nossas mentes estão montadas. Assim como qualquer coisa, nossa mente é designada a uma coleção de muitos fatores e, por essa razão, carece de existência inerente. Uma mente primária, ou consciência, por exemplo, tem cinco partes ou "fatores mentais": sensação, discriminação, intenção, contato e atenção. Nem os fatores mentais, individualmente, nem a coleção desses fatores mentais é a mente primária ela própria, porque eles são fatores mentais e, portanto, partes da mente primária. No entanto, não existe mente primária separada desses fatores mentais. Uma mente primária é meramente designada aos fatores mentais, que são a sua base de designação, e, portanto, ela não existe do seu próprio lado.

Tendo identificado a natureza da nossa mente primária, que é um vazio semelhante-ao-espaço que percebe ou compreende objetos, procuramos então por ela nas suas partes (sensação, discriminação, intenção, contato e atenção) até finalmente realizarmos que ela não pode ser encontrada – ela é inencontrável. Essa impossibilidade de encontrar nossa mente é a sua natureza última, ou vacuidade. Então, pensamos:

> *Todos os fenômenos que aparecem à minha mente são da natureza da minha mente. A minha mente é da natureza da vacuidade.*

Desse modo, sentimos que tudo se dissolve na vacuidade. Percebemos apenas a vacuidade de todos os fenômenos e meditamos nessa vacuidade. Essa maneira de meditar na vacuidade é mais profunda que a meditação na vacuidade do nosso corpo. Nossa experiência da vacuidade gradualmente se tornará mais clara até, por fim, adquirirmos uma sabedoria imaculada que realiza diretamente a vacuidade de todos os fenômenos.

A VACUIDADE DO NOSSO EU

O objeto ao qual nos aferramos mais fortemente é o nosso *self*, ou *eu*. Devido às marcas da ignorância do agarramento ao em-si acumuladas desde tempos sem início, o nosso *eu* aparece para nós como inerentemente existente, e a nossa mente de agarramento ao em-si agarra-se automaticamente a ele desse modo. Embora nos agarremos a um *eu* inerentemente existente o tempo todo – mesmo durante o sono –, não é fácil identificar de que maneira ele aparece à nossa mente. Para identificá-lo de modo claro, devemos começar permitindo que ele se manifeste fortemente, por meio de contemplar as situações nas quais temos uma sensação exagerada do *eu*, como quando ficamos constrangidos, envergonhados, amedrontados ou indignados. Recordamos ou imaginamos uma situação assim e, então, sem nenhum comentário ou análise, tentamos obter uma imagem mental clara da maneira como o *eu* naturalmente aparece nesses momentos. Temos de ser pacientes nesta etapa, pois podemos levar muitas sessões antes de obtermos uma imagem clara. Por fim, veremos que o *eu* aparece como se fosse totalmente sólido e real, existindo do seu próprio lado, sem depender do corpo ou da mente. Esse *eu* que aparece vividamente é o *eu* inerentemente existente, que tão fortemente apreciamos e cuidamos. Ele é o *eu* que defendemos quando somos criticados e do qual ficamos tão orgulhosos quando somos elogiados.

Uma vez que tenhamos uma imagem de como o *eu* aparece nessas circunstâncias extremas, devemos tentar identificar de que maneira ele aparece normalmente, em situações menos extremas. Por exemplo, podemos observar o *eu* que está, agora, lendo este livro e tentar descobrir como ele aparece à nossa mente. Veremos que, embora neste caso, não exista uma sensação exagerada do *eu*, todavia o *eu* continua a aparecer como sendo inerentemente existente, existindo do seu próprio lado, sem depender do corpo ou da mente. Uma vez que tenhamos uma imagem do *eu* inerentemente existente, concentramo-nos estritamente focados nela por algum tempo. Então, durante a meditação, avançamos para a próxima etapa, que é contemplar raciocínios válidos para provar que o *eu* inerentemente existente, ao qual nos agarramos, em verdade não existe. O *eu* inerentemente existente e o nosso *self* que normalmente percebemos são o mesmo; devemos saber que nenhum deles existe – ambos são objetos negados pela vacuidade.

Se o *eu* existe do modo como aparece, ele precisa existir num destes quatro modos: como o corpo; como a mente; como a coleção, ou conjunto, de corpo e mente; ou como algo separado do corpo e da mente – não há outra possibilidade. Contemplamos esse argumento com bastante cuidado até ficarmos convencidos de que esse é exatamente o caso e, então, procedemos ao exame de cada uma das quatro possibilidades:

(1) Se o nosso *eu* for o nosso corpo, não faz sentido dizer "meu corpo", porque o possuidor e a posse são idênticos.

Se o nosso *eu* for o nosso corpo, então não existe renascimento futuro porque o *eu* cessa quando o corpo morre.

Se o nosso *eu* e o nosso corpo forem idênticos, então, já que somos capazes de desenvolver fé, sonhar, resolver problemas matemáticos e assim por diante, segue-se que carne, sangue e ossos podem fazer o mesmo.

Já que nada disso é verdadeiro, segue-se que o nosso *eu* não é o nosso corpo.

(2) Se o nosso *eu* for a nossa mente, não faz sentido dizer "minha mente", porque o possuidor e a posse são idênticos; mas, quando focamos nossa mente, é comum dizermos "minha mente". Isto indica, de modo bastante claro, que nosso *eu* não é a nossa mente.

Se o nosso *eu* for a nossa mente, então, já que temos muitos tipos de mente (como as seis consciências, as mentes conceituais e as mentes não-conceituais) segue-se que temos muitos "*eus*". Já que isso é um absurdo, nosso *eu* não pode ser a nossa mente.

(3) Já que o nosso corpo não é o nosso *eu* e a nossa mente não é o nosso *eu*, a coleção (ou conjunto) do nosso corpo e mente não pode ser o nosso *eu*. A coleção do nosso corpo e mente é uma coleção de coisas que não são o nosso *eu*; logo, como pode a coleção, ela própria, ser o nosso *eu*? Por exemplo, num rebanho de vacas, nenhum dos animais é uma ovelha; portanto, o rebanho, ele próprio, não é uma *ovelha*. Do mesmo modo, na coleção do nosso corpo e mente, nem o nosso corpo nem a nossa mente são o nosso *eu*; por essa razão, a coleção, ela própria, não é o nosso *eu*.

(4) Se o nosso *eu* não é o nosso corpo, nem a nossa mente e nem a coleção (ou conjunto) do nosso corpo e mente, a única possibilidade que resta é que o *eu* seja algo separado do nosso corpo e da nossa mente. Se este for o caso, devemos ser capazes de apreender o nosso *eu* sem que o nosso corpo ou a nossa mente apareçam; mas, se imaginarmos que o nosso corpo e a nossa mente desapareceram por completo, não terá restado coisa alguma que possa ser chamada de

> nosso *eu*. Portanto, segue-se que o nosso *eu* não é algo separado do nosso corpo e mente.
>
> Devemos imaginar que o nosso corpo desaparece gradualmente, como se dissolvesse no ar; em seguida, nossa mente se dissolve, nossos pensamentos se dispersam com o vento e nossos sentimentos, desejos e percepções se dissolvem em um vazio. Restou algo que seja o nosso *eu*? Não restou coisa alguma. Fica claro que o nosso *eu* não é algo separado do nosso corpo e da nossa mente.

Examinamos todas as quatro possibilidades e não conseguimos encontrar o nosso *eu*, ou *self*. Uma vez que já havíamos decidido que não existe uma quinta possibilidade, devemos concluir que o nosso *eu*, ao qual normalmente nos aferramos e apreciamos, não existe de modo algum. Onde anteriormente aparecia um *eu* inerentemente existente, aparece agora uma ausência desse *eu*. Essa ausência de um *eu* inerentemente existente é vacuidade, a verdade última.

Fazemos essa contemplação desse modo até que nos apareça uma imagem genérica, ou mental, da ausência do nosso *self* que normalmente percebemos. Essa imagem é o nosso objeto da meditação posicionada. Devemos tentar nos familiarizar totalmente com ela, meditando de modo contínuo e estritamente focados pelo maior tempo possível.

Como temos nos agarrado ao nosso *eu* inerentemente existente desde tempos sem início e apreciado esse *eu* acima de qualquer outra coisa, a experiência de não conseguir encontrar nosso *self* durante a meditação pode, no início, ser um tanto chocante. Algumas pessoas desenvolvem medo, pensando "tornei-me totalmente não-existente". Outras sentem grande alegria, como se a fonte de todos os seus problemas tivesse desaparecido. Ambas as reações são bons sinais e indicam uma meditação correta. Pouco depois, essas reações iniciais diminuirão e nossa mente irá se estabelecer num estado mais equilibrado. Seremos então capazes de meditar na vacuidade do nosso *self* de uma maneira calma, controlada.

Devemos permitir que nossa mente se absorva na vacuidade semelhante-ao-espaço pelo maior tempo possível. É importante lembrar que o nosso objeto é a vacuidade, a mera ausência do nosso *self* que normalmente percebemos, e não um mero nada, ou inexistência. De vez em quando, devemos verificar a nossa meditação, aplicando vigilância. Se a nossa mente se desviou para outro objeto, ou se tivermos perdido o significado da vacuidade e estivermos focados em um mero nada, ou inexistência, devemos retornar às contemplações para trazer a vacuidade do nosso *self*, mais uma vez e de modo claro, à nossa mente.

Podemos nos questionar: "Se o meu *self* que normalmente percebo não existe, então, quem está meditando? Quem se levantará da meditação, falará com os outros e responderá quando o meu nome for chamado?". Embora nosso *self* que normalmente vemos não exista, isso não significa que o nosso *self* não existe de modo algum. Nós existimos como uma mera designação, ou imputação. Desde que fiquemos satisfeitos com a mera designação "*eu*", não há problema. Podemos pensar "Eu existo", "Eu estou indo para a cidade", e assim por diante. O problema surge apenas quando procuramos por nosso *self* que seja diferente da mera designação conceitual "*eu*", ou "*self*". A nossa mente se agarra a um *eu* que existe essencialmente, independentemente de designação – ou imputação – conceitual, como se houvesse um *eu* "real" existindo por detrás do rótulo. Se existisse um *eu* assim, seríamos capazes de encontrá-lo, mas vimos que o nosso *eu* não pode ser encontrado por investigação. A conclusão da nossa busca foi uma total e definitiva impossibilidade de encontrar o nosso *self*. Essa impossibilidade de encontrar o nosso *self* – a sua inencontrabilidade – é a vacuidade do nosso *self*, a natureza última do nosso *self*. Nosso *self* que existe como mera designação é o nosso *self* existente. Do mesmo modo, os fenômenos que existem como mera designação são fenômenos existentes. Não há *self* nem demais fenômenos que existam para além de meras designações, ou imputações. Na verdade, nosso *self* e demais fenômenos que existem como mera designação são a natureza última do nosso *self* e dos demais fenômenos – não são a natureza convencional. No início, essas explicações são difíceis de serem compreendidas, mas, por favor, seja paciente. Devemos aplicar esforço para receber as poderosas bênçãos do Buda da Sabedoria Je Tsongkhapa por meio de nos aplicarmos sinceramente na prática da sadhana *Joia-Coração*.

Quando realizamos a vacuidade pela primeira vez, nós o fazemos conceitualmente, por meio de uma imagem genérica. Por meditarmos continuamente na vacuidade muitas e muitas vezes, a imagem genérica gradualmente se torna cada vez mais transparente, até desaparecer por completo e vermos a vacuidade diretamente. Essa realização direta da vacuidade será a nossa primeira percepção completamente não-equivocada, ou mente *incontaminada*. Até que realizemos a vacuidade diretamente, todas as nossas mentes são percepções equivocadas porque, devido às marcas do agarramento ao em-si – ou ignorância do agarramento ao verdadeiro – os seus objetos aparecem como inerentemente existentes.

Muitas pessoas voltam-se para o extremo da existência, pensando que, se algo existe, isso precisa existir inerentemente, exagerando assim o modo como as coisas existem, sem ficarem satisfeitas com o fato de que os fenômenos existem como meros nomes. Outras podem voltar-se para o extremo da não-existência, pensando que, se os fenômenos não existem inerentemente, eles não existem de modo algum, exagerando assim a ausência de existência inerente dos fenômenos. Precisamos compreender que, embora os fenômenos careçam de qualquer vestígio de existência do seu próprio lado, eles existem convencionalmente como meras aparências para uma mente válida.

As mentes conceituais que se aferram ao nosso *eu* e aos demais fenômenos como sendo verdadeiramente existentes são percepções errôneas e, portanto, devem ser abandonadas, mas eu não estou dizendo que todos os pensamentos conceituais são percepções errôneas e que, portanto, devem ser abandonados. Existem muitas mentes conceituais corretas que são úteis em nossas vidas diárias, como a mente conceitual que lembra o que fizemos ontem ou a mente conceitual que entende o que faremos amanhã. Existem também muitas mentes conceituais que precisam ser cultivadas no caminho espiritual. Por exemplo, a bodhichitta convencional no *continuum* mental de um Bodhisattva é uma mente conceitual porque ela apreende o seu objeto, a grande iluminação, por meio de uma imagem genérica. Além disso, antes que possamos realizar diretamente a vacuidade com uma mente não-conceitual, precisaremos realizá-la por meio de um conhecedor válido subsequente, que é uma mente conceitual. Por contemplar os raciocínios que refutam a existência inerente, aparecerá à nossa mente uma imagem genérica da ausência, ou vazio, de existência inerente. Esse é o único modo pelo qual a vacuidade pode aparecer inicialmente à nossa mente. Meditamos, então, nessa imagem com concentração cada vez mais forte até, por fim, percebermos a vacuidade diretamente.

Há algumas pessoas que dizem que o modo de meditar na vacuidade é, simplesmente, esvaziar nossa mente de todos os pensamentos conceituais, argumentando que, assim como nuvens brancas obscurecem o Sol tanto quanto nuvens negras, os pensamentos conceituais positivos obscurecem nossa mente tanto quanto os pensamentos conceituais negativos. Essa visão é completamente equivocada, porque, se não aplicarmos esforço para obter uma compreensão conceitual da vacuidade, mas, em vez disso, tentarmos suprimir todos os pensamentos conceituais, a vacuidade propriamente dita nunca aparecerá à nossa mente. Podemos alcançar uma experiência vívida de um vazio semelhante-ao-espaço, mas isso é apenas a ausência de pensamento conceitual – não é a vacuidade, a verdadeira natureza dos fenômenos. Meditar nesse vazio pode acalmar temporariamente a nossa mente, mas ele nunca destruirá nossas delusões nem nos libertará do samsara e dos seus sofrimentos.

A VACUIDADE QUE É VAZIA DOS OITO EXTREMOS

Se todas as causas e condições atmosféricas necessárias se reunirem, nuvens aparecerão. Se essas causas e condições estiverem ausentes, as nuvens não podem se formar. As nuvens são completamente dependentes de causas e condições para o seu desenvolvimento; sem essas causas e condições, as nuvens não têm poder para se desenvolver. O mesmo é verdadeiro para montanhas, planetas, corpos, mentes e todos os demais fenômenos produzidos. Porque dependem de fatores exteriores a si mesmos para sua existência, eles são vazios de existência inerente, ou independente, e são meras designações, ou imputações, feitas pela mente.

Contemplar os ensinamentos sobre carma – as ações e seus efeitos – pode nos ajudar a compreender isso. De onde vêm todas as nossas experiências boas e más? De acordo com o Budismo, elas são o resultado do carma positivo e negativo que criamos no passado. Como resultado do carma positivo, pessoas atraentes e agradáveis aparecem em nossa vida, condições materiais agradáveis surgem e vivemos em belos ambientes; mas, como resultado do carma negativo, pessoas e coisas desagradáveis aparecem. Este mundo é o efeito do carma coletivo criado pelos seres que o habitam. Visto que o carma se origina na mente – em nossas intenções mentais, especificamente – podemos compreender que todos os mundos surgem da mente. Isso é semelhante ao modo como as aparências surgem em um sonho. Tudo o que percebemos quando estamos sonhando é o resultado do amadurecimento de potenciais cármicos em nossa mente e não tem existência alguma fora de nossa mente.

Quando nossa mente está calma e pura, marcas cármicas positivas amadurecem e surgem aparências oníricas agradáveis; mas quando nossa mente fica agitada e impura, marcas cármicas negativas amadurecem e surgem aparências desagradáveis e aterrorizantes. De modo semelhante, todas as aparências do nosso mundo quando estamos acordados são, simplesmente, o amadurecimento de marcas cármicas positivas, negativas ou neutras em nossa mente.

Uma vez que tenhamos compreendido como as coisas surgem de suas causas e condições interiores e exteriores e que não têm existência independente, então, simplesmente ver ou pensar sobre a produção dos fenômenos irá nos recordar sua vacuidade. Em vez de reforçar nossa sensação da solidez e objetividade das coisas, começaremos a ver as coisas como manifestações de sua vacuidade, com uma existência que não é mais concreta que a de um arco-íris surgindo em um céu vazio.

Assim como a produção das coisas depende de causas e condições, o mesmo acontece com a desintegração das coisas. Portanto, nem a produção nem a desintegração podem ser verdadeiramente existentes. Por exemplo, se nosso carro novo for destruído, iremos nos sentir infelizes porque nos aferramos a ambos – o carro e a desintegração do carro – como verdadeiramente existentes; mas, se compreendermos que o nosso carro é meramente uma aparência à nossa mente, como um carro em um sonho, sua destruição não nos perturbará. Isso é verdadeiro para todos os objetos do nosso apego: se realizarmos que ambos – os objetos e as suas cessações – carecem de existência verdadeira, não haverá base para ficarmos perturbados se formos separados deles.

Todas as coisas funcionais – os nossos ambientes, prazeres, corpo, mente e o nosso *self* – mudam momento a momento. Elas são impermanentes no sentido de que não duram sequer por um instante – nem mesmo até o instante seguinte. O livro que você está lendo neste instante não é o mesmo livro que você estava lendo um instante atrás, e ele apenas pôde vir à existência porque o livro do instante anterior cessou de existir. Quando compreendermos a impermanência sutil – que o nosso corpo, a nossa mente, o nosso *self* e assim por diante não permanecem sequer por um instante – não será difícil compreender que eles são vazios de existência inerente.

Embora possamos concordar que os fenômenos impermanentes são vazios de existência inerente, poderíamos pensar que os fenômenos permanentes, sendo imutáveis e não surgindo de causas e condições, precisariam existir inerentemente. No entanto, mesmo os fenômenos permanentes, como a vacuidade e o espaço não-produzido (a mera ausência de obstrução física), são fenômenos dependente-relacionados porque dependem de suas partes, de suas bases e das mentes que os designam; portanto, eles não são inerentemente existentes. Embora a vacuidade seja a realidade última, ela não é independente ou inerentemente existente porque ela também depende de suas partes, de suas bases e das mentes que a designam. Assim como uma moeda de ouro não existe separada do seu ouro, a vacuidade do nosso corpo não existe separada do nosso corpo porque ela é, simplesmente, a carência de existência inerente do nosso corpo.

Sempre que vamos a algum lugar, desenvolvemos o pensamento "Eu estou indo", e aferramo-nos a um ato de ir inerentemente existente. De modo semelhante, quando alguém vem nos visitar, pensamos "Eles estão vindo", e aferramo-nos a um ato de vir inerentemente existente. Ambas essas concepções são agarramento ao em-si e percepções errôneas. Quando alguém vai embora, sentimos que uma pessoa verdadeiramente existente saiu de verdade, e quando alguém volta, sentimos que uma pessoa verdadeiramente existente retornou de verdade. No entanto, o ir e vir das pessoas são como o aparecimento e o desaparecimento de um arco-íris no céu. Quando as causas e as condições para um arco-íris aparecer estão reunidas, um arco-íris aparece, e quando as causas e as condições para o arco-íris continuar aparecendo se dispersam, o arco-íris desaparece; mas o arco-íris não veio de lugar algum, nem foi para lugar algum.

Quando observamos um objeto, como o nosso *eu*, sentimos fortemente que ele é uma entidade única e indivisível e que a sua singularidade é inerentemente existente. Entretanto, na verdade, nosso *eu* tem muitas partes, como as partes que olham, ouvem, andam e pensam, ou, por exemplo, as partes que são uma professora, uma mãe, uma filha e uma esposa. O nosso *eu* é designado à coleção de todas essas partes. Assim como cada fenômeno individual é uma singularidade, embora sua singularidade seja meramente designada, um exército é meramente designado à coleção de soldados, ou uma floresta é designada à coleção de árvores.

Quando vemos mais que um objeto, consideramos a multiplicidade desses objetos como inerentemente existente. No entanto, assim como uma singularidade é meramente designada, a pluralidade é, do mesmo modo, apenas uma designação feita pela mente e não existe do lado do objeto. Por exemplo, em vez de olhar para uma coleção de soldados ou de árvores do ponto de vista dos soldados ou das árvores individuais, poderíamos vê-los como um exército ou uma floresta, isto é, como uma coleção singular – ou totalidade – e, neste caso, estaríamos olhando para uma singularidade ao invés de uma pluralidade.

Em resumo, uma singularidade não existe do seu próprio lado porque ela é apenas designada a uma pluralidade – as suas partes. Do mesmo modo, uma pluralidade não existe do seu próprio lado porque ela é apenas designada a uma singularidade – a coleção de suas partes. Portanto, singularidade e pluralidade são meras designações, ou imputações, feitas pela mente conceitual e carecem de existência verdadeira. Se realizarmos isso de modo claro, não haverá base para desenvolver apego e raiva em relação a objetos, sejam singulares ou plurais. Por exemplo, tendemos a projetar as falhas ou qualidades de uns poucos sobre muitos e, então, desenvolvemos ódio ou apego com base na raça (ou etnia), religião ou país. Contemplar a vacuidade da singularidade e da pluralidade pode ser útil na redução desse tipo de ódio e apego.

Embora a produção, desintegração e assim por diante existam, elas não existem inerentemente. São as nossas mentes conceituais da ignorância do agarramento ao em-si que se agarram a elas como inerentemente existentes. Essas concepções agarram-se aos oito extremos: produção inerentemente existente, desintegração inerentemente existente, impermanência inerentemente existente, permanência inerentemente existente, ir inerentemente existente, vir inerentemente existente, singularidade inerentemente existente e pluralidade inerentemente existente. Embora esses extremos não existam, estamos sempre nos agarrando a eles devido à nossa ignorância. As concepções desses extremos encontram-se na raiz de todas as demais delusões e, porque as delusões dão origem às nossas ações contaminadas, que nos mantêm confinados na prisão do samsara, essas concepções são a raiz do samsara, o ciclo de vida impura.

A produção inerentemente existente é o mesmo que a produção que normalmente vemos, e devemos compreender que, na verdade, nenhuma das duas existe. O mesmo vale para os demais sete extremos. Por exemplo, a desintegração e destruição inerentemente existentes e a desintegração e destruição que normalmente vemos são o mesmo, e devemos compreender que nenhuma delas existe. As nossas mentes que se aferram a esses oito extremos são diferentes aspectos da nossa ignorância do agarramento ao em-si. Visto que a nossa ignorância do agarramento ao em-si é o que nos faz vivenciar sofrimentos e problemas sem fim, quando essa ignorância cessar permanentemente por meio da meditação na vacuidade de todos os fenômenos, todo o nosso sofrimento desta vida e das incontáveis vidas futuras cessará permanentemente e realizaremos o verdadeiro significado da vida humana.

O tópico dos oito extremos é profundo e requer explicação detalhada e estudo prolongado. Buda explicou-os em detalhes nos *Sutras Perfeição de Sabedoria*. Em *Sabedoria Fundamental*, um comentário aos *Sutras Perfeição de Sabedoria*, Nagarjuna também utilizou raciocínios muito profundos e poderosos para demonstrar que os oito extremos não existem, mostrando de que modo todos os fenômenos são vazios de existência inerente. Por analisar as verdades convencionais, Nagarjuna estabeleceu a natureza última delas e mostrou porque é necessário compreender ambas as naturezas, convencional e última, de um objeto a fim de compreendê-lo plenamente.

VERDADE CONVENCIONAL E VERDADE ÚLTIMA

O que quer que exista é ou uma verdade convencional ou uma verdade última; e já que a verdade última refere-se apenas à vacuidade, tudo mais, exceto a vacuidade, é uma verdade convencional. Por exemplo, coisas como casas, carros e mesas são, todas elas, verdades convencionais.

Todas as verdades convencionais são objetos falsos porque o modo como elas aparecem não corresponde ao modo como existem. Se alguém se mostra amigável e bondoso, mas sua verdadeira intenção é ganhar nossa confiança para nos roubar, podemos dizer que ele é falso ou enganoso porque há uma discrepância entre o modo como ele aparece e sua verdadeira natureza. De modo semelhante, objetos, como formas e sons, são falsos ou enganosos porque eles aparecem como existindo inerentemente, mas, em realidade, são totalmente destituídos de existência inerente. Porque o modo como aparecem não coincide com o modo como existem, as verdades convencionais são conhecidas como "fenômenos enganosos". Uma xícara, por exemplo, aparece como existindo independentemente de suas partes, de suas causas e da mente que a apreende, mas, em realidade, a xícara depende totalmente dessas coisas. Porque o modo como a xícara aparece à nossa mente não corresponde ao modo como ela existe, a xícara é um objeto falso.

Embora as verdades convencionais sejam objetos falsos, no entanto, elas existem porque uma mente que percebe diretamente uma verdade convencional é uma mente válida, uma mente completamente confiável. Por exemplo, uma consciência visual que percebe diretamente uma xícara sobre a mesa é uma mente válida porque ela não nos enganará – se alcançarmos a xícara para pegá-la, nós a encontraremos onde a nossa consciência visual a vê. A esse respeito, uma consciência visual que percebe uma xícara sobre a mesa é diferente da consciência visual que, equivocadamente, considera o reflexo de uma xícara em um espelho como sendo uma xícara de verdade, ou uma consciência visual que vê uma miragem como se fosse água. Ainda que a xícara seja um objeto falso, a consciência visual que a percebe diretamente é, para fins práticos, uma mente válida e confiável. No entanto, embora seja uma mente válida, ainda assim é uma percepção equivocada na medida em que a xícara aparece para a mente como sendo verdadeiramente existente. Ela é válida e não-enganosa com respeito às características convencionais da xícara – sua posição, tamanho, cor e assim por diante – mas equivocada com respeito ao modo como aparece.

Em resumo, os objetos convencionais são falsos porque, embora apareçam como se existissem do seu próprio lado, na verdade eles são meras aparências à mente, como coisas vistas em um sonho. Dentro do contexto de um sonho, no entanto, os objetos sonhados têm uma validade relativa, e isso os distingue dos objetos que não existem de modo algum. Suponha que, em um sonho, roubemos um diamante e que alguém nos pergunte se fomos nós que o roubamos. Apesar de o sonho ser meramente uma criação da nossa mente, se respondermos "sim" estaremos dizendo a verdade, ao passo que, se respondermos "não", estaremos dizendo uma mentira. Do mesmo modo, apesar de, em realidade, o universo inteiro ser apenas uma aparência à mente, podemos fazer, dentro do contexto da experiência dos seres comuns, uma distinção entre verdades relativas e falsidades relativas.

As verdades convencionais podem ser classificadas em verdades convencionais densas e verdades convencionais sutis. Podemos compreender de que modo todos os fenômenos têm esses dois níveis de verdade convencional considerando o exemplo de um carro. O carro ele próprio, o carro que depende de suas causas e o carro que depende de suas partes são, todos, verdades convencionais densas do carro. Elas são denominadas "densas" porque são relativamente fáceis de compreender. O carro que depende de sua base de designação é mais sutil e não é fácil de compreender, mas, ainda assim, é uma verdade convencional densa. A base de designação do carro são as partes do carro. Para apreender *carro*, as partes do carro precisam aparecer à nossa mente; sem que as partes apareçam, não há como desenvolver o pensamento "carro". Por essa razão, as partes são a base de designação do carro. Dizemos "Eu vejo um carro", mas, rigorosamente falando, tudo o que realmente vemos são partes do carro. No entanto, quando desenvolvemos o pensamento "carro" ao ver suas partes, vemos o carro. Não existe carro para além das suas partes, não existe corpo para além das suas partes, e assim por diante. O carro que existe meramente como uma designação do pensamento é a verdade convencional sutil do carro. Compreenderemos isso quando realizarmos que o carro é nada mais do que uma mera designação feita por uma mente válida. Não podemos compreender as verdades convencionais sutis a menos que tenhamos compreendido a vacuidade. Quando realizarmos por completo a verdade convencional sutil, teremos realizado ambas as verdades – a convencional e a última.

Rigorosamente falando, *verdade*, *verdade última* e *vacuidade* são sinônimos porque as verdades convencionais não são verdades reais, mas objetos falsos. Elas são verdades apenas para as mentes daqueles que não realizaram a vacuidade. Somente a vacuidade é verdadeira, pois apenas a vacuidade existe do modo como aparece. Quando a mente de qualquer ser senciente percebe diretamente verdades convencionais, tais como formas etc., elas aparecem como que existindo do seu próprio lado. No entanto, quando a mente de um ser superior percebe diretamente a vacuidade, nada aparece além do que vacuidade; essa mente está totalmente misturada com a mera ausência de fenômenos inerentemente existentes. O modo pelo qual a vacuidade aparece para a mente de um percebedor direto não-conceitual corresponde exatamente ao modo pelo qual a vacuidade existe.

Deve-se observar que, embora a vacuidade seja uma verdade última, ela não é inerentemente existente. A vacuidade não é uma realidade separada, existindo por detrás das aparências convencionais, mas a verdadeira natureza dessas aparências. Não podemos falar sobre a vacuidade isoladamente, porque a vacuidade é sempre a mera ausência de existência inerente de algo. Por exemplo, a vacuidade do nosso corpo é a ausência de existência inerente do nosso corpo e, sem o nosso corpo como sua base, essa vacuidade não pode existir. Como a vacuidade depende necessariamente de uma base, ela carece de existência inerente.

No *Guia do Estilo de Vida do Bodhisattva*, Shantideva define a verdade última como um fenômeno que é verdadeiro para a mente incontaminada de um ser superior. Uma mente incontaminada é uma mente que realiza a vacuidade diretamente. Essa mente é a única percepção inequívoca, e os seres superiores são os únicos que as têm. Como as mentes incontaminadas são totalmente inequívocas, qualquer coisa percebida diretamente por elas como verdadeira é, necessariamente, uma verdade última. Em contrapartida, qualquer coisa diretamente percebida como verdadeira pela mente de um ser comum, necessariamente não é uma verdade última, porque todas as mentes dos seres comuns são equivocadas, e mentes equivocadas nunca podem perceber a verdade diretamente.

Devido às marcas dos pensamentos conceituais que se agarram aos oito extremos, tudo o que aparece às mentes dos seres comuns aparece como sendo inerentemente existente. Apenas a sabedoria do equilíbrio meditativo que realiza diretamente a vacuidade está livre das marcas, ou máculas, dos pensamentos conceituais. Essa é a única sabedoria que não tem aparência equivocada.

Quando um Bodhisattva superior medita na vacuidade, ele, ou ela, mistura por completo sua mente com a vacuidade, sem nenhuma aparência de existência inerente. Ele desenvolve uma sabedoria incontaminada, completamente pura, que é a bodhichitta última. No entanto, quando ele surge do equilíbrio meditativo, os fenômenos convencionais aparecem novamente como inerentemente existentes à sua mente devido às marcas do agarramento-ao-verdadeiro, e a sua sabedoria incontaminada torna-se temporariamente não-manifesta. Apenas um Buda pode manifestar sabedoria incontaminada ao mesmo tempo que percebe diretamente verdades convencionais. Uma qualidade incomum de um Buda é que um único instante de sua mente realiza, direta e simultaneamente, tanto a verdade convencional quanto a verdade última. Existem muitos níveis de bodhichitta última. Por exemplo, a bodhichitta última obtida através da prática tântrica é mais profunda que a desenvolvida apenas pela prática de Sutra, e a bodhichitta última suprema é a de um Buda.

Se, por meio de raciocínios válidos, realizarmos a mera ausência do primeiro extremo, o extremo da produção, seremos capazes de realizar facilmente a mera ausência dos sete extremos restantes. Uma vez que tenhamos realizado a mera ausência que é vazia dos oito extremos, teremos realizado a vacuidade de todos os fenômenos. Tendo obtido essa realização, continuamos a contemplar e a meditar na vacuidade dos fenômenos produzidos e assim por diante e, à medida que nossas meditações se tornarem mais profundas, sentiremos todos os fenômenos se dissolvendo na vacuidade. Seremos então capazes de manter uma concentração estritamente focada na vacuidade de todos os fenômenos.

Para meditar na vacuidade dos fenômenos produzidos, podemos pensar:

> *O meu* self, *que, devido a causas e condições, nasceu como um ser humano, é impossível de ser encontrado dentro de meu corpo e de minha mente, ou separado de meu corpo e mente, quando eu procuro por ele com sabedoria. Isso prova que o meu* self *que normalmente vejo não existe de modo algum.*

Tendo contemplado desse modo, sentimos que o nosso *self* que normalmente vemos desaparece e percebemos uma vacuidade semelhante-ao-espaço, que é a mera ausência do nosso *self* que normalmente vemos. Sentimos que a nossa mente entra nessa vacuidade semelhante-ao-espaço e nela permanece, de modo estritamente focado. Essa meditação é denominada "equilíbrio meditativo na vacuidade semelhante-ao-espaço".

Assim como as águias planam através da vasta extensão do céu sem encontrarem nenhum obstáculo, precisando apenas de um esforço mínimo para manterem seu voo, meditadores avançados concentrados na vacuidade podem meditar na vacuidade por um longo tempo, com pequeno esforço. A mente desses meditadores paira pela vacuidade semelhante-ao-espaço, sem se distraírem por nenhum outro fenômeno. Quando meditamos na vacuidade, devemos tentar emular esses meditadores. Uma vez que tenhamos encontrado nosso objeto de meditação – a mera ausência do nosso *self* que normalmente vemos – devemos restringir qualquer análise e, simplesmente, repousar nossa mente na experiência dessa vacuidade. De tempos em tempos, devemos verificar para nos certificarmos de que não perdemos nem a clara aparência da vacuidade nem o reconhecimento do seu significado, mas não devemos verificar muito intensamente, pois isso perturbará nossa concentração. Nossa meditação não deve ser como o voo de um passarinho, que nunca para de bater suas asas e está sempre mudando de direção, mas como o voo de uma águia, que plana gentilmente com apenas alguns ajustes ocasionais em suas asas. Meditando desse modo, sentiremos nossa mente se dissolvendo e se unificando com a vacuidade.

Se formos bem-sucedidos ao fazer isso, então, durante a sessão de meditação, estaremos livres do agarramento ao em-si manifesto. Se, por outro lado, levarmos todo o nosso tempo verificando e analisando, nunca permitindo que a nossa mente relaxe no espaço da vacuidade, nunca obteremos essa experiência e a nossa meditação não irá servir para reduzir o nosso agarramento ao em-si.

Em geral, precisamos melhorar nossa compreensão da vacuidade por meio de extenso estudo, abordando-a a partir de vários ângulos e usando muitas linhas diferentes de raciocínio. É importante, também, nos familiarizarmos totalmente com uma única meditação completa sobre a vacuidade por meio de contínua contemplação, entendendo exatamente como usar os raciocínios que conduzem a uma experiência da vacuidade. Poderemos, então, nos concentrar de modo estritamente focado na vacuidade e tentar misturar nossa mente com ela, como água misturando-se com água.

A UNIÃO DAS DUAS VERDADES

A união das duas verdades significa que as verdades convencionais (como o nosso corpo) e as verdades últimas (como a vacuidade do nosso corpo) são a mesma natureza. Quando algo, como o nosso corpo, aparece para nós, tanto o *corpo* quanto o *corpo inerentemente existente* aparecem simultaneamente. Isso é aparência dual, que é uma aparência equivocada sutil. Apenas os Budas estão livres dessas aparências equivocadas. O principal propósito de compreender e meditar na união das duas verdades é impedir as aparências duais (aparências de existência inerente à mente que está meditando na vacuidade) e, por meio disso, permitir que a nossa mente se dissolva na vacuidade. Uma vez que consigamos fazer isso, nossa meditação na vacuidade irá se tornar muito poderosa para eliminar as nossas delusões. Se identificarmos e negarmos corretamente o corpo inerentemente existente, o corpo que normalmente vemos, e meditarmos com forte concentração na mera ausência desse corpo, sentiremos o nosso corpo habitual se dissolvendo na vacuidade. Compreenderemos que a verdadeira natureza do nosso corpo é vacuidade, e que o nosso corpo é meramente uma manifestação da vacuidade.

A vacuidade é como o céu, e o nosso corpo é como o azul do céu. Assim como o azul é uma manifestação do próprio céu e não pode ser separado dele, o nosso corpo "semelhante" ao azul do céu é, simplesmente, uma manifestação do "céu" de sua vacuidade e não pode ser separado dela. Se compreendermos e realizarmos isso, quando nos focarmos na vacuidade do nosso corpo sentiremos que nosso corpo se dissolve em sua natureza última. Desse modo, poderemos facilmente superar a aparência convencional do corpo em nossas meditações e nossa mente irá se misturar, de modo natural, com a vacuidade.

No *Sutra Coração*, o Bodhisattva Avalokiteshvara diz: "Forma não é algo que não vacuidade". Isso significa que os fenômenos convencionais, como o nosso corpo, não existem separados de sua vacuidade. Quando meditamos na vacuidade do nosso corpo com esse entendimento, compreendemos que a vacuidade que aparece à nossa mente é a verdadeira natureza do nosso corpo, e que não existe corpo separado dessa vacuidade. Meditar desse modo enfraquecerá em muito a nossa mente de agarramento ao em-si. Se realmente acreditarmos que o nosso corpo e sua vacuidade são a mesma natureza, nosso agarramento ao em-si irá se enfraquecer, definitivamente.

Embora possamos classificar as vacuidades a partir do ponto de vista de suas bases e falar sobre a vacuidade do corpo, a vacuidade do *eu* e assim por diante, na verdade todas as vacuidades são a mesma natureza. Se olharmos para dez garrafas, poderemos distinguir dez espaços diferentes – o espaço que está dentro de cada garrafa; mas, na verdade, esses espaços são de mesma natureza; e, se quebrarmos as garrafas, os espaços irão se tornar indistinguíveis. Do mesmo modo, embora possamos falar da vacuidade do corpo, da vacuidade da mente, da vacuidade do *eu* e assim por diante, na verdade essas vacuidades são a mesma natureza e são indistinguíveis. O único modo pelo qual elas podem ser distinguidas é por suas bases convencionais.

Há dois benefícios principais em compreender que todas as vacuidades são a mesma natureza: na sessão de meditação, nossa mente irá se misturar mais facilmente com a vacuidade e, no intervalo entre as meditações, seremos capazes de perceber todas as aparências como equivalentes – ou seja, como manifestações de suas vacuidades.

Enquanto sentirmos que há uma distância entre a nossa mente e a vacuidade – que a nossa mente está *aqui* e a vacuidade está *ali* – nossa mente não irá se misturar com a vacuidade. Compreender que todas as vacuidades são a mesma natureza ajuda a reduzir essa distância. Na vida comum, experienciamos muitos objetos diferentes – bons e maus, atraentes e não-atraentes – e nossos sentimentos diferem em relação a eles. Como sentimos que as diferenças existem do lado dos objetos, nossa mente torna-se desprovida de equilíbrio e desenvolvemos apego por objetos atraentes, aversão por objetos não-atraentes e indiferença por objetos neutros. É muito difícil misturar uma mente desprovida de equilíbrio como essa com a vacuidade. Para misturar nossa mente com a vacuidade precisamos saber que, embora os fenômenos apareçam sob muitos aspectos diferentes, em essência eles são vazios. As diferenças que vemos são apenas aparências para mentes equivocadas; do ponto de vista da verdade última, todos os fenômenos são iguais na vacuidade. Para um meditador qualificado, absorto de modo estritamente focado na vacuidade, não há diferença entre produção e desintegração, impermanência e permanência, ir e vir, singularidade e pluralidade – tudo é igual na vacuidade, e todos os problemas de apego, raiva e ignorância do agarramento ao em-si encontram-se solucionados. Nessa experiência, tudo se torna muito pacífico e confortável, equilibrado e harmonioso, alegre e maravilhoso. Não há calor nem frio, nem baixo nem alto, não há aqui nem ali, não há *self* nem outro, não há samsara – tudo é igual na paz da vacuidade. Essa realização é denominada "o ioga de equalizar o samsara e o nirvana" e é explicada em detalhe tanto nos Sutras quanto nos Tantras.

Já que todas as vacuidades são a mesma natureza, a natureza última de uma mente que está meditando na vacuidade é a mesma natureza que a natureza última de seu objeto. Quando meditamos pela primeira vez na vacuidade, nossa mente e a vacuidade aparecem como sendo dois fenômenos separados, mas, quando compreendermos que todas as vacuidades são a mesma natureza, compreenderemos que esse sentimento de separação é apenas a experiência de uma mente equivocada. Na verdade, a nossa mente e a vacuidade são, basicamente, um mesmo sabor. Se aplicarmos essa compreensão em nossas meditações, ela ajudará a impedir a aparência da natureza convencional da nossa mente e permitirá que nossa mente se dissolva na vacuidade.

Tendo misturado nossa mente com a vacuidade, quando surgirmos da meditação experienciaremos uniformemente todos os fenômenos como manifestações de suas vacuidades. Em vez de sentir que os objetos atraentes, não-atraentes e neutros que vemos são inerentemente diferentes, compreenderemos que, em essência, eles são a mesma natureza. Do mesmo modo que, no oceano, a mais suave e a mais violenta das ondas são igualmente água, tanto as formas atraentes quanto as não-atraentes ou repulsivas são, igualmente, manifestações da vacuidade.

Compreendendo e realizando isso, nossa mente irá se tornar equilibrada e pacífica. Reconheceremos todas as aparências convencionais como sendo o teatro mágico da mente e não nos aferrararemos fortemente às suas diferenças aparentes.

Quando, certa vez, Milarepa ensinou a vacuidade a uma mulher, ele comparou a vacuidade com o céu e as verdades convencionais com as nuvens, e disse a ela para meditar sobre o céu. Ela seguiu suas instruções com grande sucesso, mas tinha um problema: quando meditava a respeito do "céu" da vacuidade, tudo desaparecia, e ela não conseguia entender como os fenômenos podiam existir convencionalmente. A mulher disse a Milarepa: "Acho fácil meditar sobre o céu, mas difícil explicar a existência das nuvens. Por favor, ensina-me como meditar a respeito das nuvens". Milarepa respondeu: "Se tua meditação sobre o céu estiver indo bem, as nuvens não serão um problema. As nuvens simplesmente aparecem no céu – elas surgem do céu e se dissolvem novamente no céu. À medida que tua experiência do céu se aperfeiçoar, naturalmente virás a compreender as nuvens".

Em tibetano, a palavra utilizada para designar tanto o céu quanto o espaço é "namkha", embora *espaço* seja diferente de *céu*. Existem dois tipos de espaço: o espaço produzido e o espaço não-produzido. O espaço produzido é o espaço visível que podemos ver dentro de um quarto ou no céu. Esse espaço pode se tornar escuro à noite e claro durante o dia; e como esse espaço passa por mudanças, ele é, por esse motivo, um fenômeno impermanente. A propriedade característica do espaço produzido é que ele não obstrui objetos: se há espaço em um quarto, podemos colocar objetos nesse quarto, sem nenhuma obstrução. De modo semelhante, os pássaros podem voar pelo espaço do céu porque o céu carece de obstrução, mas não podem voar através de uma montanha! Por essa razão, fica claro que o espaço produzido carece, ou é vazio, de contato obstrutivo. Essa mera carência, ou vazio, de contato obstrutivo é o espaço não-produzido.

Como o espaço não-produzido é a mera ausência de contato obstrutivo, ele não pode passar por mudanças momentâneas – ou seja, instante a instante; por essa razão, o espaço não-produzido é um fenômeno permanente. Ao passo que o espaço produzido é visível e mais fácil de ser compreendido, o espaço não-produzido é a mera ausência de contato obstrutivo e, por isso, muito mais sutil. No entanto, uma vez que compreendamos o espaço não-produzido, acharemos mais fácil compreender a vacuidade.

A única diferença entre a vacuidade e o espaço não-produzido são os seus objetos negados. O objeto negado do espaço não-produzido é o contato obstrutivo, ao passo que o objeto negado pela vacuidade é a existência inerente. Como o espaço não-produzido é a melhor analogia para compreender a vacuidade, ele é utilizado nos Sutras e em muitas escrituras. O espaço não-produzido é um fenômeno negativo não-afirmativo – um fenômeno que é compreendido, ou realizado, por uma mente que meramente elimina seu objeto negado sem que estabeleça ou realize outro fenômeno positivo. O espaço produzido é um fenômeno afirmativo, ou positivo – um fenômeno que é compreendido, ou realizado, sem que a mente elimine explicitamente um objeto negado. Mais detalhes sobre esses dois tipos de fenômenos podem ser encontrados nos livros *Novo Coração de Sabedoria* e *Oceano de Néctar*.

A PRÁTICA DA VACUIDADE EM NOSSAS ATIVIDADES DIÁRIAS

Em nossas atividades diárias, devemos acreditar que todas as aparências são ilusórias. Embora as coisas apareçam para nós como inerentemente existentes, devemos lembrar que essas aparências são enganosas e que, na verdade, as coisas que normalmente vemos não existem. Como foi mencionado anteriormente, Buda diz no *Sutra Rei da Concentração*:

Um mágico cria várias coisas
Como cavalos, elefantes e assim por diante.
Suas criações não existem verdadeiramente;
Deves conhecer todas as coisas do mesmo modo.

As duas últimas linhas dessa estrofe significam que, assim como sabemos que cavalos e elefantes criados por um mágico não existem, devemos compreender que, do mesmo modo, todas as coisas que normalmente vemos não existem verdadeiramente. Este capítulo *Treinar a Bodhichitta Última* explicou extensamente como todas as coisas que normalmente vemos não existem.

Quando um mágico cria um cavalo ilusório, um cavalo aparece de modo muito claro à sua mente, mas ele sabe que o cavalo é apenas uma ilusão. Na verdade, a própria aparição do cavalo faz com que o mágico se dê conta de que não há cavalo algum à sua frente. Do mesmo modo, quando estivermos muito familiarizados com a vacuidade, o simples fato de que as coisas aparecem como sendo inerentemente existentes irá nos recordar que elas não são inerentemente existentes. Portanto, devemos reconhecer que tudo o que aparece para nós em nossa vida diária é como uma ilusão e carece de existência inerente. Desse modo, nossa sabedoria crescerá dia após dia, e nossa ignorância do agarramento ao em-si e demais delusões diminuirão naturalmente.

Entre as sessões de meditação, devemos ser como um ator. Quando um ator interpreta o papel de um rei, ele se veste, fala e age como um rei, mas ele sabe o tempo todo que não é um rei de verdade. Do mesmo modo, devemos viver e agir no mundo convencional lembrando sempre que nós mesmos, nosso ambiente – ou entorno – e as pessoas ao nosso redor que normalmente vemos não existem de modo algum.

Se pensarmos assim, seremos capazes de viver no mundo convencional sem nos agarrarmos a ele. Vamos tratá-lo com leveza e teremos flexibilidade mental para reagir a qualquer situação de modo construtivo. Compreendendo que tudo o que aparece à nossa mente é mera aparência, quando objetos atraentes aparecerem, não iremos nos aferrar a eles e não desenvolveremos apego, e, quando objetos não-atraentes aparecerem, não iremos nos aferrar a eles e não desenvolveremos aversão ou raiva.

Em *Treinar a Mente em Sete Pontos*, Geshe Chekhawa diz: "Pense que todos os fenômenos são como sonhos". Algumas das coisas que vemos em nossos sonhos são bonitas e algumas são feias, mas todas elas são meras aparências à nossa mente de sonho. Elas não existem do seu próprio lado e são vazias de existência inerente. O mesmo vale para os objetos que percebemos quando estamos acordados – eles também são meras aparências à mente e carecem de existência inerente.

Todos os fenômenos carecem de existência inerente. Quando olhamos para um arco-íris, ele aparece como se ocupasse um determinado lugar no espaço, parecendo que, se fôssemos em busca dele, seríamos capazes de encontrar o lugar onde o arco-íris toca o chão. No entanto, sabemos que, por mais que procuremos, nunca seremos capazes de encontrar o fim do arco-íris, pois, tão logo cheguemos ao lugar onde vimos o arco-íris tocar o chão, o arco-íris terá desaparecido. Se não procurarmos pelo arco-íris, o arco-íris aparece claramente; mas, quando procuramos pelo arco-íris, o arco-íris não se encontra lá. Todos os fenômenos são assim. Se não os analisarmos, eles aparecerão claramente; mas quando fazemos uma busca analítica por eles, tentando isolá-los de tudo mais, eles não são encontrados.

Se alguma coisa existisse inerentemente e a investigássemos, separando-a de todos os demais fenômenos, seríamos capazes de encontrá-la. No entanto, todos os fenômenos são como arco-íris: se procurarmos por eles, nunca iremos encontrá-los. A princípio, é possível que achemos essa ideia muito desconfortável e difícil de aceitar, mas isso é muito natural. Com mais familiaridade, acharemos esses raciocínios mais aceitáveis e, por fim, compreenderemos e realizaremos que isso é verdadeiro.

É importante compreender que a vacuidade não significa um nada, uma inexistência. Embora as coisas não existam do seu próprio lado, independentes da mente, elas existem no sentido de serem conhecidas por uma mente válida. O mundo que experienciamos quando estamos acordados é semelhante ao mundo que experienciamos quando estamos sonhando. Não podemos dizer que as coisas sonhadas não existem, mas se acreditarmos que elas existem para além de meras aparências à mente, existindo "lá fora", então estaremos equivocados e descobriremos isso quando acordarmos.

Como foi mencionado anteriormente, não há melhor método para experienciar paz mental e felicidade do que compreender e meditar na vacuidade. Já que o nosso agarramento ao em-si é o que nos mantém confinados à prisão do samsara e é a fonte de todo o nosso sofrimento, a meditação na vacuidade é a solução universal para todos os nossos problemas. É o remédio que cura todas as doenças físicas e mentais e é o néctar que concede a felicidade duradoura do nirvana e da iluminação.

UM TREINO SIMPLES EM BODHICHITTA ÚLTIMA

Começamos pensando:

> *Eu preciso alcançar a iluminação para beneficiar diretamente todos e cada um dos seres vivos, todos os dias. Com este propósito, vou obter uma realização direta do modo como as coisas realmente são.*

Com essa motivação de bodhichitta, contemplamos:

> *Normalmente, vejo o meu corpo nas suas partes – as mãos, as costas e assim por diante – mas nem as partes individuais nem a coleção das partes são o meu corpo, porque elas são as partes do meu corpo e não o corpo em si. No*

entanto, não existe "meu corpo" para além de suas partes. Deste modo, ao procurar o meu corpo com sabedoria, realizo que o meu corpo é impossível de ser encontrado. Essa é uma razão válida para provar que o meu corpo que normalmente vejo não existe de modo algum.

Contemplando este ponto, tentamos perceber a mera ausência do corpo que normalmente vemos. Essa mera ausência do corpo que normalmente vemos é a vacuidade do nosso corpo, e meditamos estritamente focados nessa vacuidade pelo maior tempo possível.

Devemos praticar continuamente essa contemplação e meditação e, então, passar para a próxima etapa, a meditação na vacuidade do nosso *self*. Devemos contemplar e pensar:

Normalmente, vejo meu self *dentro do meu corpo e mente, mas nem o meu corpo, nem a minha mente, nem a coleção, ou conjunto, do meu corpo e mente são o meu* self *porque eles são minhas posses e o meu* self *é o possuidor; e possuidor e posses não podem ser o mesmo. No entanto, não existe "meu* self*" para além do meu corpo e mente. Procurando com sabedoria pelo meu* self *desse modo, realizo que meu* self *é impossível de ser encontrado. Essa é uma razão válida para provar que meu* self *que normalmente vejo não existe de modo algum.*

Contemplando este ponto, tentamos perceber a mera ausência do nosso *self* que normalmente vemos. Essa mera ausência do nosso *self* que normalmente vemos é a vacuidade do nosso *self*, e meditamos estritamente focados nessa vacuidade pelo maior tempo possível.

Devemos praticar continuamente essa contemplação e meditação e, então, passar para a próxima etapa, a meditação na vacuidade de todos os fenômenos. Devemos contemplar e pensar:

Assim como meu corpo e o meu self, *todos os demais fenômenos são impossíveis de serem encontrados quando os procuro com sabedoria. Essa é uma razão válida para provar que todos os fenômenos que normalmente vejo ou percebo não existem de modo algum.*

Contemplando este ponto, tentamos perceber a mera ausência de todos os fenômenos que normalmente vemos ou percebemos. Essa mera ausência de todos os fenômenos que normalmente vemos ou percebemos é a vacuidade de todos os fenômenos. Com a motivação de bodhichitta, meditamos continuamente nessa vacuidade de todos os fenômenos até sermos capazes de manter claramente nossa concentração por um minuto, toda vez que meditarmos nisso. A nossa concentração que possui essa habilidade é denominada "concentração do posicionamento da mente".

No segundo estágio, com a concentração do posicionamento da mente, meditamos continuamente na vacuidade de todos os fenômenos até sermos capazes de manter claramente nossa concentração por cinco minutos, toda vez que meditarmos nisso. A nossa concentração que possui essa habilidade é denominada "concentração do contínuo-posicionamento". No terceiro estágio, com a concentração do contínuo-posicionamento, meditamos continuamente na vacuidade de todos os fenômenos até sermos capazes de relembrar, imediatamente, o nosso objeto de meditação – a mera ausência de todos os fenômenos que normalmente vemos ou percebemos – sempre que o perdermos durante a meditação. A nossa concentração que possui essa habilidade é denominada "concentração do reposicionamento". No quarto estágio, com a concentração do reposicionamento, meditamos continuamente na vacuidade de todos os fenômenos até sermos capazes de manter claramente a nossa concentração durante toda a sessão de meditação, sem esquecer o objeto de meditação. A nossa concentração que possui essa habilidade é denominada "concentração do estreito-posicionamento". Nesse estágio, temos uma concentração muito clara e estável, focada na vacuidade de todos os fenômenos.

Então, com a concentração do estreito-posicionamento, meditamos continuamente na vacuidade de todos os fenômenos até obtermos, por fim, a concentração do tranquilo-permanecer focada na vacuidade, que nos faz experienciar maleabilidade física e mental e êxtase especiais. Com essa concentração do tranquilo-permanecer, desenvolveremos uma sabedoria especial que realiza muito claramente a vacuidade de todos os fenômenos. Essa sabedoria é denominada "visão superior". Meditando continuamente na concentração do tranquilo-permanecer associada com a visão superior, a nossa sabedoria da visão superior irá se transformar na sabedoria que realiza diretamente a vacuidade de todos os fenômenos. Essa realização direta da vacuidade é a bodhichitta última propriamente dita, efetiva. No momento em que alcançarmos a sabedoria da bodhichitta última, tornamo-nos um Bodhisattva superior. Como já foi mencionado anteriormente, a bodhichitta convencional tem a natureza da compaixão, e a bodhichitta última tem a natureza da sabedoria. Essas duas bodhichittas são como as duas asas de um pássaro, com as quais podemos voar e alcançar, muito rapidamente, o mundo iluminado.

Em *Conselhos do Coração de Atisha*, Atisha diz:

> Amigos, até que alcancem a iluminação, o professor espiritual é indispensável; portanto, confiem no sagrado Guia Espiritual.

Precisamos confiar em nosso Guia Espiritual até obtermos a iluminação. A razão para isso é muito simples. A meta suprema e última da vida humana é alcançar a iluminação e isso depende de recebermos continuamente as bênçãos especiais de Buda através do nosso Guia Espiritual. Buda alcançou a iluminação com a única intenção de conduzir todos os seres vivos pelas etapas do caminho à iluminação por meio de suas emanações. Quem é a sua emanação que está nos conduzindo pelas etapas do caminho à iluminação? Está claro que é o nosso professor espiritual atual que, sincera e corretamente, está nos conduzindo pelos caminhos da renúncia, bodhichitta e visão correta da vacuidade, dando esses ensinamentos e mostrando um exemplo prático de alguém que os está praticando sinceramente. Com essa compreensão, devemos acreditar fortemente que nosso Guia Espiritual é uma emanação de Buda e desenvolver e manter profunda fé nele ou nela.

Atisha também disse:

> Até que realizem a verdade última, ouvir é indispensável;
> portanto, ouçam as instruções do Guia Espiritual.

Mesmo se estivéssemos enxergando, equivocadamente, duas luas no céu, essa aparência equivocada iria nos lembrar que, na verdade, não há duas luas, mas apenas uma. De modo semelhante, se ver coisas inerentemente existentes lembrar-nos de que não existem coisas inerentemente existentes, isso indicará que a nossa compreensão da vacuidade, ou verdade última, é correta. Até que a nossa compreensão da vacuidade seja perfeita e nos impeça de cair num dos dois extremos – o extremo da existência e o extremo da não-existência –, devemos ouvir, ler e contemplar as instruções do nosso Guia Espiritual. Uma explicação mais detalhada sobre confiar no nosso Guia Espiritual pode ser encontrada no livro *Caminho Alegre da Boa Fortuna*.

Todas as contemplações e meditações apresentadas na Parte Um deste livro, desde *A Preciosidade da Nossa Vida Humana* até *Um Treino Simples em Bodhichitta Última*, devem ser praticadas juntamente com as práticas preliminares para meditação, que podem ser encontradas no Apêndice II: *Preces para Meditação*. Essas práticas preliminares irão nos capacitar a purificar nossa mente, acumular mérito e receber bênçãos dos seres iluminados, assegurando, assim, que a nossa prática de meditação seja bem-sucedida.

Exame da Nossa Prática de Lamrim

Ao praticar as etapas dos caminhos de uma pessoa de escopo inicial, de escopo mediano e de grande escopo, podemos ter desenvolvido alguma experiência de renúncia, bodhichitta e visão correta da vacuidade, conhecidas como "os três caminhos principais". Agora, devemos nos examinar, com o propósito de verificar se as nossas experiências de renúncia, bodhichitta e visão correta da vacuidade são qualificadas ou não. Se, ao avaliar a nossa mente, constatarmos que o nosso apego pelas coisas desta vida ainda persiste, isso é um sinal de que a nossa renúncia não é qualificada; se o nosso autoapreço – que acredita que a nossa própria felicidade e liberdade são importantes, enquanto negligenciamos, ou não levamos em conta, a felicidade e liberdade dos outros – ainda permanece, isso é sinal de que a nossa bodhichitta não é qualificada; e se o nosso agarramento ao em-si, que se aferra a nós mesmos, ao nosso corpo e a todas as outras coisas que normalmente vemos, ainda permanece, isso é um sinal de que a nossa compreensão sobre a vacuidade não é qualificada.

Por essas razões, precisamos aplicar grande esforço para nos tornarmos profundamente familiarizados com os treinos em renúncia, bodhichitta e visão correta da vacuidade. Precisamos praticar esses treinos continuamente, até que o nosso apego, autoapreço e agarramento ao em-si se reduzam e sejamos capazes de controlar essas delusões. Quando tivermos concluído esses treinos, teremos "passado em nosso exame" e alcançado a condição, ou "posição", de sermos um grande iogue ou ioguine.

PARTE DOIS:

Tantra

Protetor de Sabedoria do Dharma

A Preciosidade do Tantra

Em seus ensinamentos de Sutra, Buda nos dá um grande encorajamento para alcançar a meta suprema da vida humana. Essa meta será rapidamente alcançada por meio da prática de Tantra. O Tantra, também conhecido como "Mantra Secreto" ou "Vajrayana", é um método especial para purificar o nosso mundo, nosso *self*, nossos prazeres e as nossas atividades; e, se colocarmos esse método em prática, obteremos muito rapidamente a iluminação. Como foi explicado na Parte Um, nosso mundo não existe do seu próprio lado; como um mundo de sonho, ele é uma mera aparência à nossa mente. Nos sonhos, podemos ver e tocar o nosso mundo de sonho, mas, quando acordamos, entendemos que ele era simplesmente uma projeção da nossa mente e que não tinha existência fora da nossa mente. Do mesmo modo, o mundo que vemos quando estamos acordados é uma mera projeção da nossa mente e não tem existência fora da nossa mente. Milarepa disse:

> Deves saber que todas as aparências são da natureza da mente, e a natureza da mente é vacuidade.

Porque o nosso mundo, nosso *self*, nossos prazeres e as nossas atividades são da natureza da nossa mente, quando a nossa mente é impura, eles são impuros, e quando a nossa mente se torna pura por meio de práticas de purificação, eles se tornam puros. Existem muitos níveis diferentes de purificação da nossa mente. A aparência equivocada sutil da nossa mente não pode ser purificada apenas por meio da prática de Sutra; precisamos nos empenhar na prática do Tantra Ioga Supremo. Quando purificarmos completamente a nossa mente por meio da prática tântrica, nosso mundo, nosso *self*, nossos prazeres e as nossas atividades também se tornarão completamente puros – isso é o estado de iluminação. Por essa razão, a obtenção da iluminação é muito simples: tudo o que precisamos fazer é aplicar esforço para purificar a nossa mente.

Sabemos que, quando a nossa mente fica impura por estarmos sentindo raiva de um amigo nosso, vemos esse amigo como mau; mas, quando a nossa mente está pura por estarmos sentindo amor afetuoso pelo mesmo amigo, vemos esse amigo como bom. Portanto, como a nossa mente mudou de pura para impura ou de impura para pura, para nós o nosso amigo mudou de bom para mau ou de mau para bom. Isso indica que tudo o que, para nós, é bom, mau ou neutro é uma projeção da nossa mente e não tem existência fora da nossa mente. Praticando o Tantra, purificaremos por completo a nossa mente e, assim, experienciaremos a completa pureza do nosso mundo, do nosso *self*, dos nossos prazeres e das nossas atividades – as "quatro completas purezas".

Embora o Tantra seja muito popular, poucas pessoas compreendem seu verdadeiro significado. Algumas negam os ensinamentos tântricos de Buda, ao passo que outras fazem mau uso desses ensinamentos, com o objetivo de conquistas mundanas; e muitas pessoas estão confusas sobre a união das práticas de Sutra e de Tantra, acreditando equivocadamente que o Sutra e o Tantra são contraditórios. No *Tantra-Raiz Condensado de Heruka*, Buda diz:

> Nunca deves abandonar o Tantra Ioga Supremo,
> Mas compreender que ele tem um significado inconcebível
> E que é a verdadeira essência do Budadharma.

Quando compreendermos o verdadeiro significado do Tantra, não haverá base para fazer mau uso dele e veremos que não há, de modo algum, contradições entre o Sutra e o Tantra. A prática dos ensinamentos de Sutra é o fundamento básico para a prática dos ensinamentos tântricos, e a prática de Tantra é o método rápido para realizarmos a meta suprema e última dos ensinamentos de Sutra. Por exemplo, em seus ensinamentos de Sutra, Buda nos encoraja a abandonar o apego, e, no Tantra, ele nos incentiva a transformar nosso apego em caminho espiritual. Algumas pessoas podem pensar que isso é uma contradição, mas não é, porque as instruções tântricas de Buda sobre como transformar o apego em caminho espiritual são o método rápido para abandonar o apego! Desse modo, elas são métodos para realizar os objetivos dos ensinamentos de Sutra.

Precisamos tomar cuidado para não interpretar mal o significado de transformar apego em caminho espiritual. O apego, ele próprio, não pode ser transformado diretamente em caminho espiritual; ele é uma delusão, um veneno interior e um objeto a ser abandonado tanto no Sutra quanto no Tantra. Transformar o apego em caminho espiritual significa que transformamos as causas do apego – as nossas experiências dos prazeres mundanos – em caminho espiritual. Existem muitos métodos para fazer isso, que são explicados nos ensinamentos tântricos.

A compaixão universal (realizada por meio da prática dos ensinamentos de Sutra) e a sabedoria do Mahamudra-Tantra (realizada por meio da prática dos ensinamentos tântricos) são como as duas asas de um pássaro. Assim como ambas as asas são igualmente importantes para um pássaro voar, o Sutra e o Tantra são, ambos, igualmente importantes para os praticantes que buscam a iluminação.

O Tantra é definido como uma realização interior que funciona para impedir aparências e concepções comuns e realizar as quatro completas purezas. Embora as escrituras tântricas de Buda sejam algumas vezes denominadas "Tantra" porque revelam as práticas tântricas, o Tantra propriamente dito é, necessariamente, uma realização interior que protege os seres vivos das aparências e concepções comuns, que são a raiz dos sofrimentos do samsara. Aparência comum é a nossa percepção de todas as coisas que normalmente vemos, como o nosso *self* e o nosso corpo. Essa aparência é uma aparência equivocada sutil. Ela é equivocada porque o nosso *self*, nosso corpo e todas as outras coisas que normalmente vemos não existem, ainda que, equivocadamente, sempre as estejamos vendo; e é sutil porque, para nós, é difícil compreender que essa aparência é equivocada. Nossa aparência equivocada sutil é a raiz do agarramento ao em-si, que é a raiz de todas as demais delusões e do sofrimento. É somente por meio da prática do Tantra Ioga Supremo que podemos abandonar por completo essa aparência equivocada sutil. Quando fizermos isso, teremos conquistado as quatro completas purezas mencionadas acima.

Em geral, nossa experiência de prazer mundano ou de diversões faz surgir apego, que é a fonte de todo o sofrimento. No entanto, por meio da prática de Tantra, podemos transformar nossa experiência de prazer mundano num profundo caminho espiritual que nos conduzirá muito rapidamente à felicidade suprema da iluminação. As instruções de Tantra são, por essa razão, superiores a todas as outras instruções.

Para os seres vivos, a experiência de prazeres mundanos é a principal causa do aumento do seu apego e, por essa razão, a principal causa do aumento de seus problemas. Para interromper o apego que surge de experienciarmos prazeres mundanos, Buda ensinou o Tantra como um método para transformar prazeres mundanos em caminho à iluminação. De acordo com os diferentes níveis de transformação dos prazeres mundanos em caminho à iluminação, Buda ensinou quatro níveis, ou classes, de Tantra: Tantra Ação, Tantra Performance, Tantra Ioga e Tantra Ioga Supremo. Os três primeiros são denominados "Tantras inferiores". Buda ensinou, no Tantra Ioga Supremo, as mais profundas instruções para transformar o êxtase sexual em um caminho rápido à iluminação. Já que a efetividade dessa prática depende da reunião e dissolução dos ventos interiores no canal central por força de meditação, essas instruções não foram explicadas por Buda nos Tantras inferiores. Nos Tantras inferiores, Buda ensinou instruções sobre como transformar outros prazeres mundanos – que não o êxtase sexual – em caminho à iluminação por meio de imaginação, que é uma prática simplificada de Tantra.

A porta pela qual ingressamos no Tantra é receber uma iniciação tântrica. Uma iniciação nos concede bênçãos especiais que curam nosso *continuum* mental e despertam nossa natureza búdica. Quando recebemos uma iniciação tântrica, estamos plantando as sementes especiais dos quatro corpos de um Buda em nosso *continuum* mental. Esses quatro corpos são: o Corpo-Verdade-Natureza, o Corpo-Verdade-Sabedoria, o Corpo-de-Deleite e o Corpo-Emanação. Os seres comuns não possuem mais do que um único corpo, ao passo que os Budas possuem quatro corpos simultaneamente. O Corpo-Emanação de um Buda é o seu corpo denso, que pode ser visto por seres comuns; o Corpo-de-Deleite é o seu corpo sutil, que pode ser visto apenas por praticantes que obtiveram elevadas realizações; o Corpo-Verdade-Natureza e o Corpo-Verdade-Sabedoria são os seus corpos muito sutis, que apenas os Budas podem ver.

No Tantra, os principais objetos a serem abandonados são as concepções comuns e as aparências comuns. Os termos "concepções comuns" e "aparências comuns" são melhor compreendidos por meio do seguinte exemplo. Suponha que haja um praticante de Heruka chamado João. Normalmente, ele aparece para si mesmo como o João que ele normalmente vê ou percebe, e seu ambiente – ou entorno –, prazeres, corpo e mente aparecem como sendo os do João que ele normalmente vê ou percebe. Essas aparências são aparências comuns. A mente que concorda com essas aparências comuns, sustentando-as como verdadeiras, é a concepção comum. As aparências que temos da existência inerente de um *eu*, *meu* e demais fenômenos são também aparências comuns; o agarramento ao em-si e todas as demais delusões são concepções comuns. Concepções comuns são obstruções à libertação, e aparências comuns são obstruções à iluminação. Em geral, todos os seres vivos, exceto os Bodhisattvas que obtiveram a concentração semelhante-a-um-vajra do Caminho da Meditação, têm aparências comuns.

Agora, se João fosse meditar no estágio de geração de Heruka, considerando intensamente a si próprio como Heruka e acreditando que o seu ambiente, experiências, corpo e mente são os de Heruka, nesse momento ele teria orgulho divino, que impede concepções comuns. Se ele também alcançar a clara aparência de si próprio como Heruka, com o ambiente – ou entorno –, prazeres, corpo e mente de Heruka, nesse momento ele terá clara aparência, que o impede de desenvolver aparências comuns.

Inicialmente, as concepções comuns são mais prejudiciais do que as aparências comuns. A razão pela qual isso acontece é ilustrada pela analogia a seguir. Suponha que, diante de uma plateia, um mágico faça aparecer a ilusão de um tigre. O tigre aparece tanto para a plateia quanto para o mágico, mas a plateia acredita que o tigre existe de verdade e, por causa disso, sente medo, ao passo que o mágico não aceita – ou não concorda com – a aparência do tigre e permanece calmo. O problema da plateia não é que o tigre apareça para ela, mas sua concepção de que o tigre exista verdadeiramente. É essa concepção, muito mais que a mera aparência do tigre, que faz a plateia experienciar medo. Se, como o mágico, a plateia não tivesse a concepção de que o tigre existe, então, mesmo que o tigre continuasse aparecendo, a plateia não teria medo. Do mesmo modo, mesmo quando as coisas aparecem para nós como comuns, se não nos aferrarmos conceitualmente a elas como comuns, isso não será tão prejudicial. De modo semelhante, é menos danoso para o nosso desenvolvimento espiritual que nosso Guia Espiritual nos apareça como comum, ainda que sustentemos que ele (ou ela) é em essência um Buda, do que se nosso Guia Espiritual nos aparecesse como comum e acreditássemos que ele (ou ela) é comum. A convicção de que nosso Guia Espiritual é um Buda, mesmo quando ele (ou ela) possa aparecer-nos como uma pessoa comum, ajuda a nossa prática espiritual a progredir rapidamente.

Para reduzir as aparências e concepções comuns, Buda ensinou o Tantra do estágio de geração; e, para abandonar essas duas obstruções por completo, Buda ensinou o Tantra do estágio de conclusão, especialmente o Mahamudra-Tantra. Completando o nosso treino nesses Tantras, iremos nos tornar um ser iluminado tântrico, como Heruka, com as quatro completas purezas.

Heruka de Doze Braços

O Tantra do Estágio de Geração

Os capítulos a seguir apresentam as instruções sobre as práticas de Heruka e Vajrayogini, que são a verdadeira essência do Tantra Ioga Supremo. A prática do Tantra Ioga Supremo pode ser dividida em dois estágios: o estágio de geração e o estágio de conclusão. No estágio de geração, os praticantes tântricos geram a si mesmos, por força de imaginação correta que surge de sabedoria, como Deidades tântricas iluminadas (como Heruka, por exemplo) e seu ambiente – ou entorno –, corpo, prazeres e atividades como sendo os de Heruka. Esse novo mundo imaginado de Heruka é o seu objeto de meditação e eles meditam nessa nova geração com concentração estritamente focada. Treinando continuamente nessa meditação, os praticantes de Heruka obtêm profundas realizações de si próprios como Heruka e de seu ambiente, corpo, prazeres e atividades como sendo os de Heruka. Essa realização interior é o Tantra do estágio de geração.

O Tantra do estágio de geração é definido como uma realização interior de um ioga criativo, obtida por meio do treino em orgulho divino e clara aparência de ser uma Deidade iluminada. Ele é denominado "ioga criativo" porque o objeto de meditação é criado por imaginação e sabedoria. A principal função do Tantra do estágio de geração é purificar a morte comum, o estado intermediário comum e o renascimento comum, a fim de se alcançar o Corpo-Verdade, o Corpo-de-Deleite e o

Corpo-Emanação de Buda. Ele é o caminho rápido para amadurecer nossa natureza búdica.

Heruka é uma Deidade iluminada do Tantra Ioga Supremo e a manifestação da compaixão de todos os Budas. Na prática do estágio de geração de Heruka, os praticantes enfatizam o treino em orgulho divino e clara aparência de serem Heruka. Antes de treinar em orgulho divino, os praticantes precisam aprender a perceber os seus próprios corpo e mente como o corpo e a mente de Heruka. Tendo realizado isso, eles então usam o seu corpo e mente imaginados de Heruka como base de designação, ou de imputação, para o seu "*eu*", ou "*self*", e desenvolvem o pensamento "*eu* sou Buda Heruka". Então, eles meditam nesse orgulho divino com concentração estritamente focada. Por treinarem nessa meditação, eles irão obter uma profunda realização do orgulho divino que acredita espontaneamente que eles são Heruka. Nesse momento, eles terão mudado a base de designação do *eu* deles.

Desde tempos sem início, vida após vida, a base de designação para o nosso *self*, ou *eu*, sempre tem sido, exclusivamente, um corpo e mente contaminados. Porque o nosso *self*, ou *eu*, é designado a um corpo e mente contaminados, sempre que desenvolvemos o pensamento "*eu*" desenvolvemos, simultaneamente, a ignorância do agarramento ao em-si, uma mente que se agarra a um "*eu*" e "*meu*" inerentemente existentes, que é a raiz de todos os nossos sofrimentos. No entanto, para praticantes de Heruka qualificados, sua profunda realização do orgulho divino impede que a ignorância do agarramento ao em-si surja; por essa razão, não há base para que experienciem sofrimento: eles desfrutam de seus ambiente, prazeres, corpo e mente puros de Heruka.

Se esses praticantes ainda não são realmente Buda Heruka, podemos nos perguntar como eles podem acreditar que o são; e como é possível que obtenham a realização do orgulho divino se a sua visão, que acredita que eles próprios sejam Heruka, é uma visão equivocada? Embora esses praticantes não sejam realmente Buda Heruka, eles podem, todavia, acreditar que o são porque mudaram sua base de designação – de seus agregados contaminados para os agregados incontaminados de Heruka. O ponto de vista deles que acredita que, eles próprios, são Buda Heruka, não é uma visão equivocada porque ela é não-enganosa e surge da sabedoria que realiza que um "*eu*" e "*meu*" inerentemente existentes não existem. Portanto, sua realização do orgulho divino que acredita espontaneamente que eles próprios são Heruka tem o poder de impedir o surgimento da ignorância do agarramento ao em-si, a raiz do samsara.

Como já foi explicado anteriormente, as coisas não existem do seu próprio lado. Não há um "*eu*", "*meu*" e outros fenômenos inerentemente existentes; todos os fenômenos existem como meras designações. As coisas são designadas – ou imputadas – sobre suas bases de designação pelo pensamento. O que significa "base de designação"? As partes de um carro, por exemplo, são a base de designação, ou de imputação, para *carro*. As partes do carro não são o carro; ademais, não existe carro algum para além das suas partes. O carro é designado sobre as suas partes pelo pensamento. Como? Ao perceber qualquer uma das partes do carro, naturalmente desenvolvemos o pensamento "isto é o carro". De modo semelhante, nosso corpo e mente não são o nosso *self*, mas são a base de designação para o nosso *self*. O nosso *self* é designado ao nosso corpo e mente pelo pensamento. Ao perceber o nosso corpo e mente, naturalmente desenvolvemos o pensamento "*eu*" ou "*meu*". Sem uma base de designação, as coisas não podem existir; tudo depende de sua base de designação.

Por que é necessário mudar a base de designação do nosso *eu*? Como foi mencionado acima, a base de designação para o nosso *eu* tem sido, desde tempos sem início, vida após vida até agora, apenas agregados contaminados de corpo e mente. Já que a base de designação para o nosso *self* é contaminada pelo veneno da ignorância do agarramento ao em-si, vivenciamos o infindável ciclo de sofrimento. Para nos libertarmos permanentemente do sofrimento precisamos, portanto, mudar a nossa base de designação – de agregados contaminados para agregados incontaminados.

Como podemos mudar a nossa base de designação? Temos, constantemente, mudado incontáveis vezes a nossa base de designação. Em nossas vidas anteriores, tomamos incontáveis renascimentos e, a cada vez, a base de designação para o nosso *self* foi diferente. Quando tomamos um renascimento humano, nossa base de designação foi um corpo e mente humanos, e, quando tomamos um renascimento animal, nossa base de designação foi o corpo e a mente de um animal. Mesmo nesta vida, quando éramos um bebê, nossa base de designação foi o corpo e a mente de um bebê; quando éramos um adolescente, nossa base de designação foi o corpo e a mente de um adolescente; e, quando envelhecermos, nossa base de designação será o corpo e a mente de uma pessoa idosa. Todas essas incontáveis bases de designação são agregados contaminados. Nunca mudamos nossa base de designação – de agregados contaminados para agregados incontaminados. Somente confiando nos ensinamentos tântricos de Buda é que podemos realizar isso.

Mudaremos nossa base de designação – de agregados contaminados para incontaminados – por meio de treinar na clara aparência e no orgulho divino de sermos Heruka. Como Buda explicou em seus ensinamentos tântricos, primeiro aprendemos a purificar nosso corpo e mente através de meditar na vacuidade do corpo, da mente e de todos os demais fenômenos. Percebendo apenas vacuidade, geramo-nos então como uma Deidade iluminada – por exemplo, como Heruka. Depois, aprendemos a perceber claramente nosso corpo e mente como o corpo e mente de Heruka, o nosso mundo como a Terra Pura de Heruka e todos os que estão ao nosso redor como Heróis e Heroínas iluminados. Isso é denominado "treinar clara aparência". Percebendo o nosso corpo e mente como os agregados incontaminados de corpo e mente de Heruka, desenvolvemos o pensamento "*eu* sou Buda Heruka". Meditamos, então, continuamente nesse orgulho divino, com concentração estritamente focada, até obtermos a profunda realização do orgulho divino que espontaneamente acredita que somos Buda Heruka. Nesse momento, teremos mudado nossa base de designação, de agregados contaminados para agregados incontaminados.

Por exemplo, se normalmente nos chamamos João, nunca devemos acreditar que João é Buda Heruka, mas sentir que João desapareceu na vacuidade antes de nos gerarmos como Buda Heruka. Depois, acreditamos que o nosso *eu*, que é designado ao corpo e mente de Heruka, é Buda Heruka. Porque surge de sabedoria, essa crença não é uma visão equivocada, ao passo que as visões equivocadas necessariamente surgem da ignorância. A realização do orgulho divino surge de sabedoria e é um método poderoso para acumular grande mérito e sabedoria.

Mesmo que tenhamos a realização que acredita espontaneamente que somos Buda Heruka, nunca devemos indicar ou declarar isso para os outros, já que esse comportamento não é apropriado na sociedade normal. As pessoas ainda continuarão a nos ver como João e não como Heruka, e nós também sabemos que João não é Heruka. As realizações do orgulho divino e da clara aparência são experiências interiores que têm o poder de controlar nossas delusões e, a partir dessa experiência interior, ações puras naturalmente irão se desenvolver. Por essa razão, não há fundamento para apresentar comportamento inadequado; precisamos continuar a nos envolver em nossas atividades diárias e a nos comunicar normalmente com os outros.

Como mencionado anteriormente, as realizações tântricas podem ser conquistadas simplesmente confiando em crença e imaginação corretas. Essa prática é muito simples: tudo o que precisamos fazer é nos tornarmos profundamente familiarizados com a meditação em crença correta e imaginação correta, tal como apresentada no Tantra, por meio de aplicar esforço contínuo. Compreendendo isso, devemos nos manter confiantes em nossa capacidade de obter as realizações do estágio de geração do Tantra Ioga Supremo. Além disso, porque o nosso mundo e o nosso *self* que normalmente vemos não existem, temos a preciosa oportunidade de gerar o nosso mundo e o nosso *self* novos completamente puros; isso é o estágio de geração. Se o nosso mundo e o nosso *self* que normalmente vemos existissem, seria impossível gerar o nosso mundo e o nosso *self* como completamente puros. Quando a forte percepção do nosso mundo e do nosso *self* que normalmente vemos cessar por meio do treino no estágio de geração, experienciaremos naturalmente o nosso mundo e o nosso *self* como completamente puros. É muito importante que a nossa motivação para treinar o estágio de geração seja a mente compassiva da bodhichitta.

O Tantra do Estágio de Conclusão

O ESTÁGIO DE GERAÇÃO é como desenhar o esboço de uma pintura, e o estágio de conclusão é como concluir a pintura. Muito embora os principais objetos de meditação do estágio de geração (o mandala e as Deidades) sejam gerados por meio de imaginação correta, os principais objetos de meditação do estágio de conclusão (os canais, gotas e ventos) já existem dentro do nosso corpo e não há necessidade de gerá-los por meio do poder da imaginação. Por essa razão, o estágio de conclusão não é um ioga criativo.

O Tantra do estágio de conclusão é definido como uma realização interior de aprendizagem, desenvolvida na dependência de os ventos interiores entrarem, permanecerem e se dissolverem dentro do canal central por força de meditações. Os objetos dessas meditações são o canal central, a gota indestrutível e o vento e mente indestrutíveis.

O CANAL CENTRAL

O canal central está localizado exatamente no meio, entre as metades esquerda e direita do corpo, mais próximo das costas do que da frente. Imediatamente na frente da coluna está o canal da vida, que é bastante grosso, e, à frente deste, está o canal central. Ele começa no ponto entre as sobrancelhas, de onde ascende formando um arco até a coroa da cabeça e, então, desce em linha reta até a ponta do órgão sexual.

O canal central é azul-claro por fora e tem quatro atributos: (1) é reto como o tronco de uma bananeira; (2) por dentro é vermelho-oleoso, como sangue puro; (3) é muito claro e transparente, como a chama de uma vela; e (4) é muito macio e flexível, como uma pétala de lótus.

De ambos os lados do canal central, sem nenhum espaço entre eles, estão os canais direito e esquerdo. O canal direito é vermelho, e o esquerdo, branco. O canal direito começa na ponta da narina direita, e o canal esquerdo, na ponta da narina esquerda. A partir daí, ambos ascendem formando um arco até a coroa da cabeça, por ambos os lados do canal central. Da coroa da cabeça até o umbigo, esses três canais principais são retos e adjacentes entre si. À medida que o canal esquerdo continua descendo abaixo do nível do umbigo, ele se encurva ligeiramente à direita, separando-se levemente do canal central e voltando a se reunir com ele na ponta do órgão sexual. Ali, ele cumpre a função de reter e soltar esperma, sangue e urina. À medida que o canal direito continua descendo abaixo do nível do umbigo, ele se encurva ligeiramente à esquerda e termina na ponta do ânus, onde cumpre a função de reter e soltar as fezes e assim por diante.

Os canais direito e esquerdo enrolam-se em torno do canal central em vários locais, formando, assim, os chamados "nós do canal". Os quatro lugares onde esses nós ocorrem são, em ordem ascendente: a roda-canal do umbigo (ou chakra do umbigo), a roda-canal do coração, a roda-canal da garganta e a roda-canal da coroa. Em cada um desses locais, exceto no coração, há um nó duplo formado por uma única volta do canal direito e uma única volta do esquerdo. À medida que os canais direito e esquerdo sobem para esses locais, eles se enrolam no canal central cruzando-o pela frente e, depois, dando uma volta ao seu redor. Eles então continuam para cima, até o nível do nó seguinte. Ao nível do coração, a mesma coisa acontece, exceto que, aqui, há um nó sêxtuplo formado por três voltas superpostas de cada um dos dois canais laterais. Os canais são os caminhos pelos quais fluem os ventos interiores e as gotas. No início, é suficiente simplesmente familiarizar-se com a descrição e a visualização dos três canais. Uma explicação mais detalhada dos canais pode ser encontrada no Apêndice III.

A GOTA INDESTRUTÍVEL

Há dois tipos de gota no corpo: gotas brancas e gotas vermelhas. As gotas brancas são a essência pura do fluido seminal branco, ou esperma, e as gotas vermelhas são a essência pura do sangue. Ambas têm formas densas e sutis. É muito fácil reconhecer as gotas densas, porém é mais difícil reconhecer as gotas sutis.

A localização principal da gota branca (também conhecida como "bodhichitta branca") é a roda-canal da coroa e é desse lugar que o fluido seminal branco se origina. A localização principal da gota vermelha (também conhecida como "bodhichitta vermelha") é a roda-canal do umbigo e é desse lugar que o sangue se origina. A gota vermelha no umbigo é também a origem do calor do corpo e a base para a aquisição das realizações do fogo interior, ou *tummo*. Quando as gotas derretem e fluem pelos canais, elas dão origem a uma experiência de êxtase.

Como acabamos de explicar, na roda-canal do coração há um nó sêxtuplo formado pelo enrolar dos canais direito e esquerdo em torno do canal central, apertando-o. Esse é o nó mais difícil de afrouxar, mas, quando ele for afrouxado por meio de meditação, desenvolveremos um grande poder – a realização da clara-luz. Visto que o canal central, na altura do coração, está comprimido por esse nó sêxtuplo, ele fica bloqueado, como um tubo de bambu. Dentro do canal central, bem no centro desse nó sêxtuplo, fica um pequeno vacúolo e, dentro dele, há uma gota denominada "a gota indestrutível". Ela é do tamanho de uma pequena ervilha, com a metade superior branca e a metade inferior vermelha. A substância da metade branca é a essência muito clara do esperma, e a substância da metade vermelha é a essência muito clara do sangue. Essa gota, que é muito pura e sutil, é a verdadeira essência de todas as gotas. Todas as gotas comuns vermelhas e brancas do nosso corpo provêm originalmente dessa gota.

A gota indestrutível assemelha-se a uma pequena ervilha que foi cortada ao meio, levemente escavada e, então, unida novamente. Ela é denominada "gota indestrutível" porque as suas duas metades nunca se separam até a morte. Quando morremos, todos os ventos interiores se dissolvem dentro da gota indestrutível e isso faz com que a gota se abra. Quando as duas metades se separam, a nossa consciência imediatamente deixa o nosso corpo e parte para a próxima vida.

O VENTO E A MENTE INDESTRUTÍVEIS

A natureza do vento indestrutível é o "vento interior" muito sutil. Os ventos interiores são ventos-energia que fluem pelos canais do corpo e são muito mais sutis que os ventos exteriores. Eles estão associados com várias mentes e atuam como montarias para elas. Sem esses ventos, nossa mente não pode se mover de um objeto para outro. É dito que os ventos interiores são como alguém que é cego, mas que possui pernas, porque eles não podem perceber coisa alguma, mas podem se mover de um lugar para outro. As mentes são como alguém que possui olhos, mas não tem pernas, porque as mentes podem ver, mas não podem se mover sem a sua montaria, os ventos interiores. Porque as mentes estão sempre montadas em seus ventos interiores associados, eles podem, juntos, ver e se mover.

Os ventos interiores que fluem pelos canais esquerdo e direito são impuros e prejudiciais porque atuam como montarias para as mentes do agarramento ao em-si, autoapreço e demais delusões. Precisamos fazer grande esforço para trazer e dissolver esses ventos interiores dentro do canal central, de modo que possamos impedir o surgimento dessas delusões.

Para os seres comuns, os ventos interiores entram, permanecem e se dissolvem dentro do canal central apenas durante o processo da morte e do sono profundo. O vento e a mente indestrutíveis se manifestam nesses momentos, mas os seres comuns não conseguem reconhecê-los porque sua memória, ou contínua-lembrança (*mindfulness*), é incapaz de funcionar nessas ocasiões. Os praticantes tântricos do estágio de conclusão conseguem fazer com que os seus ventos interiores entrem, permaneçam e se dissolvam dentro do canal central a qualquer momento, pelo poder de sua meditação nos canais, gotas e ventos. Eles conseguem, portanto, alcançar as realizações das cinco etapas do Tantra do estágio de conclusão: (1) a realização inicial do grande êxtase espontâneo (corpo-isolado e fala-isolada do estágio de conclusão); (2) clara-luz-exemplo última; (3) corpo-ilusório; (4) clara-luz-significativa; e (5) a união da clara-luz-significativa e do corpo-ilusório puro. A partir da quinta etapa, os praticantes obtêm a iluminação propriamente dita em poucos meses.

Existem cinco ventos-raízes e cinco ventos secundários. Os ventos-raízes são: (1) o vento de sustentação vital; (2) o vento descendente de esvaziamento; (3) o vento ascendente movedor; (4) o vento que-permanece-por-igual; e (5) o vento que-permeia. Os cinco ventos secundários são: (1) o vento movedor; (2) o vento intensamente movedor; (3) o vento perfeitamente movedor; (4) o vento fortemente movedor; e (5) o vento definitivamente movedor. Uma explicação detalhada dos ventos interiores pode ser encontrada no Apêndice IV.

O vento indestrutível é o vento muito sutil que está associado com a mente muito sutil e que atua como montaria para ela. Ele é denominado "corpo residente-contínuo" porque sempre tivemos esse corpo, continuamente, vida após vida. Embora a nossa mente de autoapreço acredite que o nosso corpo atual seja o nosso corpo que verdadeiramente nos pertence e o aprecie, na verdade o nosso corpo atual é uma parte dos corpos de outros, pois nosso corpo é parte do corpo de nossos pais. O nosso *self* designado, ou imputado, ao nosso corpo e mente atuais cessará ao final do processo da morte, ao passo que nosso *self* designado ao nosso corpo e mente residentes-contínuos nunca cessará, mas seguirá de uma vida para outra. É essa pessoa, ou *eu*, que, por fim, irá se tornar um ser iluminado. Por meio dessa explicação, podemos compreender que, de acordo com o Tantra Ioga Supremo, no *continuum* mental de cada ser vivo existe uma pessoa, ou *eu*, imortal que possui um corpo imortal. No entanto, sem confiar nas profundas instruções do Tantra Ioga Supremo, não conseguiremos reconhecer nosso corpo imortal e *eu* imortal próprios, nosso verdadeiro *self*. Certa vez, um iogue disse:

> Primeiro, devido ao medo da morte, corri em direção
> ao Dharma.
> Depois, treinei no estado da imortalidade.
> Finalmente, realizei que a morte não existe e relaxei!

Dentro da gota indestrutível reside o vento e mente indestrutíveis, a união do nosso vento muito sutil e da nossa mente muito sutil. O vento muito sutil é o nosso corpo próprio, ou corpo residente-contínuo. A mente muito sutil, ou mente indestrutível, é a nossa mente própria, ou mente residente-contínua, e ela está montada sobre o vento muito sutil. Porque a união do nosso vento muito sutil e da nossa mente muito sutil nunca cessa, essa união é denominada "o vento e mente indestrutíveis". O nosso vento e mente indestrutíveis nunca se separaram desde tempos sem início e eles nunca se separarão no futuro. A combinação de nosso corpo muito sutil e de nossa mente muito sutil possui um potencial de comunicação, que é a nossa fala muito sutil – a nossa fala própria, ou fala residente-contínua. No futuro, ela irá se tornar a fala de um Buda Em resumo, dentro da gota indestrutível estão os nossos verdadeiros corpo, fala e mente que, no futuro, irão se tornar o corpo, a fala e a mente iluminados de um

Buda. Esses três – o nosso corpo, fala e mente muito sutis – são a nossa verdadeira natureza búdica.

Tendo obtido alguma experiência do Tantra do estágio de geração, que é como desenhar o esboço de uma pintura, precisamos nos empenhar nas meditações do Tantra do estágio de conclusão com o objetivo de concluir a pintura. Essas meditações são as meditações no canal central, na gota indestrutível e no vento e mente indestrutíveis, conhecidas como "os iogas do canal, gota e vento".

COMO MEDITAR NO CANAL CENTRAL

Primeiro, devemos aprender a perceber qual o aspecto do nosso canal central, contemplando o seguinte:

> *Meu canal central está localizado exatamente no meio, entre as metades esquerda e direita do meu corpo, mais próximo das costas do que da frente. Imediatamente na frente da coluna está o canal da vida, que é bastante grosso, e, à frente deste, está o canal central. Ele começa no ponto entre minhas sobrancelhas, de onde ascende formando um arco até a coroa de minha cabeça e, então, desce em linha reta até a ponta do meu órgão sexual. Ele é azul-claro por fora e vermelho-oleoso por dentro. Ele é claro e transparente, muito macio e flexível.*

Logo ao início, se o desejarmos, podemos visualizar o canal central como sendo bem largo e, então, pouco a pouco o visualizamos cada vez mais fino, até que, por fim, sejamos capazes de visualizá-lo da largura de um canudo para beber. Contemplamos repetidamente desse modo, até percebermos uma imagem genérica do nosso canal central. Então, enquanto acreditamos que a nossa mente está dentro do canal central, na altura do coração, concentramo-nos de modo estritamente focado no canal central, na altura do coração, e meditamos nisso. Devemos treinar continuamente desse modo até obtermos uma profunda experiência dessa meditação.

COMO MEDITAR NA GOTA INDESTRUTÍVEL

Para perceber a nossa gota indestrutível, contemplamos como segue:

> *Dentro do meu canal central, na altura do coração, há um pequeno vacúolo. Dentro dele, está a minha gota indestrutível. Ela é do tamanho de uma pequena ervilha, com a metade superior branca e a metade inferior vermelha. Ela assemelha-se a uma ervilha que foi cortada ao meio, levemente escavada e, então, unida novamente. Ela é a verdadeira essência de todas as gotas e é muito pura e sutil. Apesar de ser da substância do sangue e do esperma, ela possui uma natureza muito clara, como uma minúscula bola de cristal que irradia raios de luz de cinco cores.*

Contemplamos repetidamente desse modo, até percebermos uma imagem genérica clara da nossa gota indestrutível em nosso coração, dentro do canal central. Com a sensação de que a nossa mente está dentro da nossa gota indestrutível, no coração, meditamos de modo estritamente focado nessa gota, sem distrações.

Essa meditação é um método poderoso para fazer com que os nossos ventos interiores entrem, permaneçam e se dissolvam no canal central. O mestre Ghantapa disse:

> Devemos meditar estritamente focados
> Na gota indestrutível que reside sempre no nosso coração.
> Aqueles que estão familiarizados com essa meditação
> Definitivamente desenvolverão a excelsa sabedoria.

Aqui, "excelsa sabedoria" significa a sabedoria da clara-luz de êxtase experienciada quando os nós na roda-canal do coração são afrouxados. De todos os nós no canal central, esses são os mais difíceis de serem afrouxados; mas, se desde o começo da nossa prática do estágio de conclusão nos concentrarmos em nossa roda-canal do coração, isso nos ajudará a afrouxar esses nós. Essa meditação, portanto, é um método poderoso para obter realizações do estágio de conclusão qualificadas.

COMO MEDITAR NO VENTO E MENTE INDESTRUTÍVEIS

Para obtermos uma profunda experiência da sabedoria da clara-luz de êxtase, empenhamo-nos na meditação do vento e mente indestrutíveis. Primeiro, encontramos o objeto dessa meditação, isto é, a percepção clara do nosso vento e mente indestrutíveis, por contemplar o seguinte:

> *Dentro da minha gota indestrutível, está a união do meu vento e mente indestrutíveis, no aspecto de um minúsculo* nada[1], *que simboliza a mente de clara-luz de Heruka. Esse* nada *é branco-avermelhado e irradia raios de luz de cinco cores. Minha gota indestrutível, localizada dentro do meu canal central, na altura de meu coração, é como uma caverna, e a união do meu vento e mente indestrutíveis é como alguém que vive dentro dessa caverna.*

Uma ilustração do *nada* está no Apêndice IX. Contemplamos repetidamente desse modo, até percebermos o *nada*, que é da natureza da união do nosso vento e mente indestrutíveis. Com

1 (N. do T.) *Nada* é o nome dado a uma linha de três curvas que aparece na parte superior de algumas letras-sementes e não tem nenhuma relação com a palavra "nada" em português.

o forte reconhecimento de que o *nada* é a união do nosso vento e da nossa mente muito sutis, e sentindo que a nossa mente entrou no *nada*, meditamos de modo estritamente focado nesse *nada*, sem esquecê-lo.

Por obter profunda experiência das meditações do canal central, da gota indestrutível e da união do vento e mente indestrutíveis, nossos ventos interiores irão entrar, permanecer e se dissolver dentro do canal central e experienciaremos sinais especiais. Podemos saber se os ventos entraram ou não no canal central verificando a nossa respiração. Normalmente, há desequilíbrios na nossa respiração – mais ar é exalado por uma narina do que pela outra, e o ar começa a sair por uma narina antes da outra. No entanto, quando os ventos tiverem entrado no canal central como resultado das meditações explicadas acima, a pressão e a sincronização da respiração serão as mesmas para ambas as narinas, tanto durante a inalação quanto na exalação. Portanto, o primeiro sinal a ser notado é que estaremos respirando uniformemente por ambas as narinas. Outro desequilíbrio perceptível na respiração normal é que a inalação é mais forte do que a exalação, ou vice-versa. O segundo sinal de que os ventos entraram no canal central é que a pressão da inalação será exatamente igual à da exalação.

Há também dois sinais que indicam que os ventos estão permanecendo no canal central: (1) a nossa respiração torna-se cada vez mais fraca, cessando, por fim, completamente, e (2) todo o movimento abdominal normalmente associado com a respiração é interrompido. Em circunstâncias normais, entraríamos em pânico se a nossa respiração parasse e pensaríamos estar prestes a morrer; mas, se formos capazes de parar a respiração por força de meditação, longe de entrarmos em pânico, a nossa mente irá se tornar ainda mais confiante, confortável e flexível.

Quando os ventos permanecem dentro do canal central, não dependemos mais do ar denso para sobreviver. Normalmente, a nossa respiração cessa apenas no momento da morte. Durante o sono, ela se torna muito mais sutil, mas nunca para por completo. No entanto, durante a meditação do estágio de conclusão, a nossa respiração pode vir a se interromper por completo, sem que fiquemos inconscientes. Após os ventos terem permanecido no canal central por cinco ou dez minutos, é possível que eles escapem novamente para os canais direito e esquerdo. Se isso acontecer, recomeçaremos a respirar. O ar fluindo pelas narinas é uma indicação de que os ventos não permanecem mais dentro do canal central.

Quais são os sinais de que os ventos se dissolveram dentro do canal central? Há sete ventos que precisam se dissolver, e cada um possui um sinal específico a indicar que a sua dissolução foi completada. Os sete ventos são: (1) o vento do elemento terra; (2) o vento do elemento água; (3) o vento do elemento fogo; (4) o vento do elemento vento; (5) o vento montado pela mente de aparência branca; (6) o vento montado pela mente de vermelho crescente; e (7) o vento montado pela mente negra da aquisição-próxima. Os quatro primeiros ventos são densos e os três restantes são sutis. Esses sete ventos se dissolvem gradualmente em sequência e, em cada dissolução, há uma aparência específica.

O vento do elemento terra mantém e aumenta tudo o que está associado ao elemento terra em nosso corpo, como os nossos ossos, cartilagens e unhas. Quando esse vento se dissolve dentro do canal central, percebemos uma aparência conhecida como "aparência miragem". Ela é como a aparência de água tremeluzente que, algumas vezes, é vista no chão de um deserto. Há três níveis nos quais a aparência miragem é percebida, dependendo do grau de dissolução do vento do elemento terra dentro do canal central. Se a dissolução for fraca, a aparência será vaga, a menos clara de todas e muito difícil de reconhecer; se a dissolução for quase completa, a aparência será mais clara e mais vívida; e se o vento se dissolver por completo, a aparência será inequivocamente clara e vívida e impossível de não ser percebida. Quando o vento do elemento terra tiver se dissolvido e a aparência miragem tiver sido percebida, o próximo vento se dissolverá e uma aparência diferente se manifestará. Quanto mais completa for a dissolução do primeiro vento, mais vívida será a nossa percepção da aparência seguinte.

O segundo vento a se dissolver é o vento do elemento água, que mantém e aumenta os elementos líquidos do corpo, como o sangue. A aparência associada a essa dissolução é denominada "aparência fumaça". Alguns textos dizem que essa aparência é como a de uma fumaça ondulante de uma chaminé, mas essa não é a sua verdadeira aparência. Existe uma aparência semelhante à fumaça ondulante, porém ela ocorre pouco antes da dissolução efetiva do vento do elemento água. A verdadeira aparência fumaça não será percebida até que essa aparência inicial tenha cessado. A aparência fumaça efetiva é como filetes delgados de fumaça azul que flutuam no ar, como uma névoa a girar lentamente. Como foi explicado anteriormente, há três níveis nos quais essa aparência é percebida, a depender do grau em que o vento do elemento água se dissolveu.

Em seguida, vem a dissolução do vento do elemento fogo. Esse vento mantém e aumenta o elemento fogo no corpo e é responsável pelo calor corporal e assim por diante. O sinal de que esse vento se dissolveu é a "aparência vaga-lumes cintilantes". Essa aparência é, algumas vezes, descrita como a de um fogo crepitante visto à noite, com a massa ascendente de fagulhas girando acima do fogo e que se assemelham à aparência de vaga-lumes cintilantes. Uma vez mais, há três níveis nos quais essa aparência é percebida, a depender do grau de dissolução.

A seguir deste, o vento do elemento vento se dissolve. Esse é o vento montado pelo pensamento conceitual denso. É ele que confere poder às aparências duais densas e aos pensamentos conceituais densos, que surgem como resultado de acreditar, ou sustentar, que essas aparências são verdadeiras. O sinal de que o quarto vento denso começou a se dissolver é a "aparência chama de vela". Ela é como a chama vertical, reta e firme de uma vela num recinto sem correntes de ar. Uma vez mais, há três níveis nos quais essa aparência é percebida.

Quando o vento do elemento terra se dissolve dentro do canal central e, consequentemente, o poder do elemento terra fica diminuído, é como se o elemento água houvesse aumentado porque, como o poder do elemento anterior diminuiu, o próximo elemento é percebido de modo mais claro. Por essa razão, a dissolução do vento do elemento terra no canal central é frequentemente descrita como "o elemento terra se dissolvendo no elemento água". Por razões semelhantes, as dissoluções subsequentes são descritas como "o elemento água se dissolvendo no elemento fogo", "o elemento fogo se dissolvendo no elemento vento" e "o elemento vento se dissolvendo na consciência".

Após a aparência chama de vela, todas as mentes conceituais densas deixam de funcionar porque os ventos sobre os quais estavam montadas se dissolveram e desapareceram. Quando o meditador conclui a dissolução do quarto vento, a primeira mente sutil – a mente de aparência branca – surge. Com essa mente, o meditador percebe uma aparência de brancura, como a luz brilhante da lua preenchendo o céu vazio numa noite clara de outono. Tal como antes, há três níveis de clareza para essa aparência, a depender da habilidade do meditador.

A esta altura, a mente está completamente livre de concepções densas – tais como as oitenta concepções indicativas listadas no livro *Clara-Luz de Êxtase* –, e a única percepção é a de um espaço vazio e branco. Os seres comuns também percebem essa aparência, por exemplo, no momento da morte, mas são incapazes de reconhecê-la ou de prolongá-la porque, nessa etapa, o nível denso comum da contínua-lembrança (*mindfulness*) parou de funcionar. No entanto, embora não haja mais contínua-lembrança densa nessa etapa, aqueles que treinaram corretamente de acordo com as práticas do Tantra do estágio de conclusão são capazes de usar a contínua-lembrança sutil que desenvolveram durante a meditação para reconhecer e prolongar a aparência branca, algo que os seres comuns são incapazes de fazer.

Quando o vento sutil montado pela mente de aparência branca se dissolve, a mente de vermelho crescente surge. Esta mente e o seu vento montado são mais sutis do que a mente e o vento de aparência branca. O sinal que ocorre quando a mente de vermelho crescente surge é o de uma aparência semelhante à luz vermelha do sol preenchendo um céu vazio. Uma vez mais, há três níveis de clareza para essa aparência.

Quando o vento sutil montado pela mente de vermelho crescente se dissolve, a mente negra da aquisição-próxima surge. Essa mente e o seu vento montado são ainda mais sutis do que a mente e o vento de vermelho crescente. A mente negra da aquisição-próxima possui dois níveis: a parte superior e a parte inferior. A parte superior da mente negra da aquisição-próxima ainda possui contínua-lembrança sutil, mas a parte inferior não tem contínua-lembrança alguma. Ela é experienciada como uma inconsciência esmagadora, semelhante à de um desmaio muito profundo. Neste ponto, aos olhos dos outros, pareceremos mortos.

O sinal que ocorre quando a mente negra da aquisição-próxima surge é o de uma aparência semelhante à de um céu vazio muito negro. Essa aparência vem com a parte superior da mente negra da aquisição-próxima, imediatamente após a cessação da mente de vermelho crescente. À medida que a experiência de negritude da aquisição-próxima progride e nos aproximamos da completa inconsciência, a nossa contínua-lembrança sutil cessa. Quanto mais fortemente o vento se dissolver dentro do canal central, mais profundamente inconscientes iremos nos tornar durante a mente negra da aquisição-próxima; e quanto mais profundamente inconscientes ficarmos neste momento, mais vividamente perceberemos a aparência seguinte – a aparência de clara-luz. Isso é semelhante à experiência de alguém que permanece em um recinto escuro por um longo tempo – quanto mais tempo lá estiver, mais claro o mundo exterior vai lhe aparecer quando, por fim, sair do recinto. Assim, o grau de claridade experienciada depende da profundidade e da duração da escuridão anterior.

Quando o vento sutil montado pela mente negra da aquisição-próxima se dissolve, a mente de clara-luz surge. Esta mente e o seu vento montado são os mais sutis de todos. O sinal que ocorre quando a mente de clara-luz surge é o de uma aparência semelhante ao céu de outono ao amanhecer – perfeitamente claro e vazio.

Quando a mente de clara-luz surge, uma contínua-lembrança muito sutil é restaurada, de acordo com o nível de desenvolvimento do meditador. O vento muito sutil e a mente muito sutil que está montada sobre ele residem na gota indestrutível, no centro da roda-canal do coração. Normalmente, a mente muito sutil não funciona, mas, no momento da clara-luz, ela se manifesta e se torna ativa. Se tivermos treinado nas técnicas do Tantra do estágio de conclusão e nos tornado proficientes nelas, seremos capazes de perceber e de manter a aparência de clara-luz. Por fim, aprendendo a usar a contínua-lembrança muito sutil desenvolvida nessa etapa, seremos capazes de focar a nossa mente muito sutil na vacuidade e, desse modo, usar a mente de clara-luz como um meio para alcançar o Corpo-Verdade de um Buda.

A nossa mente não pode se tornar mais sutil que a mente de clara-luz. Durante as primeiras quatro aparências (miragem, fumaça, vaga-lumes cintilantes e chama de vela), os ventos densos se dissolvem; e durante as três aparências seguintes (aparência branca, vermelho crescente e negra da aquisição-próxima) os ventos sutis se dissolvem. Então, com a aparência da clara-luz, a mente e o seu vento montado muito sutis se manifestam e se tornam ativos. Eles não podem se dissolver porque são indestrutíveis. Após a morte, simplesmente passam para a próxima vida.

Dentre os três ventos sutis montados pelas três mentes sutis, o menos sutil é aquele montado pela mente de aparência branca. Essa mente é denominada "aparência branca" porque tudo que é percebido é a aparência de um espaço vazio e branco. Ela é também denominada "vazio" porque a mente de aparência branca percebe esse espaço branco como vazio. Nesta etapa, a aparência do branco e a aparência do vazio têm a mesma intensidade.

Quando o vento montado pela mente de aparência branca se dissolve, a segunda das três mentes sutis (a mente de vermelho crescente) surge. O vento montado por essa mente é mais sutil que aquele montado pela mente de aparência branca. Essa mente é denominada "vermelho crescente" porque a aparência de um espaço vermelho está aumentando. Ela é também denominada "muito vazio" porque a aparência do vazio é mais forte que a da mente anterior. Nesta etapa, a aparência do vazio é mais forte que a aparência do vermelho.

Quando o vento da mente de vermelho crescente se dissolve, a terceira mente sutil – a mente negra da aquisição-próxima – surge. Essa mente é denominada "aquisição-próxima" porque a experiência da clara-luz está, agora, muito perto de ser alcançada. Ela é também denominada "grande vazio" porque a aparência do vazio é ainda maior que a da mente anterior.

Quando o terceiro vento sutil, que é montado pela mente negra da aquisição-próxima, se dissolve, a mente de clara-luz surge. Essa mente é denominada "clara-luz" porque a sua natureza é muito lúcida e clara e porque percebe uma aparência semelhante à luz de um amanhecer de outono. Ela é também denominada "vazio total" porque é vazia de todos os ventos densos e sutis e percebe apenas uma aparência vazia. O objeto da mente de clara-luz é muito semelhante em aparência ao objeto percebido por um ser superior em equilíbrio meditativo na vacuidade. Em seu conjunto, as quatro mentes – a mente de aparência branca, a mente de vermelho crescente, a mente negra da aquisição-próxima e a mente de clara-luz – são referidas como "os quatro vazios".

Se um meditador do estágio de conclusão for altamente realizado, ele, ou ela, terá uma experiência muito vívida da clara-luz e será capaz de manter essa experiência por um longo período. A vividez da nossa experiência da clara-luz dependerá da vividez das sete aparências anteriores, que, por sua vez, dependerão da força com que os ventos tenham se dissolvido dentro do canal central. Se os ventos se dissolverem muito fortemente, o meditador terá uma experiência vívida de todas as aparências e será capaz de prolongar a experiência de cada uma. Quanto maior for o tempo que conseguirmos permanecer com a experiência de cada aparência, maior será o tempo que conseguiremos permanecer com a clara-luz ela própria.

Se uma pessoa morrer de morte violenta, ele, ou ela, passará por essas aparências muito rapidamente; mas, se a sua morte for lenta ou natural, as aparências – desde a aparência miragem até a clara-luz – serão experienciadas mais gradualmente e por mais tempo. Se tivermos desenvolvido a realização da clara-luz-exemplo última seremos capazes de, quando estivermos em profunda concentração, ter exatamente a mesma experiência dessas aparências de como se estivéssemos realmente morrendo. Além disso, se tivermos treinado muito bem nas meditações explicadas acima, seremos capazes de meditar na vacuidade ao longo de todos os quatro vazios, exceto durante o período ao longo da perda de consciência, ou "desmaio", da mente negra da aquisição-próxima.

Para sermos capazes de perceber claramente os quatro vazios, exatamente como no processo da morte, devemos ser capazes de dissolver todos os ventos dentro da gota indestrutível, no centro da roda-canal do coração. Se eles se dissolverem em outra roda-canal do canal central, como a roda-canal do umbigo, experienciaremos aparências semelhantes, mas serão artificiais – não serão as aparências verdadeiras que ocorrem quando os ventos se dissolvem dentro da gota indestrutível, como no momento da morte.

Embora um meditador realizado possa permanecer na clara-luz por um longo período, ele, ou ela, precisa, em algum momento, sair desse estado. Quando emergimos da clara-luz, a primeira coisa que experienciamos é a mente negra da aquisição-próxima, em ordem reversa. Depois, experienciamos, em sequência, a mente de vermelho crescente, a mente de aparência branca, as oitenta mentes conceituais densas, a mente de aparência chama de vela e assim por diante, em uma ordem de desenvolvimento inversa àquela na qual anteriormente se dissolveram.

Portanto, a mente de clara-luz é o fundamento de todas as demais mentes. Quando as mentes densas e sutis e os seus ventos montados se dissolvem na gota indestrutível no coração, permanecemos unicamente com a clara-luz, e então, a partir dessa clara-luz, todas as demais mentes se desenvolvem, cada uma mais densa que a anterior.

Essas sequências, de ordem serial e reversa, são experienciadas pelos seres comuns durante o sono e nas etapas iniciais de quando acordamos, assim como durante a morte e nas etapas iniciais do próximo renascimento, e por praticantes qualificados do estágio de conclusão durante a meditação. Como os seres iluminados alcançaram a cessação permanente dos sete ventos listados acima, eles experienciam exclusivamente a mente muito sutil de clara-luz: sua compaixão e bodhichitta fazem parte de sua mente de clara-luz.

O Estágio de Conclusão do Mahamudra

O termo "Mahamudra" é sânscrito. *Maha* significa "grande" e se refere ao grande êxtase, e *mudra*, neste contexto, significa "não-enganoso" e se refere à vacuidade. Mahamudra é a união de grande êxtase e vacuidade. O Mahamudra-Tantra é definido como uma mente de clara-luz plenamente qualificada que experiencia grande êxtase e que realiza diretamente a vacuidade. Uma vez que a vacuidade está explicada em detalhe nos ensinamentos de Sutra de Buda e é, também, uma parte do Mahamudra, alguns textos dizem que ela é o Sutra Mahamudra; mas, em verdade, o Mahamudra propriamente dito é, necessariamente, uma realização do Tantra Ioga Supremo.

As instruções sobre o Mahamudra-Tantra dadas pelo Buda da Sabedoria Je Tsongkhapa Losang Dragpa são superiores às instruções dadas por outros eruditos. Como o erudito Gungtang disse na *Prece para o Florescimento da Doutrina de Je Tsongkhapa*:

> A união destes dois – da vacuidade, que é explicada nos ensinamentos de Sutra de Buda,
> E do grande êxtase, que é explicado nos ensinamentos tântricos de Buda –

Ghantapa

É a verdadeira essência dos 84 mil ensinamentos de
Buda.
Que a doutrina do Conquistador Losang Dragpa floresça
para sempre.

A natureza do Mahamudra é uma clara-luz plenamente qualificada. Como mencionado anteriormente, existem muitos níveis diferentes da experiência de clara-luz, que dependem do grau de dissolução dos ventos interiores dentro do canal central. A primeira das cinco etapas do estágio de conclusão é a realização do grande êxtase, desenvolvida na dependência da entrada, permanência e dissolução dos ventos interiores dentro do canal central, que ocorre antes da obtenção da clara-luz plenamente qualificada. Ela é denominada "corpo-isolado e fala-isolada do estágio de conclusão", significando que, nessa etapa, o praticante está livre, ou isolado, das aparências e concepções comuns densas do corpo e da fala.

Uma mente de clara-luz plenamente qualificada que experiencia grande êxtase que realiza a vacuidade por meio de uma imagem genérica é denominada "clara-luz-exemplo última". Essa realização é denominada "última" porque é uma clara-luz plenamente qualificada. Ela é denominada "exemplo" porque, utilizando essa realização como um exemplo, os praticantes compreendem que podem realizar uma mente de clara-luz plenamente qualificada que experiencia grande êxtase que realiza diretamente a vacuidade, que é denominada "clara-luz-significativa". A realização da clara-luz-exemplo última é a segunda das cinco etapas do estágio de conclusão. Ela é também denominada "mente-isolada" porque, nessa etapa, os praticantes estão livres, ou isolados, das aparências e concepções comuns densas da mente.

Quando os praticantes saem da concentração da clara-luz-exemplo última, o vento indestrutível deles (ou seja, seu corpo residente-contínuo) se transforma no corpo-ilusório. O corpo-ilusório é um corpo-divino, cuja natureza é luz-sabedoria e que tem o aspecto do corpo-divino de uma Deidade iluminada – por exemplo, Heruka. A cor do corpo-ilusório é branca. A realização desse corpo-ilusório é a terceira das cinco etapas do estágio de conclusão e é também denominada "corpo-ilusório da terceira etapa".

Os praticantes que alcançaram o corpo-ilusório da terceira etapa meditam na vacuidade muitas e muitas vezes com sua mente de clara-luz de êxtase até realizarem diretamente a vacuidade de todos os fenômenos. Quando realizam isso, eles alcançam a "clara-luz-significativa", uma mente de clara-luz plenamente qualificada que experiencia grande êxtase que realiza diretamente a vacuidade de todos os fenômenos. Essa realização da clara-luz-significativa é a quarta das cinco etapas do estágio de conclusão e é denominada "clara-luz-significativa da quarta etapa". *Clara-luz-significativa* e *Mahamudra-Tantra* são sinônimos.

Quando os praticantes saem da concentração da clara-luz-significativa, eles alcançam o corpo-ilusório puro e abandonam por completo as concepções comuns e todas as demais delusões. Quando esses praticantes manifestarem novamente a clara-luz-significativa, alcançarão então a união da clara-luz-significativa e do corpo-ilusório puro. A realização dessa união é a quinta das cinco etapas do estágio de conclusão e é denominada "união da quinta etapa". A partir dessa quinta etapa, os praticantes alcançarão a iluminação propriamente dita – o Caminho do Não-Mais-Aprender, ou Budeidade.

Como foi mencionado acima, o Mahamudra é a união de grande êxtase e vacuidade. Isso significa que o Mahamudra-Tantra é uma única mente que é tanto êxtase quanto sabedoria: ela experiencia grande êxtase e realiza diretamente a vacuidade. O Mahamudra-Tantra é uma coleção de mérito (que é a causa principal do Corpo-Forma de Buda) e uma coleção de sabedoria (que é a causa principal do Corpo-Verdade de Buda, ou Dharmakaya). Quando treinamos nas meditações do Mahamudra-Tantra, estamos transformando nosso corpo e mente residentes-contínuos no Corpo-Forma e no Corpo-Verdade de Buda. Assim sendo, o Mahamudra-Tantra dá um significado inconcebível para a nossa vida.

GRANDE ÊXTASE

O êxtase explicado por Buda no Tantra do estágio de conclusão é, dentre todos os demais tipos de êxtase, inigualável, e, por essa razão, é denominado "grande êxtase".

Em geral, existem muitos tipos diferentes de êxtase. Por exemplo, os seres comuns experienciam, às vezes, algum êxtase artificial quando se envolvem em atividade sexual, e meditadores qualificados experienciam o êxtase especial da maleabilidade durante meditação profunda devido à sua concentração pura, especialmente quando alcançam o tranquilo-permanecer e realizam a concentração da absorção da cessação. Além disso, quando praticantes de Dharma alcançam paz interior permanente por terem abandonado o agarramento ao em-si através dos treinos em disciplina moral superior, concentração superior e sabedoria superior, eles experienciam um profundo êxtase de paz interior dia e noite, vida após vida. Esses tipos de êxtase são mencionados nos ensinamentos de Sutra de Buda. O êxtase do estágio de conclusão, no entanto, é totalmente diferente de todos esses e é imensamente superior. O êxtase do estágio de conclusão – grande êxtase – é um êxtase que possui duas características especiais: (1) sua natureza é um êxtase que surge do derretimento das gotas dentro do canal central; e (2) sua função é impedir aparências equivocadas sutis. Nenhuma outra forma de êxtase possui essas duas características.

Um êxtase que possui essas duas características pode ser experienciado apenas por aqueles que estão envolvidos com a prática do Tantra Ioga Supremo e pelos Budas. Até mesmo elevados Bodhisattvas que residem em Terras Puras não têm a oportunidade de experienciar esse êxtase porque, embora tenham muitas realizações elevadas, seus corpos carecem das condições físicas necessárias para gerar o êxtase que tem essas duas características. Quais são essas condições? São os três elementos que vêm da mãe (carne, pele e sangue) e os três elementos que vêm do pai (osso, tutano e esperma). Esses seis elementos são essenciais para realizar esse êxtase, que é o caminho rápido para a Budeidade. Pelo fato de os seres humanos possuírem essas condições, Buda explicou os ensinamentos tântricos para nós em primeiro lugar. Por isso, desse ponto de vista, somos mais afortunados do que elevados Bodhisattvas que residem em Terras Puras e que experienciam grandes prazeres. Diz-se que esses Bodhisattvas rezam para nascer no mundo humano a fim de conseguirem encontrar um Guia Espiritual Vajrayana qualificado e praticar o caminho rápido à iluminação. Na *Canção da Rainha da Primavera*, Je Tsongkhapa diz que, sem experienciar esse êxtase, não há possibilidade de se obter a libertação nesta vida. Não é preciso dizer, portanto, que sem esse êxtase não há possibilidade de se obter a plena iluminação nesta vida.

Se desenvolvermos e mantivermos esse êxtase por meio da prática da meditação do estágio de conclusão, poderemos transformar nosso apego em um método especial para concluir o caminho rápido à iluminação. Antes de alcançar esse êxtase, nosso apego nos faz renascer no samsara, mas, uma vez que tenhamos obtido esse êxtase, nosso apego fará com que nos libertemos do samsara. Além disso, quando alcançarmos esse êxtase, seremos capazes de interromper muito rapidamente nossos renascimentos samsáricos. A causa do samsara é a nossa mente de agarramento ao em-si. De acordo com os ensinamentos do Tantra Ioga Supremo, o agarramento ao em-si depende de seu vento-montaria, que flui pelos canais direito e esquerdo. No caso dos seres humanos, o agarramento ao em-si não pode se desenvolver sem esse vento. Ao obter o êxtase do estágio de conclusão, podemos reduzir gradualmente os ventos interiores dos canais direito e esquerdo até que, por fim, cessem por completo. Quando esses ventos interiores cessarem, nosso agarramento ao em-si cessará e experienciaremos a libertação do samsara.

A partir disso, podemos ver que, apenas pelo Sutra, não há libertação, tampouco plena iluminação. Os ensinamentos do Tantra Ioga Supremo são a intenção última de Buda, e os ensinamentos de Sutra são como o fundamento básico. Embora existam, nos ensinamentos de Sutra, muitas explicações sobre como obter a libertação, ou nirvana, se examinarmos precisamente será muito difícil entender como o nirvana pode ser alcançado a partir dos ensinamentos de Sutra. *Nirvana* significa "o estado além da dor" – a cessação permanente do agarramento ao em-si e de seu vento montado – e sua natureza é vacuidade. Se nunca tivermos ouvido ensinamentos de Tantra Ioga Supremo e alguém nos perguntar como, precisamente, alcançamos o nirvana, não poderemos dar uma resposta perfeita. Como Je Tsongkhapa afirmou, a resposta definitiva somente pode ser encontrada nos ensinamentos do Tantra Ioga Supremo.

O êxtase que surge do derretimento das gotas dentro dos canais que não o canal central não tem qualidades especiais. Quando os seres comuns têm uma relação sexual, por exemplo, isso faz com que o seu vento descendente de esvaziamento se mova para cima, e isso, por sua vez, faz com que o seu calor interior comum, ou *tummo*, aumente nos seus canais direito e esquerdo, principalmente no esquerdo. Como resultado, as gotas vermelhas da mulher e as gotas brancas do homem derretem e fluem pelo canal esquerdo. O fluir das gotas faz com que experienciem algum êxtase, mas de curta duração, e as gotas são rapidamente expelidas. Após terem tido essa breve experiência de êxtase, não lhes resta nenhum bom resultado, exceto, talvez, um bebê!

Ao contrário, quando um praticante tântrico qualificado pratica as meditações do estágio de conclusão explicadas anteriormente, ele, ou ela, faz com que os seus ventos interiores se reúnam, permaneçam e dissolvam dentro do canal central. Isso fará com que o vento descendente de esvaziamento, localizado logo abaixo do umbigo, se mova para cima. Normalmente, esse vento funciona para expelir as gotas, mas agora, porque ele está subindo pelo canal central, o calor interior localizado no umbigo aumenta dentro do canal central, fazendo com que as gotas derretam e fluam também dentro do canal central.

Para o praticante de uma Deidade masculina, a gota branca começa a fluir a partir da coroa e, quando alcança a garganta, o praticante experiencia um êxtase muito especial que possui as duas características, ou qualidades. Assim que a gota flui para o coração, o êxtase se torna mais forte e mais qualificado; assim que ela flui para o umbigo, o êxtase se torna ainda mais forte e mais qualificado; finalmente, assim que a gota flui para a ponta do órgão sexual, o praticante experiencia grande êxtase espontâneo – o grande êxtase do estágio de conclusão. Como o vento descendente de esvaziamento está em sentido invertido, a gota não é expelida nesse ponto, mas flui novamente para cima pelo canal central, fazendo com que o praticante experiencie um êxtase ainda maior. Para um praticante como esse, as gotas nunca são expelidas, e, por essa razão, elas fluem para cima e para baixo no canal central por um longo período, fazendo surgir êxtase ininterrupto. O praticante pode fazer com que tal êxtase se manifeste a qualquer momento, simplesmente penetrando o canal central por meio de concentração.

Quanto mais forte for esse êxtase, mais sutil a nossa mente irá se tornar. Gradualmente, a nossa mente ficará mais serena, todas as distrações conceituais desaparecerão e experienciaremos uma maleabilidade muito especial. Essa mente é infinitamente superior à experiência do tranquilo-permanecer explicada nos ensinamentos de Sutra. Além disso, à medida que a nossa mente se torna mais sutil, nossa aparência equivocada sutil é reduzida e, por fim, nossa mente se torna a mente muito sutil da clara-luz de êxtase. Essa é uma realização muito elevada. Quando a clara-luz de êxtase se concentra na vacuidade, ela se mistura muito facilmente com a vacuidade porque a aparência equivocada sutil está muito reduzida. Por fim, a clara-luz de êxtase realiza diretamente a vacuidade e, enquanto anteriormente ela sentia nosso êxtase e a vacuidade como se fossem duas coisas distintas, agora eles se tornam uma única natureza. Essa mente é a união de grande êxtase e vacuidade, a clara-luz-significativa.

A realização inicial da união de grande êxtase e vacuidade é o Caminho da Visão do Tantra Ioga Supremo. No entanto, ainda que seja apenas o Caminho da Visão, ela tem o poder de eliminar simultaneamente tanto as delusões intelectualmente formadas quanto as delusões inatas. Quando o praticante sai dessa concentração da união de êxtase e vacuidade, ele, ou ela, abandonou todas as delusões e conquistou a libertação. Ao mesmo tempo, ele, ou ela, alcançou o corpo-ilusório puro. A partir desse momento, o corpo do praticante é um corpo-vajra, o que significa que é um corpo imortal, e ele, ou ela, nunca mais experienciará envelhecimento, doenças ou renascimento contaminado.

Como foi mencionado anteriormente, quando o praticante era um ser comum, ele, ou ela, usava um corpo tomado dos outros – ou seja, de seus pais. Costumamos dizer "meu corpo, meu corpo", como se o nosso corpo denso atual fosse o nosso corpo verdadeiro; porém, nosso corpo denso não é o nosso corpo verdadeiro porque, originalmente, ele era parte dos corpos de nossos pais. No entanto, quando um praticante tântrico alcança o corpo-vajra, ele manifesta o seu corpo próprio – o corpo residente-contínuo. Quando percebe esse corpo-vajra, ele desenvolve os pensamentos "*eu*" e "*meu*". Um praticante como esse tornou-se, agora, uma pessoa imortal.

O nosso corpo muito sutil, a nossa fala muito sutil e a nossa mente muito sutil estão conosco desde tempos sem início. Eles são o corpo residente-contínuo, a fala residente-contínua e a mente residente-contínua e são a nossa natureza búdica propriamente dita. A natureza búdica explicada nos Sutras não é a verdadeira natureza búdica porque ela é um objeto denso que cessará; a verdadeira natureza búdica é explicada apenas no Tantra Ioga Supremo. Normalmente, para os seres comuns, os únicos momentos em que seu corpo, fala e mente muito sutis se manifestam são durante o sono profundo e a morte. No entanto, ainda que normalmente eles não estejam manifestos, o nosso corpo muito sutil é a semente do corpo de um Buda, a nossa fala muito sutil é a semente da fala de um Buda e a nossa mente muito sutil é a semente da mente de um Buda.

Como já foi mencionado, o corpo muito sutil é o vento muito sutil, sobre o qual a mente muito sutil está montada. O corpo muito sutil e a mente muito sutil estão sempre juntos. Visto que são a mesma natureza e nunca estão separados, eles são denominados "o vento indestrutível" e "a mente indestrutível". A união do vento e mente indestrutíveis está localizada normalmente no interior da gota indestrutível, dentro do canal central, na altura do coração.

Nossa mente muito sutil se manifesta apenas quando todos os nossos ventos interiores se dissolvem dentro do nosso canal central. Quando isso acontece, experienciamos gradualmente os oito sinais descritos anteriormente, à medida que passamos pelos diferentes níveis de dissolução. Por fim, com o último nível de dissolução, a mente muito sutil de clara-luz se torna manifesta. Ao mesmo tempo, o corpo muito sutil também se torna manifesto.

Durante a morte, os ventos interiores se dissolvem de modo natural e completo dentro do canal central, e a mente muito sutil e o corpo muito sutil naturalmente se manifestam, mas não podemos reconhecê-los. No entanto, por praticar as meditações do estágio de conclusão explicadas anteriormente, podemos fazer com que a nossa mente muito sutil e o nosso corpo muito sutil se manifestem durante a meditação. Até obtermos a realização do corpo-ilusório, o nosso corpo muito sutil não possui cor ou formato definidos. Quando alcançarmos a união de êxtase e vacuidade, a nossa mente muito sutil irá se transformar na clara-luz-significativa e, quando surgirmos da meditação, o nosso corpo muito sutil irá se transformar no corpo-vajra, ou corpo-ilusório puro, que possui formato e cor definidos e assim por diante.

Por exemplo, se formos um praticante de Heruka, sempre que fizermos autogeração como Heruka com um corpo azul, quatro faces, doze braços e assim por diante, estaremos construindo o fundamento básico para o corpo-ilusório. No futuro, quando nosso corpo muito sutil se transformar no corpo-ilusório, ele irá se parecer realmente como Heruka. Antes, ele era meramente um corpo imaginado, mas, nesse momento, ele irá se tornar real. Esta é uma ótima razão para praticarmos agora o estágio de geração com muita sinceridade.

Quando obtivermos o corpo-ilusório puro, não mais consideraremos nosso corpo denso como sendo o nosso corpo. A base para designar, ou imputar, nosso *eu* terá mudado por completo e, agora, designaremos *eu* na dependência de nosso corpo sutil. Quando tivermos alcançado essa aquisição, teremos nos tornado imortais, porque nosso corpo e mente nunca irão se separar. A morte é a separação permanente do corpo e da mente, mas o corpo e mente daqueles que alcançaram o corpo-ilusório nunca se separam porque são indestrutíveis. Por fim, nosso corpo-ilusório puro irá se transformar no Corpo-Forma de Buda, e nossa união de êxtase e vacuidade irá se transformar no Corpo-Verdade de Buda; experienciaremos, então, a união do Corpo-Forma e do Corpo-Verdade de Buda: a União-do-Não-Mais-Aprender.

Em *Guia do Estilo de Vida do Bodhisattva*, na seção sobre os benefícios da bodhichitta, Shantideva diz:

> Assim como o elixir supremo que transmuta em ouro,
> A bodhichitta pode transformar este corpo impuro
> que assumimos
> Na joia inestimável da forma de um Buda;
> Portanto, mantenham firmemente a bodhichitta.

Aqui, "elixir" refere-se a uma substância especial que pode transformar ferro em ouro, semelhante à que foi utilizada por grandes mestres como Nagarjuna. Essa estrofe diz que a bodhichitta é um método especial que, como um elixir supremo, tem o poder de transformar nosso corpo impuro no Corpo-Forma de um Buda. Como podemos fazer isso? De acordo com o Sutra, um praticante não pode obter a iluminação em uma única vida, mas precisa praticar por muitas vidas até que, por fim, ele, ou ela, renasça com um corpo puro na Terra Pura de Akanishta. É somente com esse corpo puro que ele, ou ela, pode obter a Budeidade. Não há um método, no Sutra ou no Tantra, para transformar nosso corpo impuro atual no corpo de um Buda. Este corpo impuro definitivamente morrerá; ele terá de ser deixado para trás. Até mesmo o sagrado Buda Shakyamuni, ele próprio, deixou para trás seu corpo denso – o corpo que veio de seus pais – quando faleceu. Desse modo, se perguntarmos como a bodhichitta pode transformar este corpo impuro no corpo de um Buda, não encontraremos uma resposta correta nos ensinamentos de Sutra. O motivo é que, de acordo com os ensinamentos de Sutra, o corpo denso é o corpo verdadeiro; os Sutras nunca mencionam o corpo residente-contínuo, nem o corpo-vajra, nem o corpo imortal.

Entretanto, seguindo a visão tântrica, podemos responder essa questão do seguinte modo. O corpo ao qual Shantideva se refere não é o corpo denso, mas o nosso corpo próprio, nosso corpo residente-contínuo, que é o vento muito sutil sobre o qual nossa mente muito sutil está montada. No momento presente, esse é um corpo impuro porque ele está obscurecido pelas delusões e demais obstruções, do mesmo modo que o céu azul fica encoberto pelas nuvens. Essas impurezas não são a natureza do nosso corpo sutil, mas impurezas temporárias. O método para transformar esse corpo impuro no Corpo-Forma de um Buda não é a bodhichitta convencional, mas a bodhichitta última do Tantra Ioga Supremo – a união de grande êxtase e vacuidade. Essa bodhichitta última pode, inicialmente, transformar diretamente nosso corpo residente-contínuo impuro no corpo-ilusório puro, e, por fim, no Corpo-Forma de um Buda. Já que Shantideva, ele próprio, era um praticante tântrico sincero, podemos ter certeza absoluta de que este era o significado que pretendia transmitir.

Como foi mencionado anteriormente, para gerar o êxtase que possui as duas qualidades especiais, precisamos reunir e dissolver nossos ventos interiores dentro do nosso canal central. Existem duas maneiras de se fazer isso: penetrando nosso próprio corpo ou penetrando o corpo de outros.

Começamos penetrando nosso próprio corpo. Aqui, o termo "nosso próprio corpo" refere-se aos nossos canais, gotas e ventos, e "penetrar" significa concentrar-se em nosso canal central, gotas e ventos, como já foi explicado. A meditação no canal central é denominada "o ioga do canal central", a meditação nas gotas é denominada "o ioga da gota", e a meditação nos ventos é denominada "o ioga do vento".

Penetrar o corpo de outros significa confiar, ou depender, de um mudra-ação (ou consorte) e ter uma relação sexual. No entanto, o simples fato de penetrar o corpo de outros não trará os nossos ventos interiores para dentro do nosso canal central se já não tivermos adquirido uma profunda experiência e familiaridade com o ioga do canal central, o ioga da gota e o ioga do vento. Isto significa que precisamos ter adquirido a experiência de dissolver alguns dos nossos ventos interiores dentro do canal central, na altura da roda-canal do coração e, por meio dessa prática, sermos capazes de perceber claramente os oito sinais de dissolução, desde a aparência miragem até a clara-luz. O momento certo para confiarmos em um mudra-ação será somente quando tivermos essa experiência. É muito importante realizar a prática nessa sequência.

Existem apenas dez portas pelas quais os ventos podem entrar no canal central. Elas estão localizadas ao longo do canal central, como segue: (1) a extremidade superior do canal central: o ponto entre as sobrancelhas; (2) a extremidade inferior: a ponta do órgão sexual; (3) o centro da roda-canal da coroa: localizado no ponto mais alto do crânio; (4) o centro da roda-canal da garganta: localizado próximo à parte de trás da garganta; (5) o centro da roda-canal do coração: localizado no meio do tórax, entre os dois mamilos; (6) o centro da roda-canal do umbigo; (7) o centro da roda-canal do lugar secreto: quatro dedos abaixo do umbigo; (8) o centro da roda-canal da joia: localizado no centro do órgão sexual, próximo à sua ponta; (9) a roda do vento: o centro da roda-canal da testa; e (10) a roda do fogo: o centro da roda-canal localizada no meio entre as rodas-canais da garganta e do coração. Assim como podemos entrar em uma casa por qualquer uma de suas portas exteriores, os ventos também podem entrar no canal central por qualquer uma dessas dez portas.

O canal central é, em realidade, um único canal, mas encontra-se dividido em diferentes seções: o canal central da roda-canal da coroa, o canal central da roda-canal da garganta, o canal central da roda-canal do coração, o canal central da roda-canal do umbigo, e assim por diante. Pelo fato de existirem essas diferentes localizações, quando um praticante deseja trazer seus ventos para dentro do canal central, ele, ou ela, precisa escolher um desses pontos no qual irá se concentrar.

No livro *Clara-Luz de Êxtase*, expliquei como trazer os ventos interiores para dentro do canal central pela sexta porta (o centro da roda-canal do umbigo) dentre as dez portas. Fazemos isso visualizando nosso calor interior, conhecido como *tummo*, aparecendo sob o aspecto de um AH-breve dentro do nosso canal central, na altura do umbigo, e meditamos nesse AH-breve. Essa prática comum, conhecida como "meditação *tummo*", está em conformidade com a tradição dos Seis Iogas de Naropa. Ela foi originalmente explicada no *Tantra-Raiz de Hevajra* por Buda Vajradhara e, desde então, tem sido utilizada por muitos praticantes, como Milarepa e seus discípulos e, posteriormente, por praticantes da tradição de Je Tsongkhapa. No entanto, as instruções da Linhagem Oral Ganden apresentam uma prática incomum do Mahamudra-Tantra. Essa é uma prática muito especial do Mahamudra que Je Tsongkhapa recebeu diretamente de Manjushri, que, por sua vez, recebeu-a diretamente de Buda. A linhagem dessa instrução, a Linhagem Oral Ganden, que é uma linhagem próxima, foi então transmitida para Togden Jampel Gyatso, Baso Chokyi Gyaltsen, Mahasiddha Dharmavajra e assim por diante. Uma lista completa dos Gurus-linhagem dessa instrução especial é dada no livro *Clara-Luz de Êxtase*. Esses Guias Espirituais são os Gurus-linhagem próximos.

Nessa prática do Mahamudra-Tantra escolhemos, dentre as dez portas para trazer os ventos para dentro do canal central, o centro da roda-canal do coração. Essa prática está indicada na seguinte estrofe da sadhana *Oferenda ao Guia Espiritual* – essa sadhana é uma prática preliminar incomum do Mahamudra-Tantra de acordo com a tradição de Je Tsongkhapa:

> Busco tuas bênçãos, Ó Protetor, para que ponhas teus pés
> No centro do lótus de oito pétalas em meu coração
> Para que eu manifeste, nesta vida,
> Os caminhos do corpo-ilusório, da clara-luz e da união.

Essas palavras revelam realmente que penetrar o canal central da roda-canal do coração, a gota indestrutível e o vento indestrutível (os três iogas explicados acima) são meditações no corpo-isolado. Elas conduzem às meditações na fala-isolada e na mente-isolada, que, por sua vez, nos levam às meditações do corpo-ilusório, da clara-luz-significativa e da união.

Penetrar e concentrar-se na gota indestrutível, no coração, é um poderoso método para alcançar as realizações do estágio de conclusão e, por essa razão, Buda Vajradhara louva esse método no *Tantra Ambhidana*, onde ele diz:

Aqueles que meditam na gota
Que sempre reside no coração,
Com concentração estritamente focada e sem mudar,
Irão, definitivamente, alcançar realizações.

A Prática do Mandala de Corpo de Heruka

A LINHAGEM DESTAS INSTRUÇÕES

Como mencionado anteriormente, Heruka – também conhecido como Chakrasambara – é uma Deidade iluminada do Tantra Ioga Supremo e a manifestação da compaixão de todos os Budas.

Para conduzir os seres vivos à felicidade suprema da iluminação, a compaixão de todos os Budas aparece sob a forma de Heruka, que tem um corpo azul, quatro faces e doze braços e está unido-em-abraço com sua consorte, Vajravarahi. Cada parte do corpo de Heruka é da natureza de luz-sabedoria. Embora cada aspecto do corpo de Heruka tenha grande significado, como foi explicado no comentário à prática do mandala de corpo de Heruka intitulado *Essência do Vajrayana*, devemos primeiro nos satisfazer com o mero nome Heruka. Não há necessidade de procurar minuciosamente pelo corpo de Heruka porque, assim como um arco-íris, ele desaparecerá quanto mais nos aproximarmos dele. O nome Heruka tem três partes: "He" "ru" e "ka". "He" refere-se à vacuidade de todos os fenômenos, "ru" refere-se ao grande êxtase, e "ka" refere-se à união de grande êxtase e vacuidade. Isso indica que, confiando em Heruka com fé, alcançaremos a realização da união de grande êxtase e vacuidade, o verdadeiro caminho rápido à iluminação.

Heruka designado, ou imputado, ao Corpo-de-Deleite de Buda é o "Corpo-de-Deleite Heruka", e Heruka designado ao Corpo-Emanação de Buda é o "Corpo-Emanação Heruka"; juntos, são denominados "Heruka interpretativo". O Corpo-Emanação Heruka pode ser visto até mesmo por seres comuns que tenham uma mente pura especial. Quando, por meio de treino, formos capazes de acreditar espontaneamente que o nosso Guia Espiritual é uma emanação de Heruka, veremos o Corpo-Emanação Heruka. O Heruka designado ao Corpo-Verdade de Buda, ou Dharmakaya, é denominado "Heruka definitivo" e sempre carece de forma (isto é, de características físicas ou materiais), formato e cor. Como sua base de designação, o Corpo-Verdade de Buda, é extremante sutil, Heruka definitivo pode ser visto somente pelos Budas, mas não por outros seres. Ele também é chamado "ser-de-sabedoria Buda Heruka". Heruka definitivo permeia o universo inteiro; não há um só lugar onde Heruka definitivo não esteja presente.

Buda expôs os Tantras-Raiz de Heruka extenso, médio e condensado. O *Tantra-Raiz Condensado de Heruka* e muitos dos seus comentários escritos por eruditos budistas tântricos indianos, incluindo os grandes iogues Ghantapa e Naropa, foram traduzidos do sânscrito para o tibetano. Mais tarde, muitos eruditos tântricos tibetanos, incluindo o grande tradutor Marpa (o fundador da Tradição Kagyu) e Je Tsongkhapa (o fundador da Tradição Gelug) escreveram comentários às práticas do Tantra de Heruka. Nos tempos atuais, o grande lama Je Phabongkhapa escreveu comentários especiais às práticas do mandala de corpo de Heruka e à prática de Vajrayogini. Ele também escreveu muitas preces rituais profundas, ou sadhanas, e deu extensos ensinamentos sobre elas. É por meio da grande bondade de Je Phabongkhapa e de seu discípulo-coração, Vajradhara Trijang Rinpoche, que, mesmo nestes tempos de extrema degeneração espiritual, as profundas práticas do mandala de corpo de Heruka e de Vajrayogini estão florescendo, tanto no Oriente como no Ocidente.

Je Phabongkhapa teve visões diretas de Heruka. Certa vez, Heruka disse a ele: "Ao longo de sete gerações, os praticantes das tuas instruções sobre Heruka e Vajrayogini terão a boa fortuna especial de alcançar facilmente as realizações dessas práticas". Sempre que eu contemplo isso, penso: "Quão afortunados somos". É dito que, à medida que o nível geral da espiritualidade diminui, torna-se cada vez mais difícil para os praticantes receberem as bênçãos de outras Deidades, como Guhyasamaja e Yamantaka; mas, no caso de Heruka e Vajrayogini, acontece o oposto – quanto mais os tempos se tornam degenerados, mais facilmente os praticantes conseguem receber suas bênçãos. O motivo é que as pessoas deste mundo têm uma conexão cármica especial com Heruka e Vajrayogini, e as emanações de Heruka e Vajrayogini e suas moradas – as Terras Puras de Keajra – estão presentes em todos os lugares deste mundo.

O primeiro detentor da linhagem destas instruções do mandala de corpo de Heruka foi o grande iogue Ghantapa. Ele recebeu a iniciação e as instruções do mandala de corpo de Heruka diretamente de Heruka. Ghantapa vivia nas profundezas da floresta de Odivisha (a atual Orissa), na Índia, onde se empenhava em intensa meditação em Heruka e Vajrayogini. Por viver em um lugar tão isolado, sua dieta era pobre e o seu corpo ficou extremamente magro. Um dia, o rei de Odivisha estava caçando na floresta quando se deparou com Ghantapa. Vendo quão magro e fraco ele se encontrava, o rei perguntou a Ghantapa porque vivia na floresta com uma dieta tão pobre, e encorajou-o a retornar com ele à cidade, onde poderia proporcionar-lhe comida e abrigo. Ghantapa respondeu que, assim como um grande elefante não pode ser conduzido para fora de uma floresta por um fino fio de barbante, ele também não poderia ser tentado a deixar a floresta pelas riquezas de um rei. Enraivecido pela recusa de Ghantapa, o rei retornou ao seu palácio ameaçando vingança.

Tamanha era a raiva do rei que ele convocou várias mulheres da cidade e lhes falou sobre o arrogante monge na floresta. O rei ofereceu grandes riquezas para qualquer uma delas que conseguisse seduzir o monge, forçando-o a quebrar seus votos de celibato. Uma das mulheres, uma vendedora de vinho, vangloriou-se de que conseguiria fazer isso e partiu para a floresta à procura de Ghantapa. Quando finalmente ela o encontrou, perguntou-lhe se poderia se tornar sua empregada. Ghantapa não precisava de uma empregada, mas compreendeu que ambos tinham uma forte relação oriunda de vidas anteriores e, por isso, permitiu que ela ficasse. Ghantapa deu-lhe instruções espirituais e iniciações, e tanto ele quanto a mulher empenharam-se sinceramente em meditação. Após doze anos, ambos alcançaram a União-do-Não-Mais-Aprender, a plena iluminação.

Um dia, Ghantapa e a antiga vendedora de vinho decidiram encorajar as pessoas da cidade a desenvolverem maior interesse pelo Dharma. Assim, a mulher retornou ao rei e relatou que ela havia seduzido o monge. A princípio, o rei duvidou da veracidade da história, mas quando a mulher explicou que Ghantapa e ela tinham agora duas crianças, um filho e uma filha, o rei se deliciou com a notícia e disse-lhe para trazer Ghantapa à cidade, num determinado dia. Ele, então, emitiu uma proclamação desmerecendo Ghantapa e ordenou aos seus súditos que se reunissem no dia marcado para insultar e humilhar o monge.

Quando esse dia chegou, Ghantapa e a mulher deixaram a floresta com as crianças, o filho à direita de Ghantapa e a filha à sua esquerda. Assim que entraram na cidade, Ghantapa começou a andar como se estivesse bêbado, segurando uma vasilha dentro da qual a mulher despejava vinho. Todas as pessoas que estavam reunidas riam e zombavam dele, lançando-lhe ofensas e insultos: "Há muito tempo", provocavam, "nosso rei te convidou para vires à cidade, mas tu recusaste o convite, arrogantemente. Agora, chegas bêbado e com uma vendedora de vinho. Que mau exemplo de um budista e de um monge!". Quando terminaram, Ghantapa pareceu ficar zangado e lançou sua vasilha no chão. A vasilha afundou na terra, partindo o chão e fazendo aparecer uma nascente de água. Ghantapa se transformou imediatamente em Heruka, e a mulher, em Vajrayogini. O menino se transformou em um vajra, que Ghantapa segurou na mão direita, e a menina, em um sino, que ele segurou na mão esquerda. Então, Ghantapa e sua consorte se uniram-em-abraço e voaram para o céu.

As pessoas ficaram assombradas e imediatamente desenvolveram um profundo arrependimento pelo desrespeito que tiveram. Elas se prostraram a Ghantapa, implorando para que ele e a emanação de Vajrayogini retornassem. Ghantapa e sua consorte recusaram, mas disseram às pessoas que, se o arrependimento delas fosse sincero, elas deveriam fazer uma confissão a Mahakaruna, a corporificação da grande compaixão de Buda. Devido ao profundo remorso do povo de Odivisha e à força de suas preces, uma estátua de Mahakaruna surgiu da nascente de água. As pessoas de Odivisha se tornaram praticantes de Dharma extremamente devotadas, e muitas obtiveram realizações. A estátua de Mahakaruna pode ser vista ainda nos dias de hoje.

Devido à prática pura de Heruka e Vajrayogini que Ghantapa executava na floresta, Vajrayogini compreendeu que aquele era o momento certo para que ele recebesse suas bênçãos e, por isso, ela se manifestou como a vendedora de vinho. Por viver com ela, Ghantapa alcançou o estado da plena iluminação.

Nestes tempos modernos, as pessoas acham difícil acreditar que seres humanos sejam capazes de voar, mas tais coisas eram muito comuns em tempos antigos, quando as pessoas tinham fortes potenciais para obterem aquisições espirituais. Milarepa, que foi um grande praticante de Heruka e Vajrayogini, certa vez contou para uma vasta assembleia de seus discípulos – tal como está explicado na história de sua vida – como ele tinha obtido a habilidade de voar. Por meio de vários métodos, inclusive o de sua meditação *tummo*, Milarepa conseguiu soltar os nós do canal central na altura do coração, umbigo e abaixo do umbigo e, por causa disso, desenvolveu uma maleabilidade física muito especial que permeou o seu corpo. Isso fez com que o corpo de Milarepa se tornasse extremamente leve, suave como uma pluma. No começo, ele conseguia apenas levitar, mas, gradualmente, foi capaz de se mover no espaço até que, por fim, ele se tornou capaz de voar como uma águia. Um dia, Milarepa sobrevoava uma pequena cidade chamada Longda, próxima de onde pai e filho aravam um campo. O filho foi o primeiro a ver Milarepa voando e disse: "Pai, olha para o céu. Há um homem voando!". O pai olhou cuidadosamente e, percebendo que era Milarepa, disse ao filho: "Esse homem se chama Milarepa. Ele é mau, pois matou muitas pessoas com sua magia negra". No entanto, o filho apreciava profundamente o que via, e disse: "Não há visão mais maravilhosa do que um ser humano voando no céu". Milarepa alcançou o estado iluminado de Buda Heruka por meio da prática do mandala de corpo de Heruka, e muitos dos seus discípulos, incluindo Rechungpa, alcançaram a Terra Pura de Keajra sem abandonar seus corpos humanos. Podemos compreender isso a partir da sua coleção de canções intitulada "*gur bum*", em tibetano. Pouco antes de tomar a decisão de falecer, Milarepa deu conselhos para a assembleia de discípulos, dizendo ao final: "Iremos nos encontrar na Terra Pura de Keajra". O método verdadeiro para alcançar a Terra Pura de Keajra é a meditação qualificada na autogeração de Heruka e Vajrayogini.

Milarepa e seu Guru-raiz, Marpa, e Je Tsongkhapa e seu discípulo-coração, Khedrubje, têm uma conexão especial. Diz-se que Marpa é uma das encarnações anteriores de Je Tsongkhapa e que Milarepa é uma das encarnações anteriores de Khedrubje. Por meio disso, podemos entender a grande bondade desses seres sagrados que, mudando seu aspecto físico, beneficiam continuamente as pessoas deste mundo, geração após geração.

A Terra Pura de Keajra é a Terra Pura de Heruka. Ela é também chamada, algumas vezes, de "Akanishta", que significa "a Suprema" Terra Pura, e de "Terra Dakini", indicando que ela é também a Terra Pura de Vajrayogini. Em geral, quando uma pessoa comum renasce em qualquer uma das Terras Puras Búdicas, ele, ou ela, fica permanentemente livre de todos os sofrimentos e nunca mais terá um renascimento no samsara, um renascimento contaminado. Portanto, renascer na Terra Pura de um Buda é como obter a libertação, ou nirvana. Por essa razão, quando uma pessoa comum renasce na Terra Pura de Buda por meio da prática de transferência de consciência, ou *powa*, isso é denominado "obter a iluminação num instante". No entanto, isso é apenas semelhante à conquista da iluminação; não é a conquista da iluminação propriamente dita.

Dentre todas as Terras Puras Búdicas, a Terra Pura de Keajra é inigualável. Os seres vivos que habitam outras Terras Puras, como Sukhavati e Tushita, não têm a oportunidade de praticar o Tantra do estágio de conclusão. Porque os seus corpos não têm canais, gotas e o fogo interior (*tummo*), eles estão incapazes de meditar no canal central, gotas e fogo interior. No entanto, os seres vivos que residem na Terra Pura de Keajra têm corpos que possuem canais, gotas e fogo interior. Seus corpos têm a natureza da luz, mas funcionam do mesmo modo que os canais, gotas e o fogo interior dos seres humanos. Eles podem, portanto, meditar no canal central, na gota indestrutível e no vento e mente indestrutíveis e, desse modo, conseguem obter as realizações da clara-luz-significativa e do corpo-ilusório puro e alcançam a iluminação em uma única vida. Essa é a boa fortuna especial dos seres vivos que residem na Terra Pura de Keajra. Isso mostra o poder especial das instruções sobre as práticas de Heruka e Vajrayogini. É por meio da prática dessas instruções que os seres vivos que residem na Terra Pura de Keajra têm essa boa fortuna especial.

A sadhana extensa do mandala de corpo de Heruka lista 39 professores detentores da linhagem, ou "Gurus-linhagem", desde Ghantapa até Heruka Losang Yeshe (Vajradhara Trijang Rinpoche). Todos esses professores espirituais e muitos dos seus discípulos obtiveram a realização do Tantra Ioga Supremo praticando o mandala de corpo de Heruka e de Vajrayogini. Portanto, devemos nos empenhar com confiança em nossa prática do mandala de corpo de Heruka e de Vajrayogini.

O QUE É O MANDALA DE CORPO DE HERUKA?

Neste contexto, "corpo" refere-se ao nosso corpo sutil – os nossos canais e gotas; e "mandala" significa uma assembleia de Deidades iluminadas. Os nossos canais e gotas são chamados de nosso "corpo sutil" porque eles são partes do nosso corpo que não são fáceis de serem reconhecidas. O mandala de corpo de Heruka é a assembleia de Heruka imaginado (nós próprios) com a consorte Vajravarahi (que é a mesma que Vajrayogini) – a natureza de nossas gotas branca e vermelha indestrutíveis purificadas – e o nosso séquito imaginado (os Heróis e Heroínas) – a natureza de nossos canais e gotas purificados – na Terra Pura de Keajra imaginada. Geralmente, "mandala" refere-se tanto ao mandala "sustentador", que significa o mundo, ambiente e palácio de uma Deidade ou Deidades iluminadas, quanto ao mandala "sustentado", que significa uma assembleia de Deidades iluminadas.

O propósito de meditar no mandala de corpo de Heruka é receber as poderosas bênçãos de Buda Heruka e seu séquito em nossos canais e gotas. Por meio dessas bênçãos, podemos ser libertados de quaisquer obstáculos existentes em nossos canais e gotas, fazendo com que a nossa meditação no canal central, na gota indestrutível e no vento e mente indestrutíveis seja bem-sucedida. Devido a isso, facilmente iremos nos aprimorar e fazer progressos nas cinco etapas do estágio de conclusão mencionadas acima e, assim, cumprir nossa meta final.

A explicação sobre como gerar o mandala de corpo de Heruka e de como meditar nele, dada neste livro, é simples; porém, apresenta sua verdadeira essência. Eu a preparei para aqueles que não conseguem praticar a sadhana extensa do mandala de corpo de Heruka. Nessa prática, precisamos visualizar 36 canais do nosso corpo, que são: os 24 canais dos 24 lugares do nosso corpo, os quatro canais da nossa roda-canal do coração e os oito canais das nossas oito portas sensoriais. Visualizamos, também, em nosso coração, a gota branca indestrutível e a gota vermelha indestrutível, e as 24 gotas que estão contidas dentro dos 24 canais dos 24 lugares do nosso corpo. Precisamos então receber, nesses canais e gotas, as poderosas bênçãos de Heruka Pai e Mãe e de seu séquito de Heróis e Heroínas.

Os 24 lugares do nosso corpo representam os 24 lugares de Heruka no mundo. Os 24 lugares do nosso corpo são: (1) o contorno do couro cabeludo; (2) a coroa; (3) a orelha direita; (4) a nuca; (5) a orelha esquerda; (6) o ponto entre as sobrancelhas; (7) os dois olhos; (8) os dois ombros; (9) as duas axilas; (10) os dois mamilos; (11) o umbigo; (12) a ponta do nariz; (13) a boca; (14) a garganta; (15) o coração; (16) os dois testículos; (17) a ponta do órgão sexual; (18) o ânus; (19) as duas coxas; (20) as duas panturrilhas; (21) os oito dedos da mão, exceto os polegares, e os oito dedos do pé, exceto os dedões; (22) o dorso dos pés; (23) os dois polegares e os dois dedões dos pés; e (24) os dois joelhos.

Quando meditamos no mandala de corpo de Heruka, meditamos em nós próprios como Heruka com a nossa consorte, Vajravarahi, rodeados em círculos concêntricos por: as quatro Ioguines da roda do grande êxtase, os oito Heróis e Heroínas da roda-coração, os oito Heróis e Heroínas da roda-fala, os oito Heróis e Heroínas da roda-corpo, e as oito Heroínas da roda-compromisso. Desse modo, meditamos na assembleia de 62 Deidades iluminadas. Heruka e Vajravarahi, nós próprios, estamos incluídos nas Deidades da roda do grande êxtase e somos as Deidades principais.

Enquanto meditamos na assembleia de 62 Deidades iluminadas, devemos acreditar que Heruka (nós próprios) é a natureza da nossa gota branca indestrutível purificada e que Vajravarahi é a natureza da nossa gota vermelha indestrutível purificada. As quatro Ioguines da roda do grande êxtase são a natureza dos nossos quatro canais purificados das quatro direções cardeais da roda-canal do coração. As 24 Heroínas da roda-coração, da roda-fala e da roda-corpo são a natureza dos nossos 24 canais purificados dos 24 lugares do nosso corpo. Os 24 Heróis da roda-coração, da roda-fala e da roda-corpo são a natureza das nossas 24 gotas purificadas, que estão contidas dentro dos 24 canais dos 24 lugares do nosso corpo. As oito Heroínas da roda-compromisso são a natureza dos nossos oito canais purificados das oito portas sensoriais.

Se meditarmos continuamente desse modo na assembleia das 62 Deidades iluminadas, com forte fé e convicção, todos os dias, com absoluta certeza receberemos, em nossos canais e gotas, as poderosas bênçãos dessas Deidades iluminadas, seremos libertados de obstáculos em nossos canais e gotas e, desse modo, nossas meditações no estágio de conclusão serão eficientes. Isso significa que, por meio dessas meditações, alcançaremos a clara-luz-significativa, o corpo-ilusório *puro* e, por fim, a iluminação nesta breve vida.

Muitos praticantes do estágio de conclusão experienciam dificuldades para reunir e dissolver seus ventos interiores dentro do canal central por meio de meditação e para desenvolver clara-luz e êxtase qualificados. O motivo é que os seus canais e gotas não funcionam corretamente e podem até ocasionar dor física. Praticando sinceramente as meditações do mandala de corpo de Heruka, ficaremos livres de todos esses obstáculos.

Dentre as 62 Deidades iluminadas, Heruka e Vajravarahi são as principais, e as demais são o seu séquito. As quatro Ioguines da roda do grande êxtase são Dakini, Lama, Khandarohi e Rupini; e sua função é nos conceder grande êxtase espontâneo. Os oito Heróis e Heroínas da roda-coração são Khandakapala e Partzandi, Mahakankala e Tzändriakiya, Kankala e Parbhawatiya, Vikatadamshtri e Mahanasa, Suraberi e Biramatiya, Amitabha e Karwariya, Vajraprabha e Lamkeshöriya, Vajradeha e

Drumatzaya; e sua função é nos conceder a aquisição da mente sagrada de Buda. Os oito Heróis e Heroínas da roda-fala são Ankuraka e Airawatiya, Vajrajatila e Mahabhairawi, Mahavira e Bayubega, Vajrahumkara e Surabhakiya, Subhadra e Shamadewi, Vajrabhadra e Suwatre, Mahabhairawa e Hayakarne, Virupaksha e Khaganane; e sua função é nos conceder a aquisição da fala sagrada de Buda. Os oito Heróis e Heroínas da roda-corpo são Mahabala e Tzatrabega, Ratnavajra e Khandarohi, Hayagriva e Shaundini, Akashagarbha e Tzatrawarmini, Shri Heruka e Subira, Pämanarteshvara e Mahabala, Vairochana e Tzatrawartini, Vajrasattva e Mahabire; e sua função é nos conceder a aquisição do corpo sagrado de Buda. Nosso corpo, fala e mente atuais são contaminados pelo veneno das delusões e, por isso, eles atuam como a base de todo sofrimento. Por essa razão, precisamos obter o corpo, a fala e a mente sagrados de um Buda. As oito Heroínas da roda-compromisso são Kakase, Ulukase, Shönase, Shukarase, Yamadhathi, Yamaduti, Yamadangtrini e Yamamatani; e sua função e compromisso são pacificar os nossos obstáculos. Os Heróis e as Heroínas das cinco rodas são assim chamados porque são vitoriosos sobre os inimigos – as aparências e concepções comuns.

AS PRÁTICAS PRELIMINARES

A seguinte explicação sobre como praticar o mandala de corpo de Heruka está fundamentada nas instruções da Linhagem Oral Ganden. Ela é simples, porém muito profunda. Seguindo estas instruções, devemos praticar o mandala de corpo de Heruka juntamente com a sadhana, ou prece ritual, intitulada *O Ioga de Buda Heruka* (ver Apêndice V). Como essa sadhana mostra, há seis etapas para praticar o mandala de corpo de Heruka: 1. treinar em buscar refúgio; 2. treinar renúncia; 3. treinar a bodhichitta; 4. treinar Guru-Ioga; 5. treinar o estágio de geração do mandala de corpo de Heruka; e 6. treinar o estágio de conclusão.

Os primeiros quatro treinos são práticas preliminares, e os dois restantes são a prática efetiva do mandala de corpo de Heruka. Assim como um veículo depende de suas quatro rodas, o precioso veículo da prática do mandala de corpo de Heruka depende das quatro rodas dos treinos de refúgio, renúncia, bodhichitta e Guru-Ioga. Treinar em buscar refúgio é a porta através da qual ingressamos no Budismo; renúncia é a porta através da qual ingressamos no caminho à libertação; bodhichitta é a porta através da qual ingressamos no caminho à iluminação; e Guru-Ioga é a porta através da qual as bênçãos de todos os Budas ingressam em nossa mente. Esses quatro treinos são os fundamentos básicos que tornam eficiente a prática do mandala de corpo de Heruka.

TREINAR EM BUSCAR REFÚGIO

Neste treino, devemos relembrar e contemplar o seguinte, como foi explicado na Parte Um:

> *Eu quero me proteger e me libertar permanentemente dos sofrimentos desta vida e das incontáveis vidas futuras. Somente posso realizar isso por meio de receber as bênçãos de Buda, de colocar o Dharma em prática e de receber ajuda da Sangha – os amigos espirituais supremos.*

Pensando profundamente desse modo, primeiro tomamos a forte determinação de buscar sinceramente refúgio em Buda, Dharma e Sangha durante toda a nossa vida e, depois, fazemos sinceramente essa promessa. Devemos meditar nessa determinação todos os dias e manter continuamente a nossa promessa, pelo restante da nossa vida. Como compromisso principal do nosso voto de refúgio, devemos sempre aplicar esforço para receber as bênçãos de Buda, para colocar o Dharma em prática e para receber ajuda da Sangha, nossos amigos espirituais puros, incluindo o nosso professor espiritual. É desse modo que buscamos refúgio em Buda, Dharma e Sangha. Por meio disso, realizaremos nosso objetivo: a libertação permanente de todos os sofrimentos desta vida e das incontáveis vidas futuras, o verdadeiro sentido da nossa vida humana.

Para manter a nossa promessa de buscar refúgio em Buda, Dharma e Sangha ao longo de toda a nossa vida, e para que nós e todos os seres vivos possamos receber as bênçãos e a proteção de Buda, recitamos a seguinte prece de refúgio da sadhana *O Ioga de Buda Heruka* todos os dias, com forte fé:

Eu e todos os seres sencientes, até alcançarmos a iluminação,
Nos refugiamos em Buda, Dharma e Sangha.

TREINAR RENÚNCIA

Neste treino, relembramos e contemplamos como haveremos de vivenciar insuportável sofrimento em nossas incontáveis vidas futuras, como foi explicado em detalhes na Parte Um. Então, do fundo do nosso coração, devemos pensar:

Não há benefício algum em negar os sofrimentos das vidas futuras; quando eles realmente caírem sobre mim, será tarde demais para me proteger deles. Portanto, preciso, agora e definitivamente, preparar uma proteção para mim, enquanto tenho esta vida humana que me dá a oportunidade de me libertar permanentemente dos sofrimentos das minhas incontáveis vidas futuras. Se eu não aplicar esforço para realizar isso, mas permitir que a minha vida humana se torne vazia de sentido, não haverá maior engano nem maior insensatez. Preciso aplicar esforço agora para me libertar permanentemente dos sofrimentos das minhas incontáveis vidas futuras.

Meditamos nessa determinação continuamente, até desenvolvermos o desejo espontâneo de nos libertarmos permanentemente dos sofrimentos das incontáveis vidas futuras.

TREINAR A BODHICHITTA

Neste treino, devemos manter a prática das cinco etapas do treino da bodhichitta que foram explicadas em detalhes na Parte Um. Concluindo, pensamos:

> *Não posso ficar satisfeito em buscar apenas a minha própria libertação; devo levar em conta o bem-estar dos outros seres vivos. Todos eles são minhas mães e estão se afogando no vasto e profundo oceano do samsara, vivenciando insuportável sofrimento vida após vida, sem fim. Eu sou apenas uma única pessoa, ao passo que os demais seres vivos são incontáveis; a felicidade e a liberdade dos outros são, por essa razão, muito mais importantes do que a minha própria felicidade e liberdade. Não posso suportar que minhas incontáveis mães estejam vivenciando sofrimento físico e dor mental insuportáveis nesta vida e em suas incontáveis vidas futuras; preciso libertar todas elas permanentemente dos seus sofrimentos e, para esse propósito, farei um grande esforço para me tornar um Buda iluminado.*

Devemos manter continuamente esse supremo bom coração da bodhichitta, dia e noite. Todas as nossas meditações dos estágios de geração e de conclusão devem estar motivadas por esse supremo bom coração, e sempre devemos nos lembrar de que todas as nossas meditações dos estágios de geração e de conclusão são métodos para satisfazer os desejos da nossa bodhichitta. Para gerar a bodhichitta, recitamos a prece que está na sadhana:

Pelas virtudes que coleto, praticando o dar e as outras perfeições,
Que eu me torne um Buda para o benefício de todos.

TREINAR GURU-IOGA

O termo "Guru" é uma palavra sânscrita que significa "Guia Espiritual". Um Guia Espiritual pode ser uma pessoa oriental, ocidental, homem, mulher, ordenada ou leiga. O nosso Guia Espiritual é qualquer professor espiritual que nos conduz pelos caminhos corretos da libertação e da iluminação, dando ensinamentos e mostrando um bom exemplo. O Guru-Ioga é um treino especial de confiar em nosso Guia Espiritual; neste contexto, "ioga" significa treinar em caminhos espirituais, e não um treino físico. A sadhana *O Ioga de Buda Heruka*, no Apêndice V, apresenta o Guru-Ioga de Je Tsongkhapa inseparável do nosso Guru-raiz, de Buda Shakyamuni e de Heruka – esse aspecto de Je Tsongkhapa é conhecido como Guru Sumati Buda Heruka. Neste contexto, "Guru-raiz" refere-se ao nosso Guia Espiritual, de quem recebemos as instruções, a transmissão e a iniciação do mandala de corpo de Heruka. O nome Guru Sumati Buda Heruka significa que nosso *Guru*-raiz, Je Tsongkhapa (ou *Sumati* Kirti, o nome de ordenação em sânscrito de Je Tsongkhapa), *Buda* Shakyamuni e *Heruka* são uma única pessoa, mas com aspectos diferentes. Para que a nossa prática do mandala de corpo de Heruka seja eficiente, precisamos manter esse reconhecimento o tempo todo. A fim de beneficiar todos e cada ser vivo diretamente, todos os dias, Heruka definitivo emanou Buda Shakyamuni, que por sua vez emanou Je Tsongkhapa, que por sua vez emanou nosso Guia Espiritual – eles são como um ator, mostrando aspectos diferentes em momentos diferentes.

O propósito desta prática de Guru-Ioga é:

(1) Acumular uma grande coleção de mérito, ou boa fortuna. Em razão da nossa falta de mérito, é difícil satisfazermos nossos desejos e experienciamos muitos obstáculos para obtermos realizações espirituais.
(2) Purificar negatividade, ou ações não-virtuosas. Quando purificamos os incontáveis potenciais das nossas ações não-virtuosas, purificamos a nossa mente. Como foi mencionado anteriormente, é por meio de purificar a nossa mente que alcançaremos a plena iluminação.
(3) Receber as poderosas bênçãos de todos os Budas. Temos, como parte da nossa natureza búdica, a semente das realizações do Tantra Ioga Supremo, em geral, e do mandala de corpo de Heruka, em particular. No entanto, sem receber as poderosas bênçãos de todos os Budas através do nosso Guia Espiritual, que é o representante deles, a nossa semente da realização do Tantra Ioga Supremo nunca amadurecerá.
(4) Gerar a experiência de grande êxtase e vacuidade. Essa prática é um poderoso método para amadurecer a nossa semente da realização do Mahamudra-Tantra.

Concluindo essas quatro condições indispensáveis, podemos facilmente fazer progressos na prática principal da sadhana, que é treinar nos estágios de geração e de conclusão.

Je Sherab Senge, um dos discípulos-coração de Je Tsongkhapa, recebeu as instruções especiais do Guru-Ioga de Je Tsongkhapa do próprio Je Tsongkhapa. Esse Guru-Ioga é chamado "o Guru-Ioga da linhagem Segyu", agora conhecido como o Guru-Ioga da *Joia-Coração*. As instruções do Guru-Ioga da *Joia--Coração* somente eram dadas, originalmente, como instruções orais. Posteriormente, o grande iogue Palden Sangpo escreveu a sadhana com base nessas instruções orais e, desde então, ela tem sido praticada publicamente. O Guru-Ioga da *Joia-Coração* pode ser praticado tanto de acordo com a tradição de Sutra como de acordo com a tradição do Tantra Ioga Supremo. A sadhana *O Ioga de Buda Heruka* apresenta a prática do Guru-Ioga da *Joia-Coração* de acordo com o Tantra Ioga Supremo. Aqueles que têm o compromisso de praticar a *Joia-Coração* podem adicionar as preces para Dorje Shugden antes das estrofes dedicatórias de *O Ioga de Buda Heruka.*

A prática desse Guru-Ioga tem cinco etapas: 1. visualização e meditação; 2. convidar os seres-de-sabedoria; 3. a prática dos sete membros; 4. fazer pedidos especiais; e 5. gerar a experiência de grande êxtase e vacuidade.

VISUALIZAÇÃO E MEDITAÇÃO

Recitamos a seguinte prece da sadhana, enquanto nos concentramos em seu significado:

> *No espaço à minha frente, está Guru Sumati Buda Heruka – Je Tsongkhapa inseparável de meu Guru-raiz, de Buda Shakyamuni e de Heruka – rodeado por todos os Budas das dez direções.*

Enquanto visualizamos isso, pensamos e contemplamos:

> *Je Tsongkhapa alcançou a iluminação para conduzir todos os seres vivos ao caminho da libertação por meio de suas emanações. Quem é a sua emanação que me conduz, agora, ao caminho da libertação? Com certeza, é o meu Guia Espiritual, de quem eu recebi as instruções, a transmissão e a iniciação do mandala de corpo de Heruka, e que mostra um exemplo qualificado.*

Pensando deste modo, devemos acreditar firmemente que o nosso Guia Espiritual é uma emanação de Je Tsongkhapa e, então, meditar estritamente focados nessa crença. Devemos praticar continuamente essa meditação.

Guru Sumati Buda Heruka

CONVIDAR OS SERES-DE-SABEDORIA

Recitamos a seguinte estrofe da sadhana, enquanto nos concentramos em seu significado:

Do coração do Protetor das centenas de Deidades da Terra Alegre,
Ao topo de uma nuvem como coalhada branca e fresca,
Ó Todo-Conhecedor Losang Dragpa, Rei do Dharma,
Por favor, vem a este lugar juntamente com teus Filhos.

O "Protetor das centenas de Deidades da Terra Alegre" refere-se a Buda Maitreya. Acreditamos que o ser-de-sabedoria Je Tsongkhapa, juntamente com o seu séquito, se dissolve na assembleia de Guru Sumati Buda Heruka visualizada à nossa frente e que eles se tornam não-duais.

Recitamos, também, o seguinte pedido que está na sadhana:

No espaço à minha frente, sobre um trono de leões, lótus e lua,
Os veneráveis Gurus sorriem com deleite.
Ó Supremo Campo de Mérito para a minha mente de fé,
Por favor, permanece por cem éons para difundir a doutrina.

A PRÁTICA DOS SETE MEMBROS

Com forte fé em nosso Guia Espiritual, Guru Sumati Buda Heruka, devemos fazer sinceramente a prática dos sete membros todos os dias. Os sete membros são: 1. prostração; 2. oferendas; 3. purificação; 4. regozijo; 5. pedir que girem a Roda do Dharma; 6. rogar aos Guias Espirituais que permaneçam por um longo tempo; e 7. dedicatória. Neste contexto, a prática efetiva do mandala de corpo de Heruka é como o corpo principal, e os sete membros são como os membros que sustentam o corpo principal. Assim como o nosso corpo é capaz de funcionar na dependência dos seus membros, a efetividade do nosso treino no mandala de corpo de Heruka depende da nossa prática dos sete membros.

PROSTRAÇÃO

Fazer prostrações aos seres sagrados é um poderoso método para purificar carma negativo, doenças e obstáculos e para aumentar o nosso mérito, nossa felicidade e nossas realizações de Dharma. Temporariamente, as prostrações melhoram nossa saúde física e tornam a nossa mente feliz e, por fim, fazem com que alcancemos o Corpo-Forma de um Buda. Gerar fé nos seres sagrados é uma prostração mental, recitar preces a eles é uma prostração verbal, e demonstrar respeito por eles com o nosso corpo é uma prostração física. Podemos fazer prostrações físicas prostrando-nos respeitosamente com o nosso corpo por inteiro no chão; ou respeitosamente tocando o chão com os joelhos, mãos e testa; ou respeitosamente colocando as mãos juntas na altura do coração.

Para fazer poderosas prostrações aos seres sagrados, imaginamos que de cada poro do nosso corpo emanamos outro corpo, e que de cada poro desses corpos emanamos muito mais corpos, até que nossos corpos emanados preencham o mundo inteiro. Então, enquanto recitamos a seguinte estrofe, acreditamos fortemente que todos esses incontáveis corpos fazem prostrações a Guru Sumati Buda Heruka e a todos os Budas das dez direções:

Tua mente de sabedoria compreende a extensão integral
dos objetos de conhecimento,
Tua eloquente fala é o ornamento-orelha dos afortunados,
Teu lindo corpo brilha com a glória do renome,
Prostro-me a ti, que és tão significativo de ver, ouvir e recordar.

Devemos fazer essa prática de prostração todos os dias. Como um guia preliminar para a nossa prática efetiva do mandala de corpo de Heruka, podemos coletar cem mil prostrações, seja ao longo de nossa vida ou durante um retiro.

OFERENDAS

Do fundo do nosso coração, tomamos a seguinte determinação:

Para libertar permanentemente todos os seres vivos do
   sofrimento,
Faço excelentes oferendas ao supremo ser sagrado
Guru Sumati Buda Heruka
E a todos os demais seres sagrados.

Sejam quantos forem as flores e os frutos que existam
E todos os diferentes tipos de remédio;
Todas as joias que existem no mundo
E todas as águas puras e refrescantes;

Montanhas de joias, bosques
E lugares silenciosos e alegres;
Árvores celestiais adornadas com flores
E árvores cujos galhos pendem com deliciosos frutos;

Fragrâncias que vêm dos reinos celestiais,
Incenso, árvores-que-concedem-desejos e árvores de joias;
Colheitas que dispensam cultivo
E todos os ornamentos dignos de serem oferecidos;

Lagos e lagoas adornados com lótus
E o lindo canto de gansos selvagens;
Tudo o que não tem dono
Em todos os mundos, tão extensos como o espaço –

Reunindo-os em minha mente, respeitosamente eu
os ofereço
A vós, os seres supremos, os Budas e Bodhisattvas.
Ó compassivos, sagrados objetos de oferenda,
Pensai em mim com bondade e aceitai o que ofereço.

Eternamente, oferecerei todos os meus corpos
A vós – os Budas e Bodhisattvas.
Respeitosamente, vou me tornar vosso servo;
Por favor, aceitai-me, ó Heróis Supremos.

Enquanto imaginamos que estamos fazendo todas essas oferendas, podemos recitar a seguinte estrofe:

Agradáveis oferendas de água, diversas flores,
Incenso de doce aroma, luzes, água perfumada e assim
por diante,
Uma vasta nuvem de oferendas, tanto as efetivas como
as imaginadas,
Ofereço a ti, ó Supremo Campo de Mérito.

No Budismo, uma oferenda é qualquer coisa que deleite os seres iluminados. Nossa principal oferenda é a nossa prática de compaixão, que dá aos seres sagrados o maior deleite. Por essa razão, nossa motivação ao fazer oferendas deve ser compaixão por todos os seres vivos – o nosso desejo sincero de libertar permanentemente todos os seres vivos do sofrimento.

Em resumo, devemos sempre considerar todas as nossas práticas diárias de Dharma como oferendas incomparáveis a Guru Sumati Buda Heruka – a síntese de nosso Guia Espiritual, Je Tsongkhapa, Buda Shakyamuni e Heruka – e a todos os demais seres sagrados. Desse modo, podemos acumular incomensurável mérito, ou boa fortuna.

PURIFICAÇÃO

Purificação é o método supremo para impedir sofrimento futuro e para remover obstáculos à nossa prática de Dharma – em especial, à prática do mandala de corpo de Heruka. Ela torna as nossas ações puras, de modo que nós próprios nos tornamos puros. Já que o nosso corpo não é o nosso *self*, limpar apenas o nosso corpo não é suficiente; precisamos limpar o nosso *self* por meio da prática de purificação.

O que precisamos purificar? Precisamos purificar nossas ações não-virtuosas e ações inadequadas. Em nossas incontáveis vidas anteriores, executamos muitas ações que fizeram com que outros seres vivos experienciassem sofrimentos e problemas, e, como resultado dessas ações não-virtuosas, vivenciamos agora muitos sofrimentos e problemas de diversos tipos. Embora as ações, elas próprias, tenham cessado, seus potenciais para fazerem surgir sofrimentos e problemas ainda permanecem em nossa consciência sutil e nela irão permanecer vida após vida, até que amadureçam. Portanto, existem infinitos potenciais negativos em nossa consciência-raiz, que atuam impelindo-nos para caminhos errôneos e fazendo-nos vivenciar sofrimento sem fim. Esses potenciais são sérios obstáculos para a nossa prática de Dharma, em geral, e para a nossa prática do mandala de corpo de Heruka, em particular.

Podemos compreender como os nossos potenciais não-virtuosos são o principal obstáculo para a nossa prática de Dharma contemplando o seguinte:

> *Em nossas vidas anteriores, executamos ações que rejeitavam o sagrado Dharma e negavam o renascimento, o carma e a conquista da libertação e da iluminação. Como resultado disso, experienciamos agora: (1) dificuldades para desenvolver a intenção de praticar o Dharma, (2) dificuldades em acreditar nos ensinamentos de Dharma, como*

Buda Vajradhara

os ensinamentos sobre carma, e (3) dificuldades em fazer progressos em nossa prática de Dharma.

A prática de purificação é muito simples. Tudo o que precisamos fazer é contemplar as grandes desvantagens das ações não-virtuosas que temos executado desde tempos sem início. Então, com forte arrependimento, confessamos todas essas ações não-virtuosas, assim como as transgressões dos nossos votos e compromissos, a Guru Sumati Buda Heruka e a todos os demais seres sagrados, enquanto recitamos a seguinte estrofe:

Sejam quais forem as não-virtudes de corpo, fala e mente
Que tenho acumulado desde tempos sem início,
Especialmente as transgressões dos meus três votos,
Com grande remorso, confesso uma a uma do fundo de meu coração.

Devemos repetir essa prática muitas vezes. Ao fim de cada sessão, tomamos a forte determinação de não executar nenhuma ação não-virtuosa ou de não transgredir nenhum dos nossos votos e compromissos. Como o grande guia preliminar da nossa prática do mandala de corpo de Heruka, podemos coletar cem mil recitações dessa estrofe, concentrando-nos fortemente em seu significado. Alternativamente, podemos coletar cem mil recitações do mantra de Vajrasattva.

REGOZIJO

Devemos aprender a nos regozijar com as ações virtuosas, felicidade, boas qualidades e boa fortuna dos outros. Normalmente, fazemos o oposto e desenvolvemos inveja. Inveja é muito prejudicial para os indivíduos e para a sociedade. Em um instante, ela pode destruir a felicidade e a harmonia, tanto a nossa como a dos outros, e nos levar a brigar ou, até mesmo, ocasionar guerras. Na vida diária, podemos ver como as pessoas reagem com inveja a relacionamentos, negócios, posição social e opiniões e doutrinas religiosas, causando sofrimento para muitas pessoas. Os nossos problemas de inveja podem ser solucionados simplesmente aprendendo a nos regozijar com a felicidade e a bondade dos outros. Isso pode ser praticado mesmo enquanto estamos deitados, relaxando ou fazendo nossas atividades diárias.

Com muito pouco esforço, podemos acumular incomensurável boa fortuna simplesmente nos regozijando com os excelentes feitos dos Budas, como Je Tsongkhapa. Podemos fazer isso enquanto recitamos a seguinte estrofe, com forte concentração em seu significado:

Nesta era degenerada, te empenhaste em muito estudo e realização.
Abandonando os oito interesses mundanos, tornaste significativos tuas liberdades e dotes.
Ó Protetor, regozijo-me do fundo de meu coração,
Na grande onda de teus feitos.

PEDIR QUE GIREM A RODA DO DHARMA

Começamos essa prática pensando:

Eu tenho a oportunidade de ouvir, compreender e praticar o sagrado Dharma e, portanto, a boa fortuna de ingressar, fazer progressos e de concluir o caminho à iluminação. Que maravilhoso seria se todos os seres vivos pudessem desfrutar da mesma boa fortuna!

Então, do fundo de nosso coração, pedimos repetidamente a Guru Sumati Buda Heruka que emane incontáveis professores espirituais para ensinar o sagrado Dharma e guiar todos os seres vivos ao estado da felicidade última, a iluminação, enquanto recitamos a seguinte estrofe:

Das ondulantes nuvens de sabedoria e de compaixão
No espaço do vosso Corpo-Verdade, Ó Veneráveis e Sagrados Gurus,
Por favor, derramai uma chuva do Dharma vasto e profundo
Apropriado aos discípulos deste mundo.

ROGAR AOS GUIAS ESPIRITUAIS
QUE PERMANEÇAM POR UM LONGO TEMPO

Nessa prática, pensamos:

Se os professores espirituais emanados pelos seres sagrados permanecerem neste mundo por muitos éons, todos os seres vivos gradualmente terão a oportunidade de ouvir, compreender e praticar o Dharma. Desse modo, todos os seres vivos, sem exceção, por fim alcançarão a iluminação.

Fazemos, então, pedidos a Guru Sumati Buda Heruka, rogando que suas emanações que estão ensinando o Dharma permaneçam neste mundo até que o samsara termine, enquanto recitamos a seguinte estrofe:

Do teu verdadeiro corpo imortal, nascido da clara-luz-significativa,
Por favor, envia incontáveis emanações ao mundo inteiro
Para difundir a linhagem oral da doutrina Ganden
E que elas permaneçam por muito tempo.

DEDICATÓRIA

Sempre que executarmos qualquer ação virtuosa, devemos dedicá-la para a conquista da iluminação e para o florescimento da doutrina de Buda, a qual beneficia todos os seres vivos. O grande mestre Atisha dizia:

> Dediquem suas virtudes ao longo do dia e da noite, e sempre vigiem sua mente.

Se dedicarmos nossas ações virtuosas desse modo, seus potenciais nunca serão destruídos pela raiva e por visões errôneas; pelo contrário, seu poder aumentará. A prática da dedicatória faz com que nossas ações virtuosas se tornem efetivas. Podemos nos empenhar nessa prática enquanto recitamos a seguinte estrofe:

Pelas virtudes que aqui acumulei,
Que a doutrina e todos os seres vivos recebam todo benefício.
Especialmente, que a essência da doutrina
Do Venerável Losang Dragpa brilhe para sempre.

Em resumo, enquanto praticamos cada um dos sete membros, devemos aplicar esforço em fazer com que o sol da nossa fé brilhe continuamente sobre a montanha nevada do nosso Guia Espiritual – Guru Sumati Buda Heruka – e fazer fervorosos pedidos. Por meio desses pedidos, as águas das bênçãos de todos os Budas das dez direções descerão sobre nós, nosso corpo muito sutil receberá um poder especial que o transformará num corpo iluminado, e nossa mente muito sutil receberá um poder especial que a transformará numa mente iluminada.

FAZER PEDIDOS ESPECIAIS

Para fazer esse pedido especial, primeiramente oferecemos o universo inteiro, considerando-o como a Terra Pura de Buda, a

Guru Sumati Buda Heruka e a todos os Budas das dez direções. Essa oferenda é chamada "oferenda do mandala", e uma explicação detalhada sobre ela pode ser encontrada no livro *Novo Guia à Terra Dakini*. Depois, recitamos três vezes a seguinte prece de pedidos que se encontra na sadhana, concentrados em seu significado:

Ó Guru Sumati Buda Heruka, de agora em diante até que eu alcance a iluminação,
Não buscarei outro refúgio além de ti.
Por favor, pacifica meus obstáculos e concede-me
As duas aquisições, a libertadora e a de amadurecimento.
Por favor, abençoa-me para que eu me torne o Heruka definitivo,
O estado no qual experienciarei todos os fenômenos como purificados e reunidos na vacuidade, inseparável do grande êxtase.

Essa prece possui o mesmo significado que o mantra-essência de Heruka. Ao concluir as meditações dos estágios de geração e de conclusão, teremos abandonado todas as nossas aparências equivocadas sutis; esse abandono é a aquisição "libertadora". Além disso, devido ao amadurecimento completo da nossa natureza búdica, experienciaremos a nós próprios como um Buda verdadeiro, e experienciaremos nosso mundo, prazeres e atividades como sendo os de um Buda; essa experiência é a aquisição de "amadurecimento". Realizando essas duas aquisições, tornamo-nos Heruka definitivo, ou seja, Heruka que é designado, ou imputado, ao Corpo-Verdade de Buda, ou Dharmakaya. Ao mesmo tempo, experienciamos todos os fenômenos como purificados, o que significa que purificamos a aparência equivocada sutil de todos os fenômenos; e experienciamos todos os fenômenos reunidos na vacuidade, o que significa que realizamos que todos os fenômenos não são nada além que vacuidade.

Buda Vajradharma

Essas duas experiências de "purificado" e "reunido" implicam que realizamos, direta e simultaneamente, a união das duas verdades: essa realização é a verdadeira iluminação. Com essa prece, estamos pedindo a Guru Sumati Buda Heruka que nos conceda todas essas aquisições.

Como seres comuns, temos apenas um corpo que podemos usar e, em realidade, ele é parte dos corpos de nossos pais. Os Budas, no entanto, possuem quatro corpos simultaneamente: os dois Corpos-Verdade (que são o Corpo-Verdade-Sabedoria e o Corpo-Verdade-Natureza) e os dois Corpos-Forma (que são o Corpo-de-Deleite e o Corpo-Emanação). A mente de Buda é o Corpo-Verdade-Sabedoria, e a vacuidade da mente de Buda é o Corpo-Verdade-Natureza; esses dois corpos, juntos, são chamados de "Corpo-Verdade", ou "Dharmakaya". Os corpos de Buda que possuem forma são chamados de Corpos-Forma. O Corpo-Forma sutil de Buda é chamado de Corpo-de-Deleite, e o Corpo-Forma denso de Buda é chamado de Corpo-Emanação. O Corpo-Verdade de um Buda é extremamente sutil e, por essa razão, pode ser visto somente pelos Budas, mas não por outros seres. O Corpo-de-Deleite de Buda pode ser visto por Bodhisattvas superiores, e o Corpo-Emanação de Buda pode ser visto pelos seres comuns que têm uma mente pura.

GERAR A EXPERIÊNCIA DE GRANDE ÊXTASE E VACUIDADE

Depois de termos recitado três vezes, sinceramente e do fundo do nosso coração, a prece de pedido especial, então pensamos e imaginamos:

> *Por ter feito pedidos desse modo, todos os Budas das dez direções se dissolvem em Je Tsongkhapa, que é inseparável de meu Guru-raiz; Je Tsongkhapa se dissolve em Buda Shakyamuni, que está em seu coração; e Buda Shakyamuni*

se dissolve em Heruka, que está em seu coração. Com deleite, Guru Heruka, que é da natureza da união de grande êxtase e vacuidade, ingressa em meu corpo pela minha coroa e se dissolve em minha mente, no meu coração. Porque Heruka, que é da natureza da união de grande êxtase e vacuidade, torna-se inseparável da minha mente, minha mente se transforma na união de grande êxtase e vacuidade de todos os fenômenos.

Meditamos nessa crença com concentração estritamente focada. Essa meditação é denominada "treinar o Guru-Ioga definitivo". Devemos repetir a prática de *pedidos especiais* e da *meditação* muitas e muitas vezes, até que acreditemos, de maneira espontânea, que nossa mente se transformou na união de grande êxtase e vacuidade.

TREINAR O ESTÁGIO DE GERAÇÃO E O MANDALA DE CORPO DE HERUKA

Existem cinco etapas para treinar o estágio de geração do mandala de corpo de Heruka – a prática propriamente dita da autogeração do mandala de corpo de Heruka: 1. gerar o mandala de corpo de Heruka; 2. treinar clara aparência; 3. treinar orgulho divino; 4. treinar em aparência e vacuidade não-duais; e 5. treinar a recitação de mantra.

GERAR O MANDALA DE CORPO DE HERUKA

Enquanto meditamos na vacuidade de todos os fenômenos, não percebendo nada além que vacuidade, pensamos e imaginamos:

No vasto espaço da vacuidade de todos os fenômenos, a natureza de minha aparência equivocada de todos os fenômenos purificada – que é a Terra Pura de Keajra – eu apareço como Buda Heruka, com um corpo azul, quatro faces e doze braços, a natureza de minha gota branca indestrutível purificada. Abraço Vajravarahi, a natureza de minha gota vermelha indestrutível purificada. Estou rodeado pelos Heróis e Heroínas das Cinco Rodas, que são a natureza de meu corpo sutil purificado – os canais e as gotas. Resido no mandala, a mansão celestial, que é a natureza de meu corpo denso purificado. Embora eu tenha essa aparência, ela não é outra senão a vacuidade de todos os fenômenos.

Neste ponto, (1) enquanto experienciamos grande êxtase e vacuidade, (2) meditamos, com orgulho divino, na clara aparência do mandala e das Deidades, enquanto (3) reconhecemos que as Deidades são a natureza dos nossos canais e gotas purificados (que são o nosso corpo sutil) e que o mandala é a natureza do nosso corpo denso purificado.

Desse modo, em uma única meditação, treinamos sinceramente o estágio de geração, que possui essas três características. Mantendo a terceira característica (o reconhecimento das Deidades como sendo a natureza do nosso corpo sutil purificado, e o mandala como sendo a natureza do nosso corpo denso purificado) tornamos essa concentração numa verdadeira meditação do mandala de corpo.

TREINAR CLARA APARÊNCIA

Para que a nossa meditação no mandala de corpo de Heruka seja qualificada, precisamos treinar clara aparência. Pensamos e imaginamos profundamente, como está abaixo:

No vasto espaço da vacuidade de todos os fenômenos, a natureza de minha aparência equivocada de todos os fenômenos purificada – que é a Terra Pura de Keajra – eu apareço como Buda Heruka, com um corpo azul, quatro faces e doze braços, a natureza de minha gota branca indestrutível purificada. Abraço Vajravarahi, a natureza de minha gota vermelha indestrutível purificada. Estou rodeado pelos Heróis e Heroínas das Cinco Rodas, que são a natureza de meu corpo sutil purificado – os canais e as gotas. Resido no mandala, a mansão celestial, que é a natureza de meu corpo denso purificado. Embora eu tenha essa aparência, ela não é outra senão a vacuidade de todos os fenômenos.

Repetimos mentalmente essa contemplação muitas vezes, até percebermos claramente o objeto da nossa meditação – o mandala de corpo de Heruka, que é a assembleia de Heruka imaginado (nós próprios) com a consorte Vajravarahi, a natureza de nossas gotas branca e vermelha indestrutíveis purificadas, e o nosso séquito imaginado de Heróis e Heroínas, que são a natureza dos nossos canais e gotas purificados, na Terra Pura de Keajra imaginada. Quando percebermos a assembleia desse mandala sustentador e das Deidades sustentadas – o mandala de corpo de Heruka –, retemos essa assembleia sem esquecê-la e permanecemos estritamente focados nela pelo maior tempo possível.

Devemos repetir essa meditação muitas e muitas vezes, até sermos capazes de manter claramente a nossa concentração por um minuto, todas as vezes que meditarmos no mandala de corpo de Heruka. A nossa concentração que possui essa habilidade é denominada "concentração do posicionamento da mente". Na segunda etapa, com a concentração do posicionamento da mente, meditamos no mandala de corpo de Heruka continuamente até sermos capazes de, toda vez que meditarmos nele, manter claramente a nossa concentração por cinco minutos. A nossa concentração que possui essa habilidade é denominada "concentração do contínuo-posicionamento". Na terceira etapa, com a concentração do contínuo-posicionamento, meditamos no mandala de corpo de Heruka continuamente até sermos capazes de nos lembrar imediatamente do nosso objeto de meditação – o mandala de corpo de Heruka – sempre que o perdermos durante a meditação. A nossa concentração que possui essa habilidade é denominada "concentração do reposicionamento". Na quarta etapa, com a concentração do reposicionamento, meditamos no mandala de corpo de Heruka continuamente até sermos capazes de, toda vez que meditarmos nele, manter claramente a nossa concentração durante toda a sessão sem esquecê-lo. A nossa concentração que possui essa habilidade é denominada "concentração do estreito-posicionamento". Nessa etapa, temos uma concentração muito estável e clara, focada no mandala de corpo de Heruka.

Então, com a concentração do estreito-posicionamento, meditamos no mandala de corpo de Heruka continuamente até finalmente obtermos a concentração do tranquilo-permanecer focada no mandala de corpo de Heruka, que fará com que experienciemos êxtase e maleabilidade física e mental especiais. Por meio dessa concentração do tranquilo-permanecer focada no mandala de corpo de Heruka, com certeza alcançaremos a Terra Pura de Keajra nesta vida ou na próxima vida.

TREINAR ORGULHO DIVINO

Ao perceber nosso corpo e nossa mente imaginados de Heruka, desenvolvemos o pensamento "eu sou Heruka": esse pensamento é orgulho divino. Ele é uma crença correta, ou pensamento correto, porque surge da sabedoria que realiza razões corretas. De um modo geral, se, por meio da prática de concentração mencionada acima, melhorarmos nossa clara aparência de perceber o mandala de corpo de Heruka, isso irá tornar mais fácil para nós desenvolvermos e aumentarmos o orgulho divino. O motivo é que a clara aparência reduz a nossa aparência comum e isso torna mais fácil para nós desenvolvermos e reforçarmos o pensamento "eu sou Heruka". No entanto, podemos treinar orgulho divino contemplando razões corretas de por que é necessário que mudemos a base de designação, ou de imputação, do nosso *self* – de um corpo e mente contaminados para o corpo e mente incontaminados de Heruka. Como podemos fazer isso já foi explicado no capítulo *O Tantra do Estágio de Geração.*

TREINAR EM APARÊNCIA E VACUIDADE NÃO-DUAIS

Essa é uma prática muito profunda do estágio de geração. A explicação dessa prática, apresentada neste livro, está fundamentada nas instruções da Linhagem Oral Ganden. Em relação ao termo "aparência e vacuidade não-duais": "aparência" refere-se ao mandala de corpo de Heruka, que é a assembleia do mandala sustentador e das Deidades sustentadas do mandala de corpo de Heruka, a natureza dos nossos corpos denso e sutil purificados; "vacuidade" refere-se à vacuidade de todos os fenômenos; e "não-duais" significa que o mandala de corpo de Heruka e a vacuidade são um único objeto, porém, com nomes distintos. Quando percebermos e realizarmos esse mandala de corpo de Heruka e vacuidade não-duais, teremos encontrado o objeto da nossa meditação; devemos reter esse objeto sem esquecê-lo e permanecer estritamente focados nele pelo maior tempo possível. Devemos praticar essa meditação de modo contínuo e sincero, sem distrações. Fazendo isso, realizaremos simultaneamente a *aparência* (o mandala de corpo de Heruka), que é a verdade convencional, e a *vacuidade*, que é a verdade última, primeiro com a nossa mente densa. Finalmente, realizaremos essas duas verdades direta e simultaneamente com a nossa mente muito sutil. A nossa mente muito sutil que realiza essas duas verdades, direta e simultaneamente, é o estado de iluminação.

No início, quando meditamos no mandala de corpo de Heruka, temos uma forte percepção do mandala de corpo de Heruka que normalmente percebemos. Essa percepção é a nossa aparência equivocada do mandala de corpo de Heruka. Ela é equivocada porque o mandala de corpo de Heruka que normalmente percebemos não existe, mesmo que o percebamos. A forte percepção do mandala de corpo de Heruka que normalmente percebemos interfere diretamente com a nossa compreensão de que o mandala de corpo de Heruka e a vacuidade de todos os fenômenos são não-duais. No entanto, por meio da meditação na vacuidade de todos os fenômenos com intensa concentração, a forte percepção do mandala de corpo de Heruka que normalmente percebemos cessará durante a meditação. Então, automaticamente realizaremos que o mandala de corpo de Heruka e a vacuidade de todos os fenômenos são não-duais. Isso pode ser ilustrado pela analogia de ver dois copos vazios à nossa frente. No começo, percebemos os espaços dentro dos dois copos como sendo diferentes, mas, se quebrarmos os dois copos, realizaremos que os espaços dentro deles eram não-duais.

Na sadhana, as palavras "Embora eu tenha essa aparência, ela não é outra senão a vacuidade de todos os fenômenos" revelam o treino na aparência e vacuidade não-duais. Se compreendermos claramente o significado da união das duas verdades (explicada em detalhes no capítulo *Treinar a Bodhichitta Última*, na Parte Um), não será difícil compreender o significado da aparência e vacuidade não-duais explicado nesta seção.

A MEDITAÇÃO PROPRIAMENTE DITA EM APARÊNCIA E VACUIDADE NÃO-DUAIS

Depois de termos treinado e realizado a clara aparência e o orgulho divino, como foi explicado acima, então pensamos e contemplamos:

Assim como todos os fenômenos que eu normalmente percebo não existem, o mandala de corpo de Heruka que eu normalmente percebo também não existe. O mandala de corpo de Heruka é um mero nome que significa que ele não é nada além que a vacuidade de todos os fenômenos. A vacuidade de todos os fenômenos e o mandala de corpo de Heruka são não-duais; eles não são dois objetos distintos, mas um único objeto com nomes diferentes.

Pensando desse modo, quando percebermos a assembleia do mandala sustentador e das Deidades sustentadas do mandala de corpo de Heruka existindo como mero nome e a vacuidade de todos os fenômenos como não-duais, meditamos nesse mandala de corpo e vacuidade não-duais de modo estritamente focado com a experiência de grande êxtase. Como foi mencionado acima, praticando continuamente essa meditação realizaremos inicialmente o mandala de corpo de Heruka, que é a verdade convencional, e a vacuidade, que é a verdade última, simultaneamente com a nossa mente densa. Finalmente, realizaremos essas duas verdades direta e simultaneamente com a nossa mente muito sutil. A nossa mente muito sutil que realiza essas duas verdades, direta e simultaneamente, é a verdadeira iluminação. Ela é uma sabedoria permanentemente livre da aparência equivocada de todos os fenômenos; somente os Budas plenamente iluminados possuem uma sabedoria como essa. Por meio desta explicação, podemos compreender que o treino em aparência e vacuidade não-duais é um método poderoso para alcançar, muito fácil e rapidamente, a iluminação. Esse treino é a verdadeira essência da prática das instruções da Linhagem Oral Ganden. Através desse treino, Gyalwa Ensapa e muitos de seus discípulos começaram, fizeram progressos e concluíram o Caminho Vajrayana; desse modo, alcançaram a iluminação em três anos.

TREINAR A RECITAÇÃO DE MANTRA

A palavra sânscrita "mantra" significa "proteção da mente". Recitando os mantras de Heruka Pai e Mãe e de seus séquitos com forte fé, podemos nos proteger de sermos prejudicados por objetos inanimados (como terremotos, enchentes, furacões e incêndios) e por objetos animados (como humanos e não-humanos); podemos pacificar nossas doenças, morte prematura e outras condições adversas; podemos aumentar a nossa boa fortuna, tempo de vida e, especialmente, nossas qualidades interiores de fé, visão correta, intenção correta e demais realizações espirituais; seremos capazes de controlar as nossas delusões, como a raiva; poderemos beneficiar os outros executando vários tipos de ações, inclusive ações iradas; e, especialmente, poderemos conduzir a nós mesmos e aos outros à felicidade suprema da iluminação.

Recitamos os mantras abaixo como um pedido para que nos concedam essas aquisições, ao mesmo tempo que reconhecemos e acreditamos que os seres-de-sabedoria Heruka Pai e Mãe e seus séquitos são inseparáveis de Heruka (nós próprios) e da consorte Vajravarahi imaginados e do nosso séquito de Heróis e Heroínas imaginados.

O MANTRA-ESSÊNCIA DE HERUKA

Recitamos o seguinte, enquanto nos concentramos em seu significado:

Em meu coração está o ser-de-sabedoria Buda Heruka – Heruka definitivo.

Ó Glorioso Vajra Heruka, tu que desfrutas
O corpo-ilusório divino e a mente de clara-luz,
Por favor, pacifica meus obstáculos e concede-me
As duas aquisições, a libertadora e a de amadurecimento.
Por favor, abençoa-me para que eu me torne Heruka definitivo,
O estado no qual experienciarei todos os fenômenos como purificados e reunidos na vacuidade, inseparável do grande êxtase.

OM SHRI VAJRA HE HE RU RU KAM HUM HUM PHAT
DAKINI DZALA SHAMBARAM SOHA

Recitamos esse mantra 21 vezes, cem vezes ou quantas vezes desejarmos.

O MANTRA TRI-OM DE VAJRAYOGINI

Recitamos o seguinte, enquanto nos concentramos em seu significado:

No coração da Vajrayogini imaginada (Vajravarahi), está o ser-de-sabedoria Buda Vajrayogini – Vajrayogini definitiva.

OM OM OM SARWA BUDDHA DAKINIYE VAJRA
WARNANIYE VAJRA BEROTZANIYE HUM HUM
HUM PHAT PHAT PHAT SOHA

Devemos recitar, pelo menos, a quantidade de mantras tri-OM que prometemos quando recebemos a iniciação de Vajrayogini.

O mantra "tri-OM" é a união do mantra-essência e do mantra-essência aproximador de Vajravarahi. O significado desse mantra é apresentado a seguir. Com OM OM OM convidamos Vajrayogini – a principal Deidade – e seu séquito de Heroínas das três rodas (a roda-corpo, a roda-fala e a roda-mente). SARWA BUDDHA DAKINIYE significa que Vajrayogini é a síntese das mentes de todos os Budas, VAJRA WARNANIYE significa que ela é a síntese da fala de todos os Budas, e VAJRA BEROTZANIYE significa que ela é a síntese dos corpos de todos os Budas. Com HUM HUM HUM estamos pedindo a Vajrayogini e seus séquitos que nos concedam as aquisições de corpo, fala e mente de todos os Budas. Com PHAT PHAT PHAT estamos pedindo a Vajrayogini e seus séquitos para que pacifiquem nosso principal obstáculo – a aparência equivocada sutil do nosso corpo, fala e mente; e SOHA significa "por favor, estabeleçam dentro de mim o fundamento básico para todas essas aquisições".

Como foi mencionado anteriormente, porque o nosso corpo, fala e mente atuais estão contaminados pelo veneno das delusões, eles atuam como a base de todo o sofrimento. Por essa razão, precisamos conquistar o corpo, a fala e a mente sagrados de um Buda.

O MANTRA CONDENSADO DAS 62 DEIDADES DO MANDALA DE CORPO DE HERUKA

Recitamos o seguinte, enquanto nos concentramos em seu significado:

> *No coração de cada uma das 62 Deidades está o seu ser-de--sabedoria individual, sua própria Deidade definitiva.*

> OM HUM BAM RIM RIM LIM LIM, KAM KHAM GAM GHAM NGAM, TSAM TSHAM DZAM DZHAM NYAM, TrAM THrAM DrAM DHrAM NAM, TAM THAM DAM DHAM NAM, PAM PHAM BAM BHAM, YAM RAM LAM WAM, SHAM KAM SAM HAM HUM HUM PHAT

Podemos recitar esse mantra sete vezes, 21 vezes, cem vezes ou mais.

Quando recitamos esse mantra, estamos fazendo pedidos ao ser-de-sabedoria Buda Heruka com Vajravarahi, juntamente com seus séquitos de Heróis e Heroínas das Cinco Rodas, para que pacifique nosso obstáculo da aparência equivocada sutil e nos conceda as aquisições da Terra Dakini exterior e interior. A Terra Dakini exterior é a Terra Pura de Keajra, e a Terra Dakini interior é a clara-luz-significativa. No momento em que a nossa mente estiver livre da aparência equivocada sutil, abriremos a porta através da qual poderemos ver diretamente todas as Deidades iluminadas. Essa porta permanecerá fechada enquanto nossa mente continuar poluída pela aparência equivocada sutil. O significado da aparência equivocada sutil já foi explicado.

Depois da recitação de mantra, concluímos a nossa prática da sadhana *O Ioga de Buda Heruka* recitando a dedicatória e as preces auspiciosas.

Aqueles que desejam fazer um retiro-aproximador do mandala de corpo de Heruka podem fazê-lo juntamente com a sadhana *Jornada de Êxtase: Como Fazer um Retiro Aproximador do Mandala de Corpo de Heruka*, que se encontra no Apêndice VI.

TREINAR O ESTÁGIO DE CONCLUSÃO

Treinar o estágio de conclusão é o método para libertar completamente a nossa mente da aparência equivocada sutil. Alcançaremos definitivamente a iluminação quando abandonarmos por completo a aparência equivocada sutil de todos os fenômenos por meio da nossa realização do estágio de conclusão. O desenvolvimento da realização do estágio de conclusão depende dos ventos interiores entrarem, permanecerem e se dissolverem no canal central por força de meditação. Os objetos dessas meditações são: o canal central, a gota indestrutível e o vento e mente indestrutíveis. Portanto, neste contexto, treinar o estágio de conclusão significa treinar na meditação do canal central, da gota indestrutível e do vento e mente indestrutíveis.

Nas escrituras é dito que meditar no canal central é como uma vaca-que-concede-desejos. Assim como uma vaca-que--concede-desejos fornece leite ininterruptamente, a meditação no canal central irá nos capacitar a experienciar grande êxtase ininterrupto, e as meditações na gota indestrutível e no vento e mente indestrutíveis irão nos capacitar a experienciar a clara-luz de êxtase plenamente qualificada, que tem a função de libertar permanentemente a nossa mente da aparência equivocada sutil. Uma explicação detalhada dos canais, gotas e ventos, sobre como meditar no canal central, na gota indestrutível e no vento e mente indestrutíveis, e sobre como fazer progressos na realização das cinco etapas do estágio de conclusão já foram dadas.

As Instruções de Vajrayogini

OS IOGAS DE DORMIR, DE ACORDAR E DE EXPERIMENTAR NÉCTAR

Vajrayogini é uma Deidade iluminada feminina do Tantra Ioga Supremo e a manifestação da sabedoria de todos os Budas. Sua função é guiar todos os seres vivos à Terra Pura de Keajra, ou Terra Dakini. As instruções de Vajrayogini foram ensinadas por Buda no *Tantra-Raiz de Heruka*. O grande iogue Naropa recebeu essas instruções diretamente de Vajrayogini e as transmitiu para Pamtingpa – um dos seus discípulos-coração. Pamtingpa, então, transmitiu essas instruções para o tradutor tibetano Sherab Tseg, e de Sherab Tseg essas instruções foram transmitidas numa linhagem ininterrupta até Je Phabongkhapa e, então, para o muito Venerável Vajradhara Trijang Rinpoche, o detentor da linhagem. Foi desse grande mestre que eu, o autor deste livro, recebi estas preciosas instruções.

O Tantra Ioga Supremo pode ser dividido em Tantra-Pai e Tantra-Mãe. Os Tantras-Mãe revelam, principalmente, o treino na clara-luz, que é a causa principal para alcançar a mente sagrada de Buda; e os Tantras-Pai, como o *Tantra Guhyasamaja*, revelam principalmente o treino no corpo-ilusório, que é a causa principal para alcançar o corpo sagrado de Buda. Porque o Tantra de Vajrayogini é um Tantra-Mãe, o corpo principal da prática de Vajrayogini é o treino na clara-luz. Esse corpo principal tem

Venerável Vajrayogini

onze membros, que são chamados "os onze iogas". Neste contexto, "ioga" significa treinar caminhos espirituais. Por exemplo, o treino de um caminho espiritual praticado durante o estado de dormir é chamado de "o ioga de dormir".

Quando os onze iogas são listados nas escrituras, o primeiro a ser mencionado é o ioga de dormir. Isso indica que devemos começar a prática de Vajrayogini pelo ioga de dormir. Como mencionado anteriormente, o corpo principal da prática de Vajrayogini é o treino na clara-luz. A clara-luz manifesta-se naturalmente durante o sono; por essa razão, temos a oportunidade para, durante o sono, treinar no seu reconhecimento. Quando reconhecermos e realizarmos diretamente a clara-luz, teremos alcançado a clara-luz-significativa, a realização da quarta etapa das cinco etapas do estágio de conclusão.

O que é a clara-luz? Ela é a mente muito sutil que se manifesta quando os ventos interiores entram, permanecem e se dissolvem dentro do canal central. A clara-luz é o oitavo sinal da dissolução dos ventos interiores dentro do canal central, e ela percebe vacuidade. Existem três tipos diferentes de clara-luz: (1) a clara-luz do sono, (2) a clara-luz da morte, e (3) a realização da clara-luz.

Durante o sono, nossa mente muito sutil se manifesta porque os nossos ventos interiores naturalmente entram e se dissolvem dentro do canal central. Essa mente muito sutil é a clara-luz do sono. Ela percebe vacuidade, mas não podemos reconhecer nem a clara-luz nem a vacuidade porque a nossa memória não consegue funcionar durante o sono. De modo semelhante, durante a nossa morte, nossa mente muito sutil se manifesta porque os nossos ventos interiores entram e se dissolvem dentro do canal central. Essa mente muito sutil é a clara-luz da morte. Ela percebe vacuidade, mas não podemos reconhecer a clara-luz ou a vacuidade porque a nossa memória não consegue funcionar durante a morte.

Se, quando estamos acordados, formos capazes de fazer com que nossos ventos interiores entrem, permaneçam e se dissolvam dentro do canal central pelo poder da meditação, experienciaremos uma profunda dissolução dos nossos ventos interiores dentro do canal central e, por meio disso, nossa mente muito sutil irá se manifestar. Essa mente muito sutil é a realização da clara-luz. Sua natureza é um êxtase que surge do derretimento das gotas dentro do canal central, e sua função é impedir a aparência equivocada. Ela é também a realização da clara-luz de êxtase, que é a verdadeira essência do Tantra Ioga Supremo e o verdadeiro caminho rápido à iluminação.

Concluindo, o corpo principal da prática de Vajrayogini é treinar a clara-luz de êxtase. Ele pode ser dividido em dois: (1) treinar o êxtase; e (2) treinar a clara-luz. Antes de treinarmos o êxtase, precisamos saber o que ele é. Esse êxtase não é o êxtase sexual; não precisamos treinar o êxtase sexual, já que qualquer um, até mesmo um animal, pode experienciá-lo sem treino. O êxtase que estamos treinando é o êxtase que Buda explicou no Tantra Ioga Supremo. Ele é chamado "grande êxtase" e possui duas características especiais: (1) sua natureza é um êxtase que surge do derretimento das gotas dentro do canal central; e (2) sua função é impedir a aparência equivocada sutil. Os seres comuns não podem experienciar um êxtase como esse. Como foi mencionado anteriormente, o êxtase sexual dos seres comuns surge do derretimento das gotas dentro do canal esquerdo, e não no canal central.

No *Tantra-Raiz Condensado de Heruka*, Buda diz:

> O supremo segredo do grande êxtase
> Surge pelo derretimento das gotas dentro do canal central;
> Assim, é difícil encontrar no mundo
> Uma pessoa que experiencie um êxtase como este.

Um grande êxtase como esse é experienciado somente por quem for capaz de fazer com que os seus ventos interiores entrem, permaneçam e se dissolvam dentro do canal central pelo poder da meditação. Porque o grande êxtase impede a aparência equivocada sutil, quando experienciamos esse êxtase nossa ignorância do agarramento ao em-si e todos os pensamentos conceituais distrativos cessam, e experienciamos uma profunda paz interior que é superior à suprema paz interior do nirvana, explicada por Buda nos ensinamentos de Sutra.

COMO PRATICAR O IOGA DE DORMIR

Todas as noites, quando formos dormir, devemos pensar:

Para beneficiar todos os seres vivos,
Vou me tornar o Buda iluminado Vajrayogini.
Com esse propósito, vou alcançar a realização da clara-luz de êxtase.

Então, lembramos que o nosso corpo, o nosso *self* e todos os fenômenos que normalmente percebemos não existem. Tentamos perceber a mera ausência de todos os fenômenos que normalmente vemos, a vacuidade de todos os fenômenos, e meditamos nessa vacuidade. Então, pensamos e imaginamos:

No vasto espaço da vacuidade de todos os fenômenos – a Terra Pura de Keajra – apareço como Vajrayogini, rodeada pelas Heroínas e Heróis iluminados. Embora eu tenha essa aparência, ela não é nada além que a vacuidade de todos os fenômenos.

Meditamos nessa autogeração.

Devemos treinar essa profunda meditação de autogeração enquanto dormimos, mas não durante o sono profundo. Treinando essa prática todas as noites com esforço contínuo, nossa memória gradualmente será capaz de funcionar durante o sono.

Por causa disso, quando nossa mente muito sutil se manifestar durante o sono, seremos capazes de reconhecê-la ou de realizá-la. Com mais treinamento, realizaremos diretamente nossa mente muito sutil. Quando isso acontecer, nossa mente irá se misturar com a vacuidade de todos os fenômenos, como água misturando-se com água. Por causa disso, nossa aparência equivocada sutil cessará rápida e permanentemente e iremos nos tornar um ser iluminado, um Buda. Como Buda disse: "Se realizares tua própria mente, irás te tornar um Buda; não precisas buscar a Budeidade em nenhum outro lugar". Nosso sono, com relação a essa realização, possui imenso significado.

COMO PRATICAR O IOGA DE ACORDAR

Devemos tentar praticar o ioga de dormir ao longo de toda a noite, e durante o dia devemos tentar praticar o ioga de acordar. Todos os dias, de manhã cedo, devemos primeiro meditar na mera ausência de todos os fenômenos que normalmente vemos ou percebemos, a vacuidade de todos os fenômenos. Então, pensamos e imaginamos:

> *No vasto espaço da vacuidade de todos os fenômenos – a Terra Pura de Keajra – apareço como Vajrayogini, rodeada pelas Heroínas e Heróis iluminados. Embora eu tenha essa aparência, ela não é outra senão a vacuidade de todos os fenômenos.*

Meditamos nessa autogeração.

Devemos repetir esta prática de meditação muitas e muitas vezes, durante todo o dia. Esse é o ioga de acordar. Então, à noite, praticamos novamente o ioga de dormir. Praticando continuamente o ciclo dos iogas de dormir e de acordar, nossas aparências e concepções comuns, que são a raiz do nosso sofrimento, cessarão.

COMO PRATICAR O IOGA DE EXPERIMENTAR NÉCTAR

Sempre que comermos ou bebermos, devemos, em primeiro lugar, compreender e pensar:

> *Para os seres iluminados, toda comida ou bebida são néctares supremos, que possuem três qualidades especiais: (1) é um néctar-medicinal que cura as doenças; (2) é um néctar-vital que impede a morte; e (3) é um néctar-sabedoria que pacifica as delusões.*

Com esse reconhecimento, sempre que comermos ou bebermos devemos oferecer o nosso prazer em desfrutar esses objetos de desejo a nós mesmos: Vajrayogini autogerada. Praticando desse modo, podemos transformar nossas experiências diárias de comer e beber num caminho espiritual que acumula uma grande coleção de mérito, ou boa fortuna. Do mesmo modo, sempre que desfrutarmos da visão de formas atraentes ou coisas belas, da audição de belos sons como músicas ou canções, do aroma de fragrantes perfumes e do toque de objetos táteis, devemos oferecer o nosso prazer em desfrutar desses objetos de desejo a nós mesmos: Vajrayogini autogerada. Desse modo, podemos transformar todas as nossas experiências diárias dos objetos de desejo num caminho espiritual que nos conduzirá à conquista do estado iluminado de Vajrayogini.

Em resumo, devemos reconhecer que, no vasto espaço da vacuidade de todos os fenômenos (a Terra Pura de Keajra), encontra-se Vajrayogini (nós mesmos) rodeada pelas Heroínas e Heróis iluminados. Devemos manter esse reconhecimento durante todo o dia e toda a noite, exceto quando estivermos concentrados nos caminhos comuns, como buscar refúgio, treinar renúncia e bodhichitta, e práticas de purificação.

Mandala de Vajrayogini

Esse modo de praticar os iogas de dormir, acordar e experimentar néctar é simples, porém muito profundo. Existem outras maneiras de praticar esses iogas, e uma explicação sobre elas pode ser encontrada no livro *Novo Guia à Terra Dakini*.

OS OITO IOGAS REMANESCENTES

Os oito iogas remanescentes, desde o ioga das incomensuráveis até o ioga das ações diárias, devem ser praticados juntamente com a sadhana *Caminho Rápido ao Grande Êxtase*, elaborada por Je Phabongkhapa (ver Apêndice VII). Essa sadhana é muito abençoada e preciosa. Uma exposição detalhada sobre como praticar cada ioga pode ser encontrada no livro *Novo Guia à Terra Dakini*, e o que se segue é apenas uma breve explicação de sua essência.

O IOGA DAS INCOMENSURÁVEIS

Buscar refúgio, gerar bodhichitta e a meditação e recitação de Vajrasattva são chamados de "o ioga das incomensuráveis" porque são treinos em caminhos espirituais que nos trazem incomensurável benefício nesta vida e nas incontáveis vidas futuras.

A meditação e recitação de Vajrasattva nos proporciona a grande oportunidade de purificar rapidamente a nossa mente, de modo que possamos alcançar mais rapidamente a iluminação. Como foi mencionado anteriormente, alcançar a iluminação é muito simples; tudo o que precisamos fazer é aplicar esforço para purificar a nossa mente.

O IOGA DO GURU

Nesta prática de Guru-Ioga, para receber as bênçãos da fala de todos os Budas visualizamos nosso Guru-raiz sob o aspecto de Buda Vajradharma. Vajradharma, Vajradhara, Vajrasattva e

Heruka são aspectos diferentes de um único ser iluminado. A função de Buda Vajradharma é conceder as bênçãos da fala de todos os Budas. Por receber essas bênçãos, a nossa fala irá se tornar muito poderosa sempre que explicarmos instruções de Dharma. Desse modo, poderemos satisfazer os desejos de incontáveis seres vivos e purificar, ou curar, seu *continuum* mental por meio do néctar da nossa fala.

Este Guru-Ioga contém uma prática denominada "oferenda *kusali tsog*", que tem a mesma função da prática "*chod*", ou prática de "cortar". Ele também contém uma prática de receber as bênçãos das quatro iniciações, que nos dará grande confiança em alcançar as realizações dos estágios de geração e de conclusão.

O IOGA DA AUTOGERAÇÃO

Este ioga inclui as práticas de trazer a morte, o estado intermediário (*bardo*) e o renascimento para os caminhos que conduzem ao Corpo-Verdade, ao Corpo-de-Deleite e ao Corpo-Emanação.

Nesta prática, o mandala sustentador é visualizado sob o aspecto de um duplo tetraedro, que simboliza a vacuidade de todos os fenômenos; e as Deidades sustentadas são a Vajrayogini imaginada (nós próprios) e o nosso séquito de Heroínas.

O IOGA DE PURIFICAR OS MIGRANTES

Nesta prática, após gerarmo-nos como o Buda iluminado Vajrayogini, imaginamos então que concedemos bênçãos que libertam todos os seres vivos do sofrimento e das negatividades e os transformam no estado de Vajrayogini – o estado de felicidade suprema. Essa é uma prática especial de tomar e dar de acordo com o Tantra Ioga Supremo. Ela faz com que o nosso potencial de beneficiar diretamente todos e cada ser vivo amadureça, e também cumpre o compromisso que fizemos quando recebemos a iniciação do Tantra Ioga Supremo, na qual prometemos beneficiar todos os seres vivos.

O IOGA DE SER ABENÇOADO POR HERÓIS E HEROÍNAS

Nesta prática, por meio da meditação no mandala de corpo de Vajrayogini, nossos canais e gotas receberão diretamente as poderosas bênçãos das 37 Heroínas – as Deidades iluminadas femininas do mandala de corpo de Vajrayogini – e, indiretamente, as poderosas bênçãos de seus consortes, os Heróis. Ao convidar todas as Heroínas e Heróis (Deidades iluminadas femininas e masculinas) das dez direções sob o aspecto de Vajrayogini e dissolvê-los em nós, receberemos também as bênçãos de todas as Heroínas e Heróis.

A meditação no mandala de corpo de Vajrayogini é muito profunda. Embora seja uma prática do estágio de geração, ela faz com que os ventos interiores entrem, permaneçam e se dissolvam dentro do canal central. Je Phabongkhapa louvou em alto grau a prática do mandala de corpo de Vajrayogini.

O IOGA DA RECITAÇÃO VERBAL E MENTAL

Concentrando-nos na recitação verbal do mantra de Vajrayogini (o "mantra tri-OM"), podemos obter as aquisições pacificadoras, de incremento, controladoras, iradas e a suprema, mencionadas na seção *Treinar a Recitação do Mantra*, neste livro. A prática da recitação mental apresenta duas meditações do estágio de conclusão, ambas as quais constituem a verdadeira essência da prática de Vajrayogini. Essas duas meditações estão claramente explicadas no livro *Novo Guia à Terra Dakini.*

O IOGA DA INCONCEPTIBILIDADE

Como está descrito na sadhana *Caminho Rápido ao Grande Êxtase* (ver Apêndice VII), imaginamos que, após termos dissolvido tudo na vacuidade, desde o reino da sem-forma até o *nada*, experienciamos a clara-luz de êxtase e, com essa experiência, meditamos na vacuidade de todos os fenômenos – a mera ausência de todos os fenômenos que normalmente percebemos. Essa meditação é o treino na clara-luz de êxtase, o corpo principal da prática de Vajrayogini. Praticando continuamente essa meditação, experienciaremos gradualmente a clara-luz--significativa – a união de grande êxtase e vacuidade – que é a verdadeira inconceptibilidade. Neste contexto, "inconceptibilidade" significa que ela não pode ser experienciada por aqueles que não alcançaram a clara-luz-significativa.

O IOGA DAS AÇÕES DIÁRIAS

O ioga das ações diárias é um método para transformar todas as nossas ações diárias, como comer, dormir, trabalhar e conversar, em caminhos espirituais profundos e, assim, extrair grande significado de cada momento da nossa vida.

Dedicatória

Pela grande coleção de virtude que acumulei ao escrever este livro, que todos e cada um dos seres vivos tenham a oportunidade de ouvir e praticar os preciosos ensinamentos de Sutra e de Tantra e, por meio disso, experienciar a felicidade pura e duradoura da iluminação.

Este livro, Budismo Moderno, *são os ensinamentos do Venerável Geshe Kelsang Gyatso Rinpoche. Estes ensinamentos foram gravados e transcritos e, então, editados principalmente por ele e alguns dos seus estudantes seniores.*

Apêndice I

Prece Libertadora

LOUVOR A BUDA SHAKYAMUNI

Ó Abençoado, Shakyamuni Buda,
Precioso tesouro de compaixão,
Concessor de suprema paz interior,

Tu, que amas todos os seres sem exceção,
És a fonte de bondade e felicidade,
E nos guias ao caminho libertador.

Teu corpo é uma joia-que-satisfaz-os-desejos,
Tua fala é um néctar purificador e supremo
E tua mente, refúgio para todos os seres vivos.

Com as mãos postas, me volto para ti,
Amigo supremo e imutável,
E peço do fundo do meu coração:

Por favor, concede-me a luz de tua sabedoria
Para dissipar a escuridão da minha mente
E curar o meu *continuum* mental.

Por favor, me nutre com tua bondade,
Para que eu possa, por minha vez, nutrir todos os seres
Com um incessante banquete de deleite.

Por meio de tua compassiva intenção,
De tuas bênçãos e feitos virtuosos
E por meu forte desejo de confiar em ti,

Que todo o sofrimento rapidamente cesse,
Que toda a felicidade e alegria aconteçam
E que o sagrado Dharma floresça para sempre.

Cólofon: Esta prece foi escrita por Venerável Geshe Kelsang Gyatso Rinpoche e é recitada no início de ensinamentos, meditações e preces nos Centros Budistas Kadampas em todo o mundo.

Apêndice II

Preces para Meditação

PRECES PREPARATÓRIAS CURTAS PARA MEDITAÇÃO

Introdução

TODOS NÓS TEMOS o potencial para obter as realizações de todas as etapas do caminho à iluminação. Esses potenciais são como sementes no campo da nossa mente e a nossa prática de meditação é como cultivar essas sementes. Porém, nossa prática de meditação só será bem-sucedida se, antes, fizermos boas preparações.

Se quisermos cultivar uma plantação exterior, começamos fazendo cuidadosos preparativos. Primeiro, removemos do solo tudo que possa obstruir o desenvolvimento das plantas, como pedras e ervas daninhas. Em segundo lugar, enriquecemos o solo com adubo para fortalecê-lo e sustentar o crescimento da plantação. Em terceiro lugar, providenciamos calor e umidade, as condições necessárias para que as sementes germinem e as plantas cresçam. Do mesmo modo, para cultivar nossas plantações interiores das realizações de Dharma precisamos, também, começar fazendo cuidadosos preparativos.

Primeiro, precisamos purificar nossa mente para eliminar o carma negativo que acumulamos no passado, porque se não purificarmos esse carma, ele obstruirá o desenvolvimento das realizações de Dharma. Em segundo lugar, precisamos acumular mérito para dar à nossa mente vigor para sustentar o crescimento das realizações de Dharma. Em terceiro lugar, precisamos receber as bênçãos dos seres sagrados para ativar e sustentar o desenvolvimento das realizações de Dharma.

As preces curtas a seguir contêm a essência dessas três preparações. Para mais informações sobre elas, consultar os livros *Novo Manual de Meditação* ou *Caminho Alegre da Boa Fortuna*.

Geshe Kelsang Gyatso
1987

Preces para Meditação

PRECES PREPARATÓRIAS CURTAS PARA MEDITAÇÃO

Buscar refúgio

Eu e todos os seres sencientes, até alcançarmos a iluminação,
Nos refugiamos em Buda, Dharma e Sangha.
(3x, 7x, 100x etc.)

Gerar bodhichitta

Pelas virtudes que coleto, praticando o dar e as outras perfeições,
Que eu me torne um Buda para o benefício de todos. (3x)

Gerar os quatro incomensuráveis

Que cada um seja feliz,
Que cada um se liberte da dor,
Que ninguém jamais seja separado de sua felicidade,
Que todos tenham equanimidade, livres do ódio e do apego.

Visualizar o Campo para Acumular Mérito

No espaço à minha frente está Buda Shakyamuni vivo, rodeado por todos os Budas e Bodhisattvas, como a lua cheia rodeada pelas estrelas.

Prece dos sete membros

Com meu corpo, fala e mente, humildemente me prostro
E faço oferendas, efetivas e imaginadas.
Confesso meus erros em todos os tempos
E regozijo-me nas virtudes de todos.
Peço, permanece até o cessar do samsara
E gira a Roda do Dharma para nós.
Dedico todas as virtudes à grande iluminação.

Oferecimento do mandala

O chão espargido com perfume e salpicado de flores,
A Grande Montanha, quatro continentes, Sol e Lua,
Percebidos como Terra de Buda e assim oferecidos.
Que todos os seres desfrutem dessas Terras Puras.

Ofereço, sem nenhum sentimento de perda,
Os objetos que fazem surgir meu apego, ódio e confusão,
Meus amigos, inimigos e estranhos, nossos corpos e prazeres.
Peço, aceita-os e abençoa-me, livrando-me diretamente
dos três venenos.

IDAM GURU RATNA MANDALAKAM NIRYATAYAMI

Prece das etapas do caminho

O caminho começa com firme confiança
No meu bondoso mestre, fonte de todo bem;
Ó, abençoa-me com essa compreensão
Para segui-lo com grande devoção.

Esta vida humana, com todas as suas liberdades,
Extremamente rara, com tanta significação;
Ó, abençoa-me com essa compreensão,
Dia e noite, para captar a sua essência.

Meu corpo, qual bolha-d'água,
Decai e morre tão rapidamente;
Após a morte, vêm os resultados do carma,
Qual sombra de um corpo.

Com esse firme conhecimento e lembrança,
Abençoa-me, para ser extremamente cauteloso,
Evitando sempre ações nocivas
E reunindo abundante virtude.

Os prazeres do samsara são enganosos,
Não trazem contentamento, apenas tormentos;
Abençoa-me, para ter o esforço sincero
Para obter o êxtase da liberdade perfeita.

Ó, abençoa-me, para que desse pensamento puro
Resulte contínua-lembrança e imensa cautela,
A fim de manter como minha prática essencial
A raiz da doutrina, o Pratimoksha.

Assim como eu, todas as minhas bondosas mães
Estão se afogando no oceano do samsara;
Para que logo eu possa libertá-las,
Abençoa-me, para treinar a bodhichitta.

Mas não posso tornar-me um Buda
Apenas com isso, sem as três éticas;
Assim, abençoa-me com a força de praticar
Os votos do Bodhisattva.

Por pacificar minhas distrações
E analisar perfeitos sentidos,
Abençoa-me, para logo alcançar a união
Da visão superior com o tranquilo-permanecer.

Quando me tornar um puro recipiente
Pelos caminhos comuns, abençoa-me, para ingressar
Na essência da prática da boa fortuna,
O supremo veículo, Vajrayana.

As duas conquistas dependem, ambas,
De meus sagrados votos e compromissos;
Abençoa-me, para entender isso claramente
E conservá-los à custa da minha vida.

Por sempre praticar em quatro sessões
A via explicada pelos santos mestres,
Ó, abençoa-me, para obter ambos os estágios
Que são a essência dos Tantras.

Que os que me guiam no bom caminho
E meus companheiros tenham longas vidas;
Abençoa-me, para pacificar inteiramente
Todos os obstáculos internos e externos.

Que eu sempre encontre perfeitos mestres
E deleite-me no sagrado Dharma,
Conquiste todos os solos e caminhos velozmente
E obtenha o estado de Vajradhara.

Receber bênçãos e purificar

Do coração de todos os seres sagrados, fluem correntes de luz e néctar, concedendo bênçãos e purificando.

> *Neste ponto, fazemos a contemplação e a meditação. Após a meditação, dedicamos nosso mérito enquanto recitamos as seguintes preces:*

Preces dedicatórias

Pelas virtudes que coletei
Praticando as etapas do caminho,
Que todos os seres vivos tenham a oportunidade
De praticar da mesma forma.

Que cada um experiencie
A felicidade de humanos e deuses
E rapidamente alcance a iluminação,
Para que o samsara seja finalmente extinto.

Preces pela Tradição Virtuosa

Para que a tradição de Je Tsongkhapa,
O Rei do Dharma, floresça,
Que todos os obstáculos sejam pacificados
E todas as condições favoráveis sejam abundantes.

Pelas duas coleções, minhas e dos outros,
Reunidas ao longo dos três tempos,
Que a doutrina do Conquistador Losang Dragpa
Floresça para sempre.

Prece *Migtsema* de nove versos

Tsongkhapa, ornamento-coroa dos eruditos da Terra das Neves,
Tu és Buda Shakyamuni e Vajradhara, a fonte de todas as conquistas,
Avalokiteshvara, o tesouro de inobservável compaixão,
Manjushri, a suprema sabedoria imaculada,
E Vajrapani, o destruidor das hostes de maras.
Ó Venerável Guru Buda, síntese das Três Joias,
Com meu corpo, fala e mente, respeitosamente faço pedidos:
Peço, concede tuas bênçãos para amadurecer e libertar a mim e aos outros,
E confere-nos as aquisições comuns e a suprema. (3x)

Cólofon: Estas preces foram compiladas por Venerável Geshe Kelsang Gyatso Rinpoche a partir de fontes tradicionais.

Naropa

Apêndice III

Uma Explicação dos Canais

HÁ TRÊS CANAIS principais: o canal central, o canal direito e o canal esquerdo. O canal central é como a haste principal de um guarda-chuva, passando pelo centro de cada uma das rodas-canais, e os outros dois seguem-no de ambos os lados. O canal central é azul-claro e tem quatro atributos: (1) é reto como o tronco de uma bananeira; (2) por dentro é vermelho-oleoso, como sangue puro; (3) é muito claro e transparente, como a chama de uma vela; e (4) é muito macio e flexível, como uma pétala de lótus.

O canal central está localizado exatamente no meio entre as metades esquerda e direita do corpo, mais próximo das costas do que da frente. Imediatamente na frente da coluna, está o canal da vida, que é bastante grosso; e, à frente deste, está o canal central. Ele começa no ponto entre as sobrancelhas, de onde ascende formando um arco até a coroa da cabeça e, então, desce em linha reta até a ponta do órgão sexual. Embora seu nome mais comum seja *canal central*, ele também é conhecido como "os dois abandonos", porque a reunião dos ventos nesse canal faz com que a atividade negativa associada com os ventos dos canais direito e esquerdo seja abandonada. Ele é também conhecido como "o canal da mente" e como "Rahu".

De ambos os lados do canal central, sem nenhum espaço entre eles, estão os canais direito e esquerdo. O canal direito é vermelho, e o esquerdo, branco. O canal direito começa na ponta da narina direita, e o canal esquerdo, na ponta da narina esquerda. A partir daí, ambos ascendem formando um arco até a coroa da cabeça, por ambos os lados do canal central. Da coroa da cabeça até o umbigo, esses três canais principais são retos e adjacentes entre si. À medida que o canal esquerdo continua descendo abaixo do nível do umbigo, ele se encurva ligeiramente à direita, separando-se levemente do canal central e voltando a se reunir com ele na ponta do órgão sexual. Ali, ele cumpre a função de reter e soltar esperma, sangue e urina. À medida que o canal direito continua descendo abaixo do nível do umbigo, ele se encurva ligeiramente à esquerda e termina na ponta do ânus, onde cumpre a função de reter e soltar as fezes e assim por diante.

Outros nomes para o canal direito são "o canal-sol", "o canal da fala" e "o canal do detentor, ou sustentador, subjetivo". Este último título indica que os ventos que fluem por esse canal causam a geração de concepções desenvolvidas em termos da mente subjetiva. Outros nomes para o canal esquerdo são "o canal-lua", "o canal do corpo" e "o canal do objeto mantido, ou sustentado", sendo que este último título indica que os ventos que fluem por esse canal causam a geração de concepções desenvolvidas em termos do objeto.

Os canais direito e esquerdo enrolam-se em torno do canal central em vários locais, formando, assim, os chamados "nós do canal". Os quatro lugares onde esses nós ocorrem são, em ordem ascendente: a roda-canal do umbigo, a roda-canal do coração, a roda-canal da garganta e a roda-canal da coroa. Em cada um desses locais, exceto no coração, há um nó duplo formado por uma única volta do canal direito e uma única volta do esquerdo. À medida que os canais direito e esquerdo sobem para esses locais, eles se enrolam no canal central cruzando-o pela frente e, depois, dando uma volta ao seu redor. Eles então continuam para cima até o nível do nó seguinte. Ao nível do coração, a mesma coisa acontece, exceto que, aqui, há um nó sêxtuplo formado por três voltas superpostas de cada um dos dois canais laterais.

Os quatro locais onde esses nós ocorrem são em quatro das seis rodas-canais principais. Em cada uma das seis rodas-canais principais, um número diferente de hastes, ou pétalas, ramifica-se do canal central do mesmo modo que as varetas de um guarda-chuva parecem sair de sua haste principal. Assim, na roda-canal da coroa (conhecida como "a roda do grande êxtase") há 32 pétalas, ou hastes-canais, todas de cor branca. O centro é triangular, com o vértice voltado para a frente (isso se refere ao formato do nó entrelaçado através do qual as hastes emanam, tal como é visto a partir de cima). Essas 32 hastes formam um arco para baixo, como as varetas de um guarda-chuva aberto. Uma descrição dessa roda-canal e das demais três rodas-canais principais onde os nós ocorrem é dada abaixo, no Quadro 1.

Quadro 1. As Quatro Rodas-Canais Principais

Localização	*Nome*	*Formato do centro*	*Número de hastes*	*Cor*	*Direção do arqueamento*
coroa	roda do grande êxtase	triangular	32	branca	para baixo
garganta	roda de deleite	circular	16	vermelha	para cima
coração	roda do Dharma	circular	8	branca	para baixo
umbigo	roda emanação	triangular	64	vermelha	para cima

Essas quatro rodas-canais contêm um total de 120 hastes. No que se refere às duas rodas-canais principais restantes, a roda-canal no lugar secreto tem 32 hastes vermelhas que arqueiam para baixo, e a roda-canal da joia tem oito hastes brancas que arqueiam para cima. Deve-se notar que, de acordo com alguns textos, as hastes na coroa, no umbigo e no lugar secreto podem ser visualizadas como tendo diversas cores.

Uma vez que a roda-canal do coração é de especial importância, ela será agora descrita com mais detalhes. Suas oito hastes, ou pétalas, estão dispostas nas direções cardeais e intermediárias, com a frente começando pelo leste. Em cada haste, flui principalmente o vento sustentador de um elemento específico, como está indicado abaixo, no Quadro 2.

Quadro 2. As Hastes da Roda-Canal do Coração

Direção	*Vento sustentador*
leste	do elemento terra
norte	do elemento vento
oeste	do elemento fogo
sul	do elemento água
sudeste	do elemento forma
sudoeste	do elemento odor
noroeste	do elemento sabor
nordeste	do elemento tátil

De cada uma dessas oito pétalas, ou hastes-canais, do coração, ramificam-se três canais, totalizando 24 canais. Esses são os canais dos 24 lugares. Eles estão todos incluídos em três grupos de oito: os canais da roda-mente (que são azuis e contêm, principalmente, ventos), os canais da roda-fala (que são vermelhos e contêm, principalmente, gotas vermelhas) e os canais da roda-corpo (que são brancos e contêm, principalmente, gotas brancas). Cada canal se dirige para um lugar diferente no corpo. Esses lugares são os 24 lugares interiores. Quando praticamos a sadhana extensa de Heruka, visualizamos as Deidades do mandala de corpo nesses lugares.

As extremidades exteriores dos oito canais da roda-mente terminam: (1) no contorno do couro cabeludo, (2) na coroa, (3) na orelha direita, (4) na nuca, (5) na orelha esquerda, (6) no local entre as sobrancelhas, (7) nos dois olhos, e (8) nos dois ombros. As extremidades exteriores dos oito canais da roda-fala terminam: (9) nas duas axilas, (10) nos dois mamilos, (11) no umbigo, (12) na ponta do nariz, (13) na boca, (14) na garganta, (15) no coração (a área entre os dois mamilos), e (16) nos dois testículos ou nos dois lados da vagina. Por fim, as extremidades exteriores dos oito canais da roda-corpo terminam: (17) na ponta do órgão sexual, (18) no ânus, (19) nas duas coxas, (20) nas duas panturrilhas, (21) nos oito dedos das mãos, exceto os polegares, e nos oito dedos dos pés, exceto os dedões, (22) no dorso dos pés, (23) nos dois polegares e nos dois dedões dos pés, e (24) nos dois joelhos.

Cada um desses 24 canais ramifica-se em outros três canais, que se distinguem entre si pelos elementos principais – ventos, gotas vermelhas e gotas brancas – que fluem por eles. Cada um desses 72 canais ramifica-se, por sua vez, em mil canais, totalizando 72 mil canais. É importante, para um praticante de Tantra Ioga Supremo, familiarizar-se com a disposição dos canais, uma vez que é por meio de ganhar controle sobre os ventos e gotas que fluem por eles que alcançamos uma realização da união de grande êxtase espontâneo e vacuidade.

Os ventos no corpo de uma pessoa comum fluem pela maioria desses canais, exceto pelo canal central. Como esses ventos são impuros, as várias mentes que eles sustentam também são impuras e, enquanto continuarem a fluir pelos canais periféricos, continuarão a sustentar as diversas concepções negativas que nos mantêm presos no samsara. Por força de meditação, entretanto, esses ventos podem ser trazidos para o canal central, onde não mais serão capazes de sustentar o desenvolvimento de concepções de aparência dual densas. Com a mente livre de aparências duais, seremos capazes de obter uma realização direta da verdade última, a vacuidade.

Correspondendo aos 24 lugares interiores do mandala de corpo de Heruka, estão os "24 lugares exteriores", localizados em diversos pontos espalhados por este mundo. Os praticantes com carma puro podem ver esses lugares exteriores de Heruka como Terras Puras, mas as pessoas com carma impuro enxergam esses lugares apenas como lugares comuns.

Apêndice IV

Uma Explicação dos Ventos Interiores

Vento é definido como um dos quatro elementos, que é leve e se move. Os ventos podem ser divididos em ventos exteriores e ventos interiores e em ventos densos e ventos sutis. O vento exterior denso é o vento que experienciamos num dia ventoso. O vento exterior sutil é muito mais difícil de ser percebido. Ele é a energia que faz com que as plantas cresçam e existe até mesmo dentro de rochas e montanhas. É com o auxílio dos ventos sutis que as plantas extraem água, produzem novas folhas, e assim por diante. Esses ventos são a força vital das plantas. É certo que, em alguns textos tântricos, os ventos são denominados "vida" ou "força vital". Assim, embora seja incorreto dizer que as plantas são vivas no sentido de estarem associadas a uma consciência, podemos dizer que elas são vivas nesse outro sentido.

Os ventos interiores são os ventos no *continuum* de uma pessoa, que fluem através dos canais de seu corpo. A principal função dos ventos interiores é mover a mente para o seu objeto. A função da mente é apreender objetos, mas ela não pode se mover para um objeto ou estabelecer uma conexão com ele sem um vento que lhe sirva de montaria. A mente é, algumas vezes, comparada a uma pessoa coxa, mas que pode enxergar, e o vento, a uma pessoa cega, mas que pode andar. As mentes podem funcionar apenas quando operam em conjunto com os ventos interiores.

Existem muitos tipos diferentes de ventos fluindo pelos canais do corpo, mas todos estão incluídos nos cinco ventos-raízes e nos cinco ventos secundários. Os cinco ventos-raízes são: (1) o vento de sustentação vital; (2) o vento descendente de esvaziamento; (3) o vento ascendente movedor; (4) o vento que-permanece-por-igual; e (5) o vento que-permeia.

Cada um dos cinco ventos-raízes possui seis características pelas quais pode ser reconhecido: (1) sua cor; (2) a Família Búdica à qual está associado; (3) o elemento para o qual serve de sustentação; (4) seu assento principal ou localização fundamental; (5) sua função; e (6) sua direção (ou seja, o modo como ele sai das narinas após a exalação). Uma lista dessas características está no Quadro 1, na página 282.

O vento de sustentação vital é denominado "vento Akshobya" porque, quando for completamente purificado, ele irá se transformar na natureza de Akshobya. No momento presente, o nosso vento de sustentação vital é como a semente do Corpo-Forma de Akshobya, mas ele não é Akshobya ele próprio. A função principal do vento de sustentação vital é sustentar a vida, mantendo a conexão entre o corpo e a mente. Quanto mais forte for o vento de sustentação vital, mais tempo viveremos. Outra função deste vento é sustentar o elemento água do nosso corpo e fazer com que ele aumente. O vento de sustentação vital é branco e sua localização principal é no coração. Quando exalamos, ele sai por ambas as narinas, fluindo suavemente para baixo.

O vento descendente de esvaziamento é a semente do Corpo-Forma de Ratnasambhava e está associado com o elemento terra. Ele é amarelo e cumpre a função de soltar urina, fezes, esperma e sangue menstrual. Suas localizações principais são o ânus e o órgão sexual e, quando exalamos, ele sai horizontalmente por ambas as narinas, fluindo fortemente para frente.

O vento ascendente movedor é a semente do Corpo-Forma de Amitabha e está associado com o elemento fogo. Ele é vermelho e cumpre a função de nos tornar capazes de ingerir comida e bebida, falar, tossir, e assim por diante. Sua localização principal é na garganta e, quando exalamos, ele sai pela narina direita, fluindo violentamente para cima.

O vento que-permanece-por-igual é a semente do Corpo-Forma de Amoghasiddhi e está associado com o elemento vento. Ele é amarelo-esverdeado e cumpre a função de fazer arder o fogo interior e possibilitar a digestão da comida e da bebida, separando os nutrientes da matéria não aproveitável. Sua localização principal é no umbigo e, quando exalamos, ele sai pela narina esquerda, movendo-se para a esquerda e para a direita a partir da borda da narina.

O vento que-permeia é a semente do Corpo-Forma de Vairochana e está associado com o elemento espaço. Ele é azul-claro e, como o seu nome sugere, ele permeia todo o corpo, particularmente as 360 articulações. Sua função é tornar o corpo capaz de se movimentar. Sem esse vento, ficaríamos completamente imóveis, como uma pedra. Esse vento não flui pelas narinas, exceto no momento da morte.

De um modo geral, em qualquer momento dado, um dos ventos está sempre fluindo mais fortemente pelas narinas do que os outros. Por exemplo, se o vento de sustentação vital estiver fluindo fortemente, os demais ventos (exceto o vento que-permeia) estarão fluindo suavemente. A menos que observemos de maneira muito cuidadosa nossa respiração, será difícil notar os diferentes movimentos dos quatro ventos, mas, com toda certeza, eles fluem pelas nossas narinas sempre que respiramos.

Os cinco ventos secundários são: (1) o vento movedor; (2) o vento intensamente movedor; (3) o vento perfeitamente movedor; (4) o vento fortemente movedor; e (5) o vento definitivamente movedor.

Os cinco ventos secundários são assim denominados porque eles se ramificam do vento de sustentação vital, que reside no centro do coração. A localização principal desses ventos é em quatro hastes-canais da roda-canal do coração, de onde fluem

Quadro 1. Os Ventos-Raízes

	Vento de sustentação vital	*Vento descendente de esvaziamento*	*Vento ascendente movedor*	*Vento que-permanece--por-igual*	*Vento que-permeia*
Cor	Branca	Amarela	Vermelha	Amarelo-esverdeada	Azul-clara
Família Búdica	Akshobya	Ratnasambhava	Amitabha	Amoghasiddhi	Vairochana
Elemento	Água	Terra	Fogo	Vento	Espaço
Localização	Coração	As duas portas inferiores: o ânus e o órgão sexual	Garganta	Umbigo	Ambas as partes do corpo, a superior e a inferior, principalmente as 360 articulações
Função	Sustentar e manter a vida	Reter e soltar urina, fezes, esperma, sangue etc.	Falar, ingerir etc.	Faz arder o fogo interior; possibilita a digestão da comida e da bebida etc.	Capacitar o corpo a ir e vir; permitir movimentos, levantar-se e posicionar-se
Direção	Ambas as narinas, suavemente para baixo	Ambas as narinas, horizontalmente e fortemente para frente	Pela narina direita, fluindo violentamente para cima	Pela narina esquerda, movendo-se para a esquerda e para a direita a partir da borda da narina	Este vento não flui através das narinas, exceto no momento da morte

pelos nossos canais para as cinco portas dos poderes, ou faculdades, sensoriais. Eles são também denominados "os cinco ventos dos poderes sensoriais" porque sua função é possibilitar o desenvolvimento das percepções sensoriais. A cor e a função de cada vento secundário estão listadas no Quadro 2.

Quadro 2. Os Ventos Secundários

Nome	*Cor*	*Função*
Vento movedor	Vermelha	Permitir que a percepção visual se mova para formas visuais
Vento intensamente movedor	Azul	Permitir que a percepção auditiva se mova para os sons
Vento perfeitamente movedor	Amarela	Permitir que a percepção olfativa se mova para os odores
Vento fortemente movedor	Branca	Permitir que a percepção gustativa se mova para os sabores
Vento definitivamente movedor	Verde	Permitir que a percepção corporal, ou tátil, se mova para os objetos táteis

O primeiro vento, o vento movedor, flui do coração pela porta dos olhos, permitindo que a percepção visual se mova para o seu objeto, as formas visuais. Sem o vento movedor, a percepção visual seria incapaz de entrar em contato com as formas visuais. A razão pela qual não podemos ver quando estamos dormindo é que o vento movedor retirou-se da porta do poder sensorial visual e retornou para sua sede, no coração.

O vento intensamente movedor flui do coração para os ouvidos, permitindo que a percepção auditiva se mova para os sons; o vento perfeitamente movedor flui do coração para as narinas, permitindo que a percepção olfativa se mova para os odores; o vento fortemente movedor flui do coração para a língua, permitindo que a percepção gustativa se mova para os sabores; e o vento definitivamente movedor flui do coração para todo o corpo, permitindo que a percepção corporal, ou tátil, se mova para os objetos táteis.

O vento descendente de esvaziamento, o vento ascendente movedor, o vento que-permanece-por-igual, o vento que-permeia e os cinco ventos secundários são, todos eles, ventos interiores densos. O vento de sustentação vital possui três níveis: denso, sutil e muito sutil. A maioria dos ventos-montaria dos pensamentos conceituais são ventos de sustentação vital densos; os ventos-montaria das mentes de aparência branca, vermelho crescente e negra da aquisição-próxima são ventos de sustentação vital sutis; e o vento-montaria da mente de clara-luz é um vento de sustentação vital muito sutil.

O vento de sustentação vital tem uma atuação muito ampla. Se um vento de sustentação vital poluído se manifesta, pensamentos conceituais negativos se desenvolvem, mas, se o vento de sustentação vital for purificado, os pensamentos conceituais negativos serão pacificados. Todas as meditações utilizam a percepção mental, e o vento-montaria da percepção mental é o vento de sustentação vital, necessariamente.

Cada um dos cinco ventos dos poderes, ou faculdades, sensoriais e o vento de sustentação vital denso possuem duas partes: um vento que desenvolve o tipo específico de percepção e um vento que move a percepção para o seu objeto. Esses doze ventos normalmente fluem pelos canais direito e esquerdo e são os principais objetos a serem purificados pela recitação vajra, como está explicado nos livros *Solos e Caminhos Tântricos* e *Essência do Vajrayana*. Se quisermos superar distrações, é muito importante fazer com que esses doze ventos entrem, permaneçam e se dissolvam dentro do canal central.

Apêndice V

O Ioga de Buda Heruka

A SADHANA ESSENCIAL DE AUTOGERAÇÃO
DO MANDALA DE CORPO DE HERUKA

Objetos de compromisso tântricos: oferenda interior no kapala, vajra, sino, damaru, vaso-ação, mala

Introdução

Aqueles que receberam a iniciação do mandala de corpo de Heruka, mas não conseguem praticar a sadhana extensa, *Essência do Vajrayana*, podem praticar esta breve sadhana que contém a essência da prática do mandala de corpo de Heruka.

É muito importante melhorar nossa compreensão e fé nesta preciosa prática por meio do estudo sincero do seu comentário, apresentado no capítulo *A Prática do Mandala de Corpo de Heruka*. Podemos então, tendo compreendido claramente seu significado e com forte fé, ingressar, fazer progressos e concluir o caminho rápido ao estado iluminado de Buda Heruka.

Geshe Kelsang Gyatso
Abril de 2010

Je Phabongkhapa

O Ioga de Buda Heruka

PRELIMINARES

Buscar refúgio

Eu e todos os seres sencientes, até alcançarmos a iluminação,
Nos refugiamos em Buda, Dharma e Sangha. (3x)

Gerar o supremo bom coração, a bodhichitta

Pelas virtudes que coleto, praticando o dar e as outras perfeições,
Que eu me torne um Buda para o benefício de todos. (3x)

Guru-Ioga

VISUALIZAÇÃO E MEDITAÇÃO

No espaço à minha frente, está Guru Sumati Buda Heruka – Je Tsongkhapa inseparável de meu Guru-raiz, de Buda Shakyamuni e de Heruka – rodeado por todos os Budas das dez direções.

CONVIDAR OS SERES-DE-SABEDORIA

Do coração do Protetor das centenas de Deidades da Terra Alegre,
Ao topo de uma nuvem, como coalhada branca e fresca,
Ó Todo-Conhecedor Losang Dragpa, Rei do Dharma,
Por favor, vem a este lugar juntamente com teus Filhos.

Neste ponto, imaginamos que o ser-de-sabedoria Je Tsongkhapa, juntamente com seu séquito, dissolve-se na assembleia de Guru Sumati Buda Heruka e eles se tornam não duais.

A PRÁTICA DOS SETE MEMBROS

No espaço à minha frente, sobre um trono de leões, lótus e lua,
Os veneráveis Gurus sorriem com deleite.
Ó Supremo Campo de Mérito para a minha mente de fé,
Por favor, permanece por cem éons para difundir a doutrina.

Tua mente de sabedoria compreende a extensão integral dos objetos de conhecimento,
Tua eloquente fala é o ornamento-orelha dos afortunados,
Teu lindo corpo brilha com a glória do renome,
Prostro-me a ti, que és tão significativo de ver, ouvir e recordar.

Agradáveis oferendas de água, diversas flores,
Incenso de doce aroma, luzes, água perfumada e assim por diante,
Uma vasta nuvem de oferendas, tanto as efetivas como as imaginadas,
Ofereço a ti, Ó Supremo Campo de Mérito.

Sejam quais forem as não virtudes de corpo, fala e mente
Que tenho acumulado desde tempos sem início,
Especialmente as transgressões dos meus três votos,
Com grande remorso, confesso uma a uma do fundo de meu coração.

Nesta era degenerada, te empenhaste em muito estudo e realização.
Abandonando os oito interesses mundanos, tornaste significativos tuas liberdades e dotes.
Ó Protetor, regozijo-me do fundo de meu coração,
Na grande onda de teus feitos.

Das ondulantes nuvens de sabedoria e de compaixão
No espaço do vosso Corpo-Verdade, Ó Veneráveis e Sagrados
Gurus,
Por favor, derramai uma chuva do Dharma vasto e profundo
Apropriado aos discípulos deste mundo.

Do teu verdadeiro corpo imortal, nascido da clara-luz-
significativa,
Por favor, envia incontáveis emanações ao mundo inteiro
Para difundir a linhagem oral da doutrina Ganden
E que elas permaneçam por muito tempo.

Pelas virtudes que aqui acumulei,
Que a doutrina e todos os seres vivos recebam todo benefício.
Especialmente, que a essência da doutrina
Do Venerável Losang Dragpa brilhe para sempre.

OFERECER O MANDALA

O chão espargido com perfume e salpicado de flores,
A Grande Montanha, quatro continentes, Sol e Lua,
Percebidos como Terra de Buda e assim oferecidos,
Que todos os seres desfrutem dessas Terras Puras.

Ofereço, sem nenhum sentimento de perda,
Os objetos que fazem surgir meu apego, ódio e confusão,
Meus amigos, inimigos e estranhos, nossos corpos e prazeres;
Peço, aceita-os e abençoa-me, livrando-me diretamente dos
três venenos.

IDAM GURU RATNA MANDALAKAM NIRYATAYAMI

FAZER PEDIDOS ESPECIAIS

Ó Guru Sumati Buda Heruka, de agora em diante até que eu alcance a iluminação,
Não buscarei outro refúgio além de ti.
Por favor, pacifica meus obstáculos e concede-me
As duas aquisições, a libertadora e a de amadurecimento.
Por favor, abençoa-me para que eu me torne o Heruka definitivo,
O estado no qual experienciarei todos os fenômenos como purificados e reunidos na vacuidade, inseparável do grande êxtase. (3x)

GERAR A EXPERIÊNCIA DE GRANDE ÊXTASE E VACUIDADE

Por ter feito pedidos desse modo, todos os Budas das dez direções se dissolvem em Je Tsongkhapa, que é inseparável de meu Guru-raiz; Je Tsongkhapa se dissolve em Buda Shakyamuni, que está em seu coração; e Buda Shakyamuni se dissolve em Heruka, que está em seu coração. Com deleite, Guru Heruka, que é da natureza da união de grande êxtase e vacuidade, ingressa em meu corpo pela minha coroa e se dissolve em minha mente, no meu coração. Porque Heruka, que é da natureza da união de grande êxtase e vacuidade, torna-se inseparável da minha mente, minha mente se transforma na união de grande êxtase e vacuidade de todos os fenômenos.

Meditamos nessa crença com concentração estritamente focada. Essa meditação é denominada "treinar o Guru-Ioga definitivo". Devemos repetir a prática de pedidos especiais *e* meditação *muitas e muitas vezes, até que acreditemos, de maneira espontânea, que nossa mente se transformou na união de grande êxtase e vacuidade.*

A AUTOGERAÇÃO PROPRIAMENTE DITA

No vasto espaço da vacuidade de todos os fenômenos, a natureza de minha aparência equivocada de todos os fenômenos purificada – que é a Terra Pura de Keajra – eu apareço como Buda Heruka, com um corpo azul, quatro faces e doze braços, a natureza de minha gota branca indestrutível purificada. Abraço Vajravarahi, a natureza de minha gota vermelha indestrutível purificada. Estou rodeado pelos Heróis e Heroínas das Cinco Rodas, que são a natureza de meu corpo sutil purificado – os canais e as gotas. Resido no mandala, a mansão celestial, que é a natureza de meu corpo denso purificado. Embora eu tenha essa aparência, ela não é outra senão a vacuidade de todos os fenômenos.

Neste ponto, (1) enquanto experienciamos grande êxtase e vacuidade, (2) meditamos, com orgulho divino, na clara-aparência do mandala e das Deidades, enquanto (3) reconhecemos que as Deidades são a natureza dos nossos canais e gotas purificados (que são o nosso corpo sutil) e que o mandala é a natureza do nosso corpo denso purificado.

Desse modo, em uma única meditação, treinamos sinceramente o estágio de geração, que possui essas três características. Mantendo a terceira característica (o reconhecimento das Deidades como sendo a natureza do nosso corpo sutil purificado, e o mandala como sendo a natureza do nosso corpo denso purificado) tornamos essa concentração numa verdadeira meditação do mandala de corpo.

Se desejarmos praticar a meditação do estágio de conclusão, devemos nos transformar, por meio de imaginação, de Heruka com quatro faces e doze braços em Heruka com uma face e dois braços. Fazemos, então, as meditações do canal central, gota indestrutível, vento indestrutível, a meditação tummo, e assim por diante.

Quando precisarmos descansar da meditação, podemos praticar a recitação de mantra.

Recitar os mantras

O MANTRA-ESSÊNCIA DE HERUKA

Em meu coração, está o ser-de-sabedoria Buda Heruka – Heruka definitivo.

Ó Glorioso Vajra Heruka, tu que desfrutas
O corpo-ilusório divino e a mente de clara-luz,
Por favor, pacifica meus obstáculos e concede-me
As duas aquisições, a libertadora e a de amadurecimento.
Por favor, abençoa-me para que eu me torne Heruka definitivo,
O estado no qual experienciarei todos os fenômenos como purificados e reunidos na vacuidade, inseparável do grande êxtase.

OM SHRI VAJRA HE HE RU RU KAM HUM HUM PHAT DAKINI DZALA SHAMBARAM SOHA

(21x, 100x, etc.)

O MANTRA TRI-OM DE VAJRAYOGINI

No coração da Vajrayogini imaginada (Vajravarahi), está o ser--de-sabedoria Buda Vajrayogini – Vajrayogini definitiva.

OM OM OM SARWA BUDDHA DAKINIYE VAJRA WARNANIYE VAJRA BEROTZANIYE HUM HUM HUM PHAT PHAT PHAT SOHA

Recite, no mínimo, a quantidade de mantras que você prometeu.

O mantra "Tri-OM" é a união do mantra-essência e do mantra-essência aproximador de Vajravarahi. O significado desse mantra é apresentado a seguir. Com OM OM OM chamamos Vajrayogini – a principal Deidade – e seu séquito de Heroínas das três rodas. SARWA BUDDHA DAKINIYE significa que Vajrayogini é a síntese das mentes de todos os Budas, VAJRA WARNANIYE significa que ela é a síntese da fala de todos os Budas, e VAJRA BEROTZANIYE significa que ela é a síntese dos corpos de todos os Budas. Com HUM HUM HUM estamos rogando a Vajrayogini e seus séquitos que nos concedam as aquisições de corpo, fala e mente de todos os Budas. Com PHAT PHAT PHAT estamos rogando a Vajrayogini e seus séquitos que pacifiquem nosso principal obstáculo – a aparência equivocada sutil do nosso corpo, fala e mente; e SOHA significa "por favor, estabeleçam dentro de mim o fundamento básico para todas essas aquisições".

O MANTRA CONDENSADO DAS 62 DEIDADES DO MANDALA DE CORPO DE HERUKA

No coração de cada uma das 62 Deidades, está o seu ser-de--sabedoria individual, sua própria Deidade definitiva.

OM HUM BAM RIM RIM LIM LIM, KAM KHAM GAM GHAM NGAM, TSAM TSHAM DZAM DZHAM NYAM, TrAM THrAM DrAM DHrAM NAM, TAM THAM DAM DHAM NAM, PAM PHAM BAM BHAM, YAM RAM LAM WAM, SHAM KAM SAM HAM HUM HUM PHAT

(7x, 21x, 100x, etc.)

Quando recitamos esse mantra, estamos fazendo pedidos ao ser-de-sabedoria Buda Heruka com Vajravarahi, juntamente com seu séquito de Heróis e Heroínas das Cinco Rodas, que pacifique nosso obstáculo da aparência equivocada sutil e nos conceda as aquisições da Terra Dakini exterior e interior. A Terra Dakini exterior é a Terra Pura de Keajra, e a Terra Dakini interior é a clara-luz-significativa. No momento em que nossa mente estiver livre da aparência equivocada sutil, abriremos a porta pela qual poderemos ver diretamente todas as Deidades iluminadas. Essa porta permanecerá fechada enquanto nossa mente continuar poluída pela aparência equivocada sutil.

Dedicatória

Assim, por minhas virtudes de corretamente fazer as oferendas,
louvores, recitações e meditações
Do estágio de geração do Glorioso Heruka,
Que eu complete todas as etapas
Dos caminhos comum e incomum.

Para o bem de todos os seres vivos
Que eu me torne Heruka;
E, então, conduza cada ser vivo
Ao estado supremo de Heruka.

E, se eu não alcançar esse estado supremo nesta vida,
Que eu seja encontrado, na hora da minha morte, pelos
Veneráveis Pai e Mãe e seus séquitos,
Com nuvens de oferendas extremamente belas, música celestial,
E muitos sinais auspiciosos e excelentes.

Então, ao final da clara-luz da morte,
Que eu seja conduzido à Terra Pura de Keajra,
A morada dos Detentores do Saber, que praticam o caminho
supremo;
E que, ali, eu complete rapidamente esse caminho profundo.

Que a mais profunda prática e instrução de Heruka,
Praticada por milhões de poderosos iogues, aumente
imensamente;
E que ela permaneça por muito tempo sem se degenerar,
Como a entrada principal para os que buscam libertação.

Que os Heróis, Dakinis e seus séquitos,
Que residem nos vinte e quatro lugares supremos de Heruka
neste mundo,
Que possuem um poder livre de obstruções para realizarem
este método,
Nunca oscilem em ajudar continuamente os praticantes.

Preces auspiciosas

Que haja a auspiciosidade de um grande tesouro de bênçãos
Surgindo dos excelentes feitos do Guru-raiz e de todos
os Gurus-linhagem,
Que realizaram a suprema aquisição de Buda Heruka
Por confiarem no excelente caminho secreto do Rei dos Tantras.

Que haja a auspiciosidade dos grandes e excelentes feitos das
Três Joias –
A sagrada Joia Buda, a natureza de Heruka que tudo permeia,
o Heruka definitivo;
A Joia Dharma secreta, magnífica e última, as escrituras
e realizações do Tantra de Heruka;
E a suprema Joia Sangha, as assembleias de Deidades
do séquito de Heruka.

Por toda a grande boa fortuna que existe
Nas preciosas mansões celestiais, tão extensas quanto os três
mil mundos,
Adornadas com ornamentos semelhantes aos raios do Sol
e da Lua,
Que todos os mundos e seus seres tenham felicidade, bondade,
glória e prosperidade.

Preces pela Tradição Virtuosa

Para que a tradição de Je Tsongkhapa,
O Rei do Dharma, floresça,
Que todos os obstáculos sejam pacificados
E todas as condições favoráveis sejam abundantes.

Pelas duas coleções, minhas e dos outros,
Reunidas ao longo dos três tempos,
Que a doutrina do Conquistador Losang Dragpa
Floresça para sempre.

Prece *Migtsema* de nove versos

Tsongkhapa, ornamento-coroa dos eruditos da Terra das Neves,
Tu és Buda Shakyamuni e Vajradhara, a fonte de todas as conquistas,
Avalokiteshvara, o tesouro de inobservável compaixão,
Manjushri, a suprema sabedoria imaculada,
E Vajrapani, o destruidor das hostes de maras.
Ó Venerável Guru Buda, síntese das Três Joias,
Com meu corpo, fala e mente, respeitosamente faço pedidos:
Peço, concede tuas bênçãos para amadurecer e libertar a mim e aos outros,
E confere-nos as aquisições comuns e a suprema. (3x)

Ioga Condensado em Seis Sessões

*Todos os que receberam uma iniciação de Tantra Ioga Supremo têm um compromisso de praticar "*o ioga em seis sessões*". Se estivermos muito atarefados, podemos cumprir nosso compromisso das seis sessões fazendo a seguinte prática, seis vezes por dia. Primeiramente, recordamos os dezenove compromissos das Cinco Famílias Búdicas (listados abaixo) e, depois, com uma forte determinação de manter puramente esses compromissos, recitamos o* Ioga Condensado em Seis Sessões.

OS DEZENOVE COMPROMISSOS
DAS CINCO FAMÍLIAS BÚDICAS

Os seis compromissos da Família de Buda Vairochana:

1. Buscar refúgio em Buda;
2. Buscar refúgio no Dharma;
3. Buscar refúgio na Sangha;
4. Abster-se de não-virtude;
5. Praticar virtude;
6. Beneficiar os outros.

Os quatro compromissos da Família de Buda Akshobya:

1. Manter um vajra para nos lembrar de enfatizar o desenvolvimento de grande êxtase por meio da meditação no canal central;
2. Manter um sino para nos lembrar de enfatizar a meditação na vacuidade;

3. Gerar a nós mesmos como a Deidade, ao mesmo tempo que compreendemos que todas as coisas que normalmente vemos não existem;
4. Confiar sinceramente em nosso Guia Espiritual, que nos conduz à prática da pura disciplina moral dos votos pratimoksha, bodhisattva e tântricos.

Os quatro compromissos da Família de Buda Ratnasambhava:

1. Dar ajuda material;
2. Dar Dharma;
3. Dar destemor;
4. Dar amor.

Os três compromissos da Família de Buda Amitabha:

1. Confiar nos ensinamentos de Sutra;
2. Confiar nos ensinamentos das duas classes inferiores de Tantra;
3. Confiar nos ensinamentos das duas classes superiores de Tantra.

Os dois compromissos da Família de Buda Amoghasiddhi:

1. Fazer oferendas a nosso Guia Espiritual;
2. Empenharmo-nos para manter puramente todos os votos que tomamos.

IOGA CONDENSADO EM SEIS SESSÕES

Eu busco refúgio no Guru e nas Três Joias.
Segurando vajra e sino, gero-me como a Deidade e faço oferendas.
Confio nos Dharmas de Sutra e de Tantra e abstenho-me de todas as ações não virtuosas.
Reunindo todos os Dharmas virtuosos, ajudo todos os seres vivos por meio das quatro práticas de dar.

Todos os dezenove compromissos estão incluídos nessa estrofe. As palavras "Eu busco refúgio no Guru e nas Três Joias" *referem-se aos três primeiros compromissos da Família de Buda Vairochana: buscar refúgio em Buda, buscar refúgio no Dharma e buscar refúgio na Sangha. A palavra* "Guru" *refere-se ao quarto compromisso da Família de Buda Akshobya: confiar sinceramente em nosso Guia Espiritual.*

As palavras "Segurando vajra e sino, gero-me como a Deidade" *referem-se aos primeiros três compromissos da Família de Buda Akshobya: manter um vajra para nos lembrar do grande êxtase, manter um sino para nos lembrar da vacuidade e gerar a nós mesmos como a Deidade. As palavras* "e faço oferendas" *referem-se ao primeiro compromisso da Família de Buda Amoghasiddhi: fazer oferendas a nosso Guia Espiritual.*

As palavras "Confio nos Dharmas de Sutra e de Tantra" *referem-se aos três compromissos da Família de Buda Amitabha: confiar nos ensinamentos de Sutra, confiar nos ensinamentos das duas classes inferiores de Tantra e confiar nos ensinamentos das duas classes superiores de Tantra. As palavras* "e abstenho-me de todas as ações não virtuosas" *referem-se ao quarto compromisso da Família de Buda Vairochana: abster-se de não virtude.*

As palavras "Reunindo todos os Dharmas virtuosos" *referem-se ao quinto compromisso da Família de Buda Vairochana: praticar virtude. As palavras* "ajudo todos os seres vivos" *referem-se ao sexto compromisso da Família de Buda Vairochana: beneficiar os outros. As palavras* "por meio das quatro práticas de dar" *referem-se aos quatro compromissos da Família de Buda Ratnasambhava: dar ajuda material, dar Dharma, dar destemor e dar amor.*

Finalmente, a estrofe inteira refere-se ao segundo compromisso da Família de Buda Amoghasiddhi: empenharmo-nos para manter puramente todos os votos que tomamos.

Mais detalhes sobre os votos e compromissos do Mantra Secreto podem ser encontrados no livro Solos e Caminhos Tântricos.

Cólofon: Esta sadhana, ou prece ritual, para obter as aquisições espirituais de Buda Heruka foi compilada de fontes tradicionais por Venerável Geshe Kelsang Gyatso Rinpoche em junho de 2009 e revisada em abril de 2010 e dezembro de 2012.

Apêndice VI

Jornada de Êxtase

COMO FAZER UM RETIRO APROXIMADOR DO MANDALA DE CORPO DE HERUKA

Vajradhara Trijang Rinpoche

Introdução

Os praticantes sinceros da sadhana *O Ioga de Buda Heruka* podem fazer um retiro-aproximador do mandala de corpo de Heruka de acordo com as seguintes instruções.

Após dispor os objetos rituais, a torma e demais oferendas – do modo tradicional ou simples – você deve fazer, na noite do primeiro dia em que o retiro tem início, a prática d'*O Ioga de Buda Heruka*, desde *Buscar refúgio* até *Recitar os mantras*, inclusive; depois, faça as oferendas tsog e de torma como apresentadas a seguir. A sessão deve ser finalizada com a recitação da *Dedicatória* e demais preces da sadhana.

Começando o segundo dia, se você planeja fazer quatro sessões de retiro por dia, você deve fazer, nas primeiras três sessões, a prática d'*O Ioga de Buda Heruka*, desde *Buscar refúgio* até a *Dedicatória* e as preces remanescentes, inclusive, sem quaisquer adições. Na quarta, ou última sessão, você deve fazer a prática d'*O Ioga de Buda Heruka* desde *Buscar refúgio* até *Recitar os mantras* e, então, fazer as oferendas de torma como apresentadas a seguir; a sessão deve ser concluída com a recitação da *Dedicatória* e demais preces da sadhana.

Após ter coletado 100 mil recitações do mantra-essência de Heruka, 100 mil recitações do mantra tri-OM de Vajrayogini e 10 mil recitações do mantra-condensado das 62 Deidades do mandala de corpo de Heruka, você precisa então fazer um puja do fogo, ou oferenda ardente. Essa prática e sua explicação podem ser encontradas no livro *Essência do Vajrayana*. Desse modo, o seu retiro-aproximador do mandala de corpo de Heruka será concluído. Até que o puja do fogo seja finalizado, você deve fazer, no mínimo, duas sessões d'*O Ioga de Buda Heruka* todos os dias, fazendo oferendas de torma na última sessão.

Uma vez que você tenha concluído o retiro-aproximador do mandala de corpo de Heruka, você pode se empenhar na prática de autoiniciação do mandala de corpo de Heruka, que pode ser encontrada na sadhana *União-do-Não-Mais-Aprender*. É muito importante que, sempre que recitar a sadhana *O Ioga de Buda Heruka*, você deve se concentrar fortemente no seu significado, livre de distração e motivação impura. Entre as sessões, você deve ler cuidadosamente o comentário a essa sadhana, apresentado no capítulo *A Prática do Mandala de Corpo de Heruka*.

Geshe Kelsang Gyatso
Abril de 2010

Jornada de Êxtase

OFERENDA DA TORMA

*Após termos feito a prática d'*O Ioga de Buda Heruka *– desde* Buscar refúgio *até* Recitar os mantras, *inclusive –, fazemos agora a oferenda da torma.*

Abençoar a oferenda interior

OM KHANDAROHI HUM HUM PHAT
OM SOBHAWA SHUDDHA SARWA DHARMA SOBHAWA
SHUDDHO HAM
Tudo se torna vacuidade.

Do estado de vacuidade, do YAM vem vento; do RAM vem fogo; do AH, um tripé de três cabeças humanas. Sobre ele, do AH aparece uma ampla e vasta cuia de crânio. Dentro dela, do OM, KHAM, AM, TRAM, HUM vêm os cinco néctares; e do LAM, MAM, PAM, TAM, BAM vêm as cinco carnes, cada qual marcado por uma das letras. O vento sopra, o fogo arde e as substâncias dentro da cuia de crânio derretem e se fundem. Acima delas, do HUM surge um khatanga branco de cabeça para baixo, que cai e se derrete na cuia de crânio, fazendo com que as substâncias assumam cor de mercúrio. Acima disso, três fileiras sobrepostas de vogais e consoantes transformam-se em OM AH HUM. Deles, raios de luz atraem o néctar de excelsa sabedoria do coração de todos os Tathagatas, Heróis e Ioguines das dez direções. Quando isso é adicionado, o conteúdo aumenta e se torna vasto.
OM AH HUM (3x)

Abençoar as oferendas exteriores

OM KHANDAROHI HUM HUM PHAT
OM SOBHAWA SHUDDHA SARWA DHARMA SOBHAWA
SHUDDHO HAM
Tudo se torna vacuidade.

Do estado de vacuidade, de KAMs vêm vastas e amplas cuias de crânio, dentro das quais, de HUMs surgem água para beber, água para banhar, água para a boca, flores, incenso, luzes, perfume, alimentos e música. Por sua natureza, vacuidade, cada uma delas tem o aspecto individual de uma das substâncias de oferenda, e funcionam como objetos de prazer dos seis sentidos para proporcionar especial êxtase incontaminado.

OM AHRGHAM AH HUM
OM PADÄM AH HUM
OM ÄNTZAMANAM AH HUM
OM VAJRA PUPE AH HUM
OM VAJRA DHUPE AH HUM
OM VAJRA DIWE AH HUM
OM VAJRA GÄNDHE AH HUM
OM VAJRA NEWIDE AH HUM
OM VAJRA SHAPTA AH HUM

Abençoar as tormas

OM KHANDAROHI HUM HUM PHAT
OM SOBHAWA SHUDDHA SARWA DHARMA SOBHAWA
SHUDDHO HAM
Tudo se torna vacuidade.

Do estado de vacuidade, do YAM vem vento; do RAM vem fogo; do AH, um tripé de três cabeças humanas. Sobre ele, do AH aparece uma ampla e vasta cuia de crânio. Dentro dela, do OM, KHAM, AM, TRAM, HUM vêm os cinco néctares; e do LAM, MAM, PAM, TAM, BAM vêm as cinco carnes, cada qual marcado por uma das letras. O vento sopra, o fogo arde e as substâncias dentro da cuia de crânio derretem e se fundem.

Acima delas, do HUM surge um khatanga branco de cabeça para baixo, que cai e se derrete na cuia de crânio, fazendo com que as substâncias assumam cor de mercúrio. Acima disso, três fileiras sobrepostas de vogais e consoantes transformam-se em OM AH HUM. Deles, raios de luz atraem o néctar de excelsa sabedoria do coração de todos os Tathagatas, Heróis e Ioguines das dez direções. Quando isso é adicionado, o conteúdo aumenta e se torna vasto.
OM AH HUM (3x)

Fazer o convite aos convidados das tormas

PHAIM
Raios de luz se irradiam da letra HUM no assento de sol no meu coração e convidam, ao espaço à minha frente, toda a assembleia das Deidades de Chakrasambara juntamente com seus séquitos mundanos, tais como os guardiões direcionais que residem nos oito solos sepulcrais.

OM AHRGHAM PARTITZA SOHA
OM PADÄM PARTITZA SOHA
OM ÄNTZAMANAM PARTITZA SOHA
OM VAJRA PUPE AH HUM SOHA
OM VAJRA DHUPE AH HUM SOHA
OM VAJRA DIWE AH HUM SOHA
OM VAJRA GÄNDHE AH HUM SOHA
OM VAJRA NEWIDE AH HUM SOHA
OM VAJRA SHAPTA AH HUM SOHA

De um HUM branco na língua de cada convidado, surge um vajra branco tridentado, através do qual eles compartilham da essência da torma, sorvendo-a por canudos de luz da espessura de apenas um grão de cevada.

Oferecer a torma principal

OM VAJRA AH RA LI HO: DZA HUM BAM HO: VAJRA DAKINI SAMAYA TÖN TRISHAYA HO (3x)

Com a primeira recitação, ofereça a torma ao Pai Principal; com a segunda, à Mãe Principal; e com a terceira, às Quatro Ioguines, começando a partir do leste e prosseguindo em sentido anti-horário.

Oferecer a torma às Deidades da roda-coração, da roda-fala e da roda-corpo

OM KARA KARA, KURU KURU, BÄNDHA BÄNDHA, TrASAYA TrASAYA, KYOMBHAYA KYOMBHAYA, HROM HROM, HRAH HRAH, PHAIM PHAIM, PHAT PHAT, DAHA DAHA, PATSA PATSA, BHAKYA BHAKYA BASA RUDHI ÄNTRA MALA WALAMBINE, GRIHANA GRIHANA SAPTA PATALA GATA BHUDZAMGAM SARWAMPA TARDZAYA TARDZAYA, AKANDYA AKANDYA, HRIM HRIM, GYÖN GYÖN, KYAMA KYAMA, HAM HAM, HIM HIM, HUM HUM, KILI KILI, SILI SILI, HILI HILI, DHILI DHILI, HUM HUM PHAT

Oferecer a torma às Deidades da roda-compromisso

OM VAJRA AH RA LI HO: DZA HUM BAM HO: VAJRA DAKINI SAMAYA TÖN TRISHAYA HO (2x)

Oferendas exteriores

OM AHRGHAM PARTITZA SOHA
OM PADÄM PARTITZA SOHA
OM ÄNTZAMANAM PARTITZA SOHA
OM VAJRA PUPE AH HUM SOHA
OM VAJRA DHUPE AH HUM SOHA
OM VAJRA DIWE AH HUM SOHA
OM VAJRA GÄNDHE AH HUM SOHA
OM VAJRA NEWIDE AH HUM SOHA
OM VAJRA SHAPTA AH HUM SOHA

OM AH VAJRA ADARSHE HUM
OM AH VAJRA WINI HUM
OM AH VAJRA GÄNDHE HUM
OM AH VAJRA RASE HUM
OM AH VAJRA PARSHE HUM
OM AH VAJRA DHARME HUM

Oferenda interior

OM HUM BAM RIM RIM LIM LIM, KAM KHAM GAM GHAM NGAM, TSAM TSHAM DZAM DZHAM NYAM, TrAM THrAM DrAM DHrAM NAM, TAM THAM DAM DHAM NAM, PAM PHAM BAM BHAM, YAM RAM LAM WAM, SHAM KAM SAM HAM HUM HUM PHAT OM AH HUM

Oferenda secreta e da talidade *(thatness)*

Através do Pai e da Mãe se unirem-em-abraço, todas as Deidades principais e do séquito desfrutam uma experiência especial de grande êxtase e vacuidade.

Oito versos de louvor ao Pai

OM Prostro-me ao Abençoado, Senhor dos Heróis HUM HUM PHAT
OM A ti, com um brilho igual ao do fogo do grande éon HUM HUM PHAT
OM A ti, com um coque inesgotável HUM HUM PHAT
OM A ti, com uma face aterrorizante e caninos à mostra HUM HUM PHAT
OM A ti, cujos mil braços resplandecem com luz HUM HUM PHAT
OM A ti, que seguras um machado, um laço erguido, uma lança e um khatanga HUM HUM PHAT
OM A ti, que vestes uma pele de tigre HUM HUM PHAT
OM Curvo-me a ti, cujo grande corpo cor-de-fumaça dissipa obstruções HUM HUM PHAT

Oito versos de louvor à Mãe

OM Prostro-me a Vajravarahi, a Mãe Abençoada HUM HUM PHAT
OM À Superior e poderosa Senhora do Saber, inconquistada pelos três reinos HUM HUM PHAT
OM A ti, que destróis todos os medos de espíritos maléficos com teu grande vajra HUM HUM PHAT
OM A ti, com olhos controladores, que permaneces como o assento-vajra inconquistado por outros HUM HUM PHAT

OM A ti, cuja feroz forma irada desseca Brahma HUM HUM PHAT
OM A ti, que aterrorizas e exterminas demônios, conquistando aqueles de outras direções HUM HUM PHAT
OM A ti, que conquistas todos os que nos tornam obtusos, rígidos e confusos HUM HUM PHAT
OM Curvo-me a Vajravarahi, a Grande Mãe, a consorte Dakini que satisfaz todos os desejos HUM HUM PHAT

Pedir a satisfação dos desejos

Tu, que destruíste igualmente o apego pelo samsara e pela paz solitária, assim como todas as conceitualizações,
Que vês todas as coisas que existem por todo o espaço;
Ó Protetor, dotado com forte compaixão, que eu seja abençoado pelas águas da tua compaixão,
E que as Dakinis me tomem sob seus cuidados amorosos.

Oferecer a torma às Deidades mundanas

Os guardiões direcionais, guardiões regionais, nagas e assim por diante, que residem nos oito grandes solos sepulcrais, ingressam instantaneamente na clara-luz e surgem na forma das Deidades de Heruka no aspecto de Pai e Mãe. De um HUM branco na língua de cada convidado, surge um vajra branco tridentado, através do qual eles compartilham da essência da torma, sorvendo-a por canudos de luz da espessura de apenas um grão de cevada.

OM KHA KHA, KHAHI KHAHI, SARWA YAKYA RAKYASA, BHUTA, TRETA, PISHATSA, UNATA, APAMARA, VAJRA DAKA, DAKI NÄDAYA, IMAM BALING GRIHANTU, SAMAYA RAKYANTU, MAMA SARWA SIDDHI METRA YATZANTU, YATIPAM, YATETAM, BHUDZATA, PIWATA, DZITRATA, MATI TRAMATA, MAMA SARWA KATAYA, SÄDSUKHAM BISHUDHAYE, SAHAYEKA BHAWÄNTU, HUM HUM PHAT PHAT SOHA (2x)

Com a primeira recitação, ofereça a torma aos convidados nas direções cardeais e, com a segunda, aos convidados nas direções intermediárias.

Oferendas exteriores

OM AHRGHAM PARTITZA SOHA
OM PADÄM PARTITZA SOHA
OM ÄNTZAMANAM PARTITZA SOHA
OM VAJRA PUPE AH HUM SOHA
OM VAJRA DHUPE AH HUM SOHA
OM VAJRA DIWE AH HUM SOHA
OM VAJRA GÄNDHE AH HUM SOHA
OM VAJRA NEWIDE AH HUM SOHA
OM VAJRA SHAPTA AH HUM SOHA

Oferenda interior

Às bocas dos guardiões direcionais, guardiões regionais, nagas e assim por diante, OM AH HUM

Pedidos

Vós, a completa reunião de deuses,
A completa reunião de nagas,
A completa reunião de causadores de mal,
A completa reunião de canibais,
A completa reunião de espíritos maléficos,
A completa reunião de fantasmas famintos,
A completa reunião de comedores-de-carne,
A completa reunião de causadores-de-loucura,
A completa reunião de causadores-de-esquecimento,
A completa reunião de dakas,
A completa reunião de espíritos femininos,
Todos vós, sem exceção,
Por favor, vinde aqui e ouvi-me.
Ó Gloriosos atendentes, velozes como o pensamento,
Que tomastes juramentos e compromissos-coração

De proteger a doutrina e beneficiar os seres vivos,
Vós que, com formas aterrorizantes e ira inesgotável,
Subjugais os malevolentes e destruís as forças das trevas,
Vós, que concedeis resultados às ações ióguicas
E tendes poderes e bênçãos inconcebíveis,
A vós, oito tipos de convidados, eu me prostro.

A todos vós, juntamente com vossas consortes, filhos e servos,
Peço, concedei-me a boa fortuna de todas as realizações.
Que eu e os demais praticantes
Tenhamos boa saúde, vida longa, poder,
Glória, fama, fortuna
E extensos prazeres.
Por favor, concedei-me as aquisições
Das ações pacificadoras, de incremento, controladoras e iradas.
Ó Guardiões, auxiliai-me sempre.
Erradicai toda morte prematura, doenças,
Danos causados por espíritos e obstruções.
Eliminai sonhos ruins,
Maus presságios e más ações.

Que haja felicidade no mundo e os anos por vir sejam bons,
Que as colheitas aumentem e o Dharma floresça.
Que toda bondade e felicidade aconteçam
E todos os desejos sejam realizados.

Se desejar, você pode fazer a oferenda tsog neste ponto. Ela tem início na página 315.

Purificar quaisquer equívocos cometidos durante esta prática com o mantra de cem letras de Heruka

OM VAJRA HERUKA SAMAYA, MANU PALAYA, HERUKA TENO PATITA, DRIDHO ME BHAWA, SUTO KAYO ME BHAWA, SUPO KAYO ME BHAWA, ANURAKTO ME BHAWA, SARWA SIDDHI ME PRAYATZA, SARWA KARMA SUTZA ME, TZITAM SHRIYAM KURU HUM, HA HA HA HA HO BHAGAWÄN, VAJRA HERUKA MA ME MUNTSA, HERUKA BHAWA, MAHA SAMAYA SATTVA AH HUM PHAT

OM YOGA SHUDDHA SARWA DHARMA YOGA SHUDDHO HAM

VAJRA MU

Os seres mundanos regressam aos seus próprios locais, e a assembleia das Deidades da geração-em-frente dissolve-se em mim.

Dissolução e geração das Deidades-ação

Os solos sepulcrais e o círculo de proteção se dissolvem na mansão celestial. A mansão celestial se dissolve nas Deidades da roda-compromisso. Elas se dissolvem nas Deidades da roda-corpo. Elas se dissolvem nas Deidades da roda-fala. Elas se dissolvem nas Deidades da roda-coração. Elas se dissolvem nas Quatro Ioguines da roda do grande êxtase. Elas se dissolvem em mim, a Deidade Principal Pai e Mãe, a natureza da gota indestrutível branca e vermelha. Eu, a Deidade Principal Pai e Mãe, também me converto em luz e me dissolvo na letra HUM no meu coração, por natureza, a vacuidade do Dharmakaya.

Do estado de vacuidade, nosso mundo surge como a Terra Pura de Heruka, Keajra. Eu e todos os seres sencientes surgimos como o Abençoado Heruka, com um corpo azul, uma face e dois braços, unido-em-abraço com Vajravarahi.

> *A sessão deve ser concluída recitando a* Dedicatória *e as preces remanescentes da sadhana* O Ioga de Buda Heruka.

A OFERENDA TSOG DO MANDALA DE CORPO DE HERUKA

Abençoar as oferendas interiores e exteriores, o ambiente e os seres, e as substâncias da oferenda tsog

OM AH HUM (3x)

Sendo, por natureza, excelsa sabedoria, possuindo o aspecto da oferenda interior e das substâncias individuais de oferenda, e funcionando como objetos de prazer dos seis sentidos para gerar uma excelsa sabedoria especial de êxtase e vacuidade, inconcebíveis nuvens de oferendas exteriores, interiores e secretas, substâncias de compromisso e oferendas fascinantes cobrem o solo por inteiro e preenchem todo o espaço.

EH MA HO Grande manifestação de excelsa sabedoria.
Todos os reinos são reinos-vajra
E todos os lugares são magníficos palácios-vajra,
Dotados com vastas nuvens de oferendas de Samantabhadra,
Uma profusão de todos os prazeres desejados.
Todos os seres são, efetivamente, Heróis e Heroínas,
Tudo é imaculadamente puro
Sem, sequer, o nome de aparência impura equivocada.

HUM Todas as elaborações são completamente pacificadas no estado do Corpo-Verdade. O vento sopra e o fogo arde. Acima, sobre um tripé de três cabeças humanas, AH dentro de uma qualificada cuia de crânio, OM as substâncias individuais ardem. Acima disso estão OM AH HUM , cada qual resplandecendo com sua cor brilhante. Pelo soprar do vento e o arder do fogo, as substâncias derretem. Fervendo, elas rodopiam num grande vapor. Imensidões de raios de luz irradiam das três letras para as dez direções e convidam os três vajras juntamente com néctares. Eles se dissolvem separadamente nas três letras. Derretendo-se no néctar, elas se fundem com a mistura. Purificada, transformada e aumentada,
EH MA HO Isso se torna um fulgurante oceano de magníficos deleites.

OM AH HUM (3x)

Fazer o convite aos convidados da oferenda tsog

PHAIM
Do palácio sagrado do Dharmakaya,
Grande Mestre, detentor da linhagem suprema do Vajrayana,
Que satisfazes as nossas esperanças por todas as aquisições,

Ó Assembleia de Gurus, raiz e linhagem, por favor, vinde
a este local.

Dos vinte e quatro lugares sagrados que existem por todo o mundo,
Ó Glorioso Heruka, cuja natureza é a compaixão de todos os
Budas
E todos os Heróis e Heroínas desses lugares,
Por favor, vinde aqui para conceder as aquisições que ansiamos.

Das terras puras e impuras das dez direções,
Ó Assembleia de Yidams, Budas, Bodhisattvas e Protetores
do Dharma
E todos os seres do samsara e do nirvana,
Por favor, vinde aqui como convidados desta oferenda tsog.

OM GURU VAJRADHARA CHAKRASAMBARA SÄMANDALA
DEWA SARWA BUDDHA BODHISATTVA SAPARIWARA EH
HAYE HI VAJRA SAMAYA DZA DZA

PÄMA KAMALAYE TÖN

Fazer a oferenda tsog

HO Esse oceano de oferenda tsog de incontaminado néctar,
Abençoado por concentração, mantra e mudra,
Ofereço para agradar ao meu bondoso Guru-raiz – Guru Sumati
Buda Heruka.
OM AH HUM
Deleitado pelo desfrute desses magníficos objetos de desejo,
EH MA HO
Por favor, abençoa-me para que eu alcance a Terra Dakini
exterior e interior.

HO Esse oceano de oferenda tsog de incontaminado néctar,
Abençoado por concentração, mantra e mudra,
Ofereço para agradar às Quatro Ioguines da roda do grande êxtase.
OM AH HUM
Deleitadas pelo desfrute desses magníficos objetos de desejo,

EH MA HO
Por favor, abençoai-me para que eu alcance grande êxtase espontâneo.

HO Esse oceano de oferenda tsog de incontaminado néctar,
Abençoado por concentração, mantra e mudra,
Ofereço para agradar aos Heróis e Heroínas da mente-vajra.
OM AH HUM
Deleitados pelo desfrute desses magníficos objetos de desejo,
EH MA HO
Por favor, abençoai-me para que eu experiencie deleite com os mensageiros da Família da Mente-Vajra.

HO Esse oceano de oferenda tsog de incontaminado néctar,
Abençoado por concentração, mantra e mudra,
Ofereço para agradar aos Heróis e Heroínas da fala-vajra.
OM AH HUM
Deleitados pelo desfrute desses magníficos objetos de desejo,
EH MA HO
Por favor, abençoai-me para que eu experiencie deleite com os mensageiros da Família da Fala-Vajra.

HO Esse oceano de oferenda tsog de incontaminado néctar,
Abençoado por concentração, mantra e mudra,
Ofereço para agradar aos Heróis e Heroínas do corpo-vajra.
OM AH HUM
Deleitados pelo desfrute desses magníficos objetos de desejo,
EH MA HO
Por favor, abençoai-me para que eu experiencie deleite com os mensageiros da Família do Corpo-Vajra.

HO Esse oceano de oferenda tsog de incontaminado néctar,
Abençoado por concentração, mantra e mudra,
Ofereço para agradar às Deidades da roda-compromisso.
OM AH HUM
Deleitadas pelo desfrute desses magníficos objetos de desejo,
EH MA HO
Por favor, abençoai-me para que eu pacifique todos os obstáculos.

HO Esse oceano de oferenda tsog de incontaminado néctar,
Abençoado por concentração, mantra e mudra,
Ofereço para agradar a todos os outros Yidams, Budas,
Bodhisattvas e Protetores do Dharma.
OM AH HUM
Deleitados pelo desfrute desses magníficos objetos de desejo,
EH MA HO
Por favor, abençoai-me para que eu alcance todas as realizações
de Sutra e de Tantra.

HO Esse oceano de oferenda tsog de incontaminado néctar,
Abençoado por concentração, mantra e mudra,
Ofereço para agradar à assembleia de seres sencientes-mães.
OM AH HUM
Deleitados pelo desfrute desses magníficos objetos de desejo,
EH MA HO
Que o sofrimento e a aparência equivocada sejam apaziguados.

Oferendas exteriores

OM AHRGHAM PARTITZA SOHA
OM PADÄM PARTITZA SOHA
OM VAJRA PUPE AH HUM SOHA
OM VAJRA DHUPE AH HUM SOHA
OM VAJRA DIWE AH HUM SOHA
OM VAJRA GÄNDHE AH HUM SOHA
OM VAJRA NEWIDE AH HUM SOHA
OM VAJRA SHAPTA AH HUM SOHA

Oferenda interior

OM HUM BAM RIM RIM LIM LIM, KAM KHAM GAM GHAM NGAM, TSAM TSHAM DZAM DZHAM NYAM, TrAM THrAM DrAM DHrAM NAM, TAM THAM DAM DHAM NAM, PAM PHAM BAM BHAM, YAM RAM LAM WAM, SHAM KAM SAM HAM HUM HUM PHAT OM AH HUM

Oferenda secreta e oferenda da talidade

Através do Pai e da Mãe se unirem-em-abraço, todas as Deidades principais e do séquito desfrutam uma experiência especial de grande êxtase e vacuidade.

Oito versos de louvor ao Pai

OM Prostro-me ao Abençoado, Senhor dos Heróis HUM HUM PHAT
OM A ti, com um brilho igual ao do fogo do grande éon HUM HUM PHAT
OM A ti, com um coque inesgotável HUM HUM PHAT
OM A ti, com uma face aterrorizante e caninos à mostra HUM HUM PHAT
OM A ti, cujos mil braços resplandecem com luz HUM HUM PHAT
OM A ti, que seguras um machado, um laço erguido, uma lança e um khatanga HUM HUM PHAT
OM A ti, que vestes uma pele de tigre HUM HUM PHAT
OM Curvo-me a ti, cujo grande corpo cor-de-fumaça dissipa obstruções HUM HUM PHAT

Oito versos de louvor à Mãe

OM Prostro-me a Vajravarahi, a Mãe Abençoada HUM HUM PHAT
OM À Superior e poderosa Senhora do Saber, inconquistada pelos três reinos HUM HUM PHAT
OM A ti, que destróis todos os medos de espíritos maléficos com teu grande vajra HUM HUM PHAT
OM A ti, com olhos controladores, que permaneces como o assento-vajra inconquistado por outros HUM HUM PHAT
OM A ti, cuja feroz forma irada desseca Brahma HUM HUM PHAT
OM A ti, que aterrorizas e exterminas demônios, conquistando aqueles de outras direções HUM HUM PHAT
OM A ti, que conquistas todos os que nos tornam obtusos, rígidos e confusos HUM HUM PHAT

OM Curvo-me a Vajravarahi, a Grande Mãe, a consorte Dakini que satisfaz todos os desejos HUM HUM PHAT

Fazer a oferenda tsog ao Guia Espiritual Vajrayana

EH MA HO Grande círculo do tsog!
Ó, Grande Herói, nós entendemos
Que, seguindo no caminho dos Sugatas dos três tempos,
Tu és a fonte de todas as aquisições.
Abandonando todas as mentes de conceitualização
Por favor, desfruta continuamente deste círculo do tsog.
AH LA LA HO

A resposta do Guia Espiritual Vajrayana

OM Com uma natureza inseparável dos três vajras
Gero-me como o Guru-Deidade.
AH Este néctar de excelsa sabedoria e êxtase incontaminados,
HUM Sem afastar-me da bodhichitta,
Compartilho para deleitar as Deidades que moram em meu corpo.
AH HO MAHA SUKHA

Canção da Rainha da Primavera

HUM A todos vós, Tathagatas,
Heróis, Ioguines,
Dakas e Dakinis,
A todos vós eu faço este pedido:
Ó Heruka, que te deleitas em grande êxtase,
Tu te envolves na União de espontâneo êxtase,
Acompanhando a Senhora inebriada de êxtase
E deleitando-te de acordo com os rituais.
AH LA LA, LA LA HO, AH I AH, AH RA LI HO
Que a assembleia de imaculadas Dakinis
Olhe com amorosa afeição e cumpra todos os feitos.

HUM A todos vós, Tathagatas,
Heróis, Ioguines,

Dakas e Dakinis,
A todos vós eu faço este pedido:
Com uma mente completamente desperta por grande êxtase
E um corpo numa dança de constante meneio,
Ofereço às hostes de Dakinis
O grande êxtase de desfrutar do lótus do mudra.
AH LA LA, LA LA HO, AH I AH, AH RA LI HO
Que a assembleia de imaculadas Dakinis
Olhe com amorosa afeição e cumpra todos os feitos.

HUM A todos vós, Tathagatas,
Heróis, Ioguines,
Dakas e Dakinis,
A todos vós eu faço este pedido:
Vós, que dançais de maneira linda e pacífica,
Ó Protetor, Pleno de Êxtase, e hostes de Dakinis,
Por favor, vinde à minha frente e concedei-me vossas bênçãos
E conferi-me grande êxtase espontâneo.
AH LA LA, LA LA HO, AH I AH, AH RA LI HO
Que a assembleia de imaculadas Dakinis
Olhe com amorosa afeição e cumpra todos os feitos.

HUM A todos vós, Tathagatas,
Heróis, Ioguines,
Dakas e Dakinis,
A todos vós eu faço este pedido:
Vós, que tendes a característica da libertação de grande êxtase,
Não dizeis que, numa única vida, a libertação possa ser alcançada
Por meio de várias práticas ascéticas de abandono do grande êxtase,
Mas que o grande êxtase reside no centro do supremo lótus.
AH LA LA, LA LA HO, AH I AH, AH RA LI HO
Que a assembleia de imaculadas Dakinis
Olhe com amorosa afeição e cumpra todos os feitos.

HUM A todos vós, Tathagatas,
Heróis, Ioguines,
Dakas e Dakinis,

A todos vós eu faço este pedido:
Qual lótus nascido no centro de um pântano,
Este método, embora nascido do apego, é impoluto pelas falhas do apego.
Ó Suprema Dakini, pelo êxtase de teu lótus,
Por favor, traz rapidamente a libertação das amarras do samsara.
AH LA LA, LA LA HO, AH I AH, AH RA LI HO
Que a assembleia de imaculadas Dakinis
Olhe com amorosa afeição e cumpra todos os feitos.

HUM A todos vós, Tathagatas,
Heróis, Ioguines,
Dakas e Dakinis,
A todos vós eu faço este pedido:
Assim como a essência do mel, na fonte do mel,
É bebida por enxames de abelhas de todas as direções,
Do mesmo modo, por vosso amplo lótus com seis características,
Por favor, satisfazei-nos com o gosto do grande êxtase.
AH LA LA, LA LA HO, AH I AH, AH RA LI HO
Que a assembleia de imaculadas Dakinis
Olhe com amorosa afeição e cumpra todos os feitos.

Abençoar a oferenda tsog remanescente

HUM Aparências impuras equivocadas são purificadas na vacuidade,
AH Grande néctar realizado a partir da excelsa sabedoria,
OM Isso se torna um vasto oceano de desejado prazer.

OM AH HUM (3x)

Dar a oferenda tsog remanescente para os espíritos

HO Esse oceano de oferenda tsog remanescente de incontaminado néctar,
Abençoado por concentração, mantra e mudra,
Ofereço para agradar à assembleia de guardiões sob-juramento.
OM AH HUM
Deleitados pelo desfrute desses magníficos objetos de desejo,

EH MA HO
Por favor, executai ações perfeitas para ajudar os praticantes.

Sair com o que restou da oferenda tsog para os espíritos.

HO
Ó Convidados do restante, juntamente com vossos séquitos,
Por favor, desfrutai desse oceano de oferenda tsog remanescente.
Que aqueles que difundem a preciosa doutrina,
Os detentores da doutrina, seus benfeitores e outros,
E especialmente eu e os demais praticantes
Tenhamos boa saúde, vida longa, poder,
Glória, fama, fortuna
E extensos prazeres.
Por favor, concedei-me as aquisições
Das ações pacificadoras, de incremento, controladoras e iradas.
Vós, que estais comprometidos por juramentos, por favor, protegei-me
E ajudai-me a realizar todas as aquisições.
Erradicai toda morte prematura, doenças,
Danos causados por espíritos e obstruções.
Eliminai sonhos ruins,
Maus presságios e más ações.

Que haja felicidade no mundo e os anos por vir sejam bons,
Que as colheitas aumentem e o Dharma floresça.
Que toda bondade e felicidade aconteçam
E todos os desejos sejam realizados.

Por força dessa farta doação,
Que eu me torne um Buda para o benefício dos seres vivos,
E que, por minha generosidade, liberte
Todos os que não foram libertados pelos Budas anteriores.

Cólofon: Esta sadhana, ou prece ritual, para aquisições espirituais de Buda Heruka foi compilada por Venerável Geshe Kelsang Gyatso Rinpoche a partir de fontes tradicionais. Abril de 2010.

Apêndice VII

Caminho Rápido ao Grande Êxtase

A SADHANA EXTENSA DE AUTOGERAÇÃO DE VAJRAYOGINI

por
Je Phabongkhapa

Dorjechang Kelsang Gyatso Rinpoche

Introdução

As instruções sobre a prática do Tantra Ioga Supremo da Venerável Vajrayogini foram ensinadas por Buda Vajradhara nos capítulos 47º e 48º do *Tantra-Raiz Condensado de Heruka*. Essa linhagem específica de instruções, a linhagem Narokhacho, foi transmitida diretamente de Vajrayogini para Naropa, e deste para os professores dos dias atuais, através de uma linhagem ininterrupta de praticantes realizados.

Após Buda Vajradhara ter ensinado a prática, ele deixou os mandalas de Heruka e Vajrayogini intactos em 24 lugares auspiciosos neste mundo. Assim, mesmo nos dias de hoje, existem incontáveis manifestações de Vajrayogini neste mundo, que, por meio de abençoar o *continuum* mental dos praticantes sinceros, auxiliam-nos a obterem realizações.

Em muitos aspectos, a prática de Vajrayogini é perfeitamente adequada aos dias atuais. Confiando sinceramente nessa prática, com um bom coração e uma mente de fé, é definitivamente possível conquistar a plena iluminação; mas, para alcançar tais resultados, precisamos praticar regularmente a sadhana extensa.

Esta sadhana em particular, *Caminho Rápido ao Grande Êxtase*, foi escrita pelo grande Je Phabongkhapa. Comparada com outras sadhanas, ela não é muito longa; porém, contém todas as práticas essenciais do Mantra Secreto. Para praticar a sadhana com êxito, precisamos primeiro receber a iniciação de Vajrayogini e, depois, estudar instruções autênticas sobre a prática, como as que podem ser encontradas no comentário *Novo*

Guia à Terra Dakini. Esta sadhana é adequada tanto para nossa prática diária regular como para retiros, e podemos praticá-la sozinhos ou em grupo.

Geshe Kelsang Gyatso
1985

Caminho Rápido ao Grande Êxtase

O IOGA DAS INCOMENSURÁVEIS

Buscar refúgio

No espaço à minha frente, aparecem Guru Chakrasambara Pai e Mãe, rodeados pela assembleia de Gurus, raiz e linhagem, Yidams, Três Joias, Assistentes e Protetores.

Imagine que você e todos os seres sencientes buscam refúgio, e recite três vezes:

Eu e todos os seres sencientes, os migrantes tão extensos quanto o espaço, doravante, até alcançarmos a essência da iluminação,
Buscamos refúgio nos gloriosos, sagrados Gurus,
Buscamos refúgio nos perfeitos Budas, os Abençoados,
Buscamos refúgio nos Dharmas sagrados,
Buscamos refúgio nas Sanghas superiores. (3x)

Gerar a bodhichitta

Gere a bodhichitta e os quatro incomensuráveis, enquanto você recita três vezes:

Uma vez que eu tenha alcançado o estado de um perfeito Buda, libertarei todos os seres sencientes do oceano de sofrimento do samsara e os levarei ao êxtase da plena iluminação. Com esse propósito, vou praticar as etapas do caminho de Vajrayogini. (3x)

Receber bênçãos

Agora, com as palmas das mãos unidas, recite:

Eu me prostro e busco refúgio nos Gurus e nas Três Joias Preciosas. Por favor, abençoai meu *continuum* mental.

Por ter assim recitado:

Os objetos de refúgio à minha frente se convertem em raios de luz branca, vermelha e azul escura. Eles se dissolvem em mim e recebo suas bênçãos de corpo, fala e mente.

Autogeração instantânea

Em um instante, eu me torno a Venerável Vajrayogini.

Abençoar a oferenda interior

Purifique a oferenda interior, seja com o "mantra-que--emana-das-quatro-bocas", seja com a seguinte recitação:

OM KHANDAROHI HUM HUM PHAT
OM SOBHAWA SHUDDHA SARWA DHARMA SOBHAWA
SHUDDHO HAM
Tudo se torna vacuidade.

Do estado de vacuidade, do YAM vem vento; do RAM vem fogo; do AH, um tripé de três cabeças humanas. Sobre ele, do AH aparece uma ampla e vasta cuia de crânio. Dentro dela, do OM, KHAM, AM, TRAM, HUM vêm os cinco néctares; e do LAM, MAM, PAM, TAM, BAM vêm as cinco carnes, cada qual marcado por uma das letras. O vento sopra, o fogo arde e as substâncias dentro da cuia de crânio derretem e se fundem. Acima delas, do HUM surge um khatanga branco de cabeça para baixo, que cai e se derrete na cuia de crânio, fazendo com que as substâncias assumam cor de mercúrio. Acima disso, três fileiras sobrepostas de vogais e consoantes transformam-se em OM AH HUM. Deles, raios de luz atraem o néctar de excelsa

sabedoria do coração de todos os Tathagatas, Heróis e Ioguines das dez direções. Quando isso é adicionado, o conteúdo aumenta e se torna vasto.
OM AH HUM (3x)

Abençoar as oferendas exteriores

Agora, abençoe as duas águas, flores, incenso, luzes, perfume, alimentos e música.

OM KHANDAROHI HUM HUM PHAT
OM SOBHAWA SHUDDHA SARWA DHARMA SOBHAWA SHUDDHO HAM
Tudo se torna vacuidade.

Do estado de vacuidade, do KAM vêm vasilhas de crânio, dentro das quais, do HUM surgem substâncias de oferenda. Por sua natureza, vacuidade, cada uma delas tem o aspecto individual de uma das substâncias de oferenda, e servem como objetos de prazer dos seis sentidos para proporcionar especial êxtase incontaminado.

OM AHRGHAM AH HUM
OM PADÄM AH HUM
OM VAJRA PUPE AH HUM
OM VAJRA DHUPE AH HUM
OM VAJRA DIWE AH HUM
OM VAJRA GÄNDHE AH HUM
OM VAJRA NEWIDE AH HUM
OM VAJRA SHAPTA AH HUM

Meditação e recitação de Vajrasattva

Na minha coroa, sobre um lótus e um assento de lua, sentam-se Vajrasattva Pai e Mãe abraçados um ao outro. Eles têm corpos de cor branca, uma face e duas mãos, e seguram vajra e sino, faca curva e cuia de crânio. O Pai está adornado com seis mudras, a Mãe, com cinco. Sentam-se em postura vajra e de lótus. Sobre uma lua, no coração dele, está um HUM rodeado pelo rosário de mantra. Deste, uma corrente de néctar branco desce, purgando todas as doenças, espíritos, negatividades e obstruções.

OM VAJRA HERUKA SAMAYA, MANU PALAYA, HERUKA TENO PATITA, DRIDHO ME BHAWA, SUTO KAYO ME BHAWA, SUPO KAYO ME BHAWA, ANURAKTO ME BHAWA, SARWA SIDDHI ME PRAYATZA, SARWA KARMA SUTZA ME, TZITAM SHRIYAM KURU HUM, HA HA HA HA HO BHAGAWÄN, VAJRA HERUKA MA ME MUNTSA, HERUKA BHAWA, MAHA SAMAYA SATTVA AH HUM PHAT

Recite o mantra 21 vezes e, depois, contemple:

Vajrasattva Pai e Mãe dissolvem-se em mim, e minhas três portas tornam-se inseparáveis do corpo, fala e mente de Vajrasattva.

O IOGA DO GURU

Visualização

No espaço à minha frente, surgindo a partir da aparência de excelsa sabedoria de pureza e clareza não-duais, está uma mansão celestial quadrada com quatro portais, ornamentos e arcadas, e completa com todas as características essenciais. No centro, sobre um trono adornado com pedras preciosas e sustentado por oito grandes leões, num assento de lótus de várias cores, um sol e uma lua, senta-se meu bondoso Guru-raiz, no aspecto de Buda Vajradharma. Seu corpo é vermelho, tem uma face e duas mãos, que estão cruzadas na altura do coração e seguram um vajra e um sino. Seus cabelos estão presos, formando um coque no topo da cabeça, e senta-se com as pernas cruzadas em postura vajra. Ele aparece na forma de um jovem de dezesseis anos, na flor da juventude, adornado com sedas e todos os ornamentos de osso e pedras preciosas.

Começando da frente dele e rodeando-o em sentido anti-horário, estão todos os Gurus-linhagem, desde Buda

Vajradhara até o meu Guru-raiz. Eles estão no aspecto do Herói Vajradharma, com corpos vermelhos, uma face e duas mãos. Com a mão direita tocam damarus, que ressoam com o som de êxtase e vacuidade. Com a mão esquerda, na altura do coração, seguram cuias de crânio repletas de néctar, e no cotovelo esquerdo sustentam khatangas. Sentam-se com as pernas cruzadas em postura vajra. Estão na flor da juventude e adornados com seis ornamentos de osso.

O Principal e todo o seu séquito têm na testa OM, na garganta AH e no coração HUM. Do HUM no coração do Principal, raios de luz se irradiam e convidam, para que venham de suas moradas naturais, os Gurus, Yidams, hostes de Deidades do mandala, e a assembleia de Budas, Bodhisattvas, Heróis, Dakinis, Dharmapalas e Protetores.

OM VAJRA SAMADZA DZA HUM BAM HO
Cada um se torna uma natureza que é a síntese de todos os objetos de refúgio.

Prostração

Com as palmas das mãos unidas, recite:

Detentor do Vajra, meu Guru, que és como uma joia,
Por cuja bondade posso realizar
O estado de grande êxtase num instante,
A teus pés de lótus, humildemente me prostro.

Deusas oferecedoras emanam de meu coração e fazem as oferendas.

Oferendas exteriores

OM AHRGHAM PARTITZA SOHA
OM PADÄM PARTITZA SOHA
OM VAJRA PUPE AH HUM SOHA
OM VAJRA DHUPE AH HUM SOHA
OM VAJRA DIWE AH HUM SOHA

OM VAJRA GÄNDHE AH HUM SOHA
OM VAJRA NEWIDE AH HUM SOHA
OM VAJRA SHAPTA AH HUM SOHA

OM AH VAJRA ADARSHE HUM
OM AH VAJRA WINI HUM
OM AH VAJRA GÄNDHE HUM
OM AH VAJRA RASE HUM
OM AH VAJRA PARSHE HUM
OM AH VAJRA DHARME HUM

Oferenda interior

OM GURU VAJRA DHARMA SAPARIWARA OM AH HUM

Oferenda secreta

Contemple que inumeráveis deusas-conhecimento, como Pemachen, emanam do seu coração {do praticante} e assumem a forma de Vajrayogini. Guru Pai e Mãe unem-se em abraço e experienciam êxtase incontaminado.

E ofereço os mais atraentes e ilusórios mudras,
Uma hoste de mensageiras nascidas nos lugares, nascidas de mantra e espontaneamente nascidas,
Com esbeltos corpos, peritas nas 64 artes do amor
E com o esplendor da beleza juvenil.

Oferenda da talidade (*thatness*)

Lembre-se de que as três esferas da oferenda são êxtase e vacuidade indivisíveis.

E ofereço a ti a suprema bodhichitta última,
Uma perfeita, excelsa sabedoria de êxtase espontâneo, livre de obstruções,
Inseparável da natureza de todos os fenômenos, a esfera livre de elaboração,
Sem esforço e além de palavras, pensamentos e expressões.

Oferecer nossa prática espiritual

Busco refúgio nas Três Joias
E confesso todas e cada uma das minhas ações negativas.
Regozijo-me nas virtudes de todos os seres
E prometo realizar a iluminação de um Buda.

Até que eu me torne um ser iluminado, vou buscar refúgio
Em Buda, no Dharma e na Suprema Assembleia,
E, para cumprir todas as metas, as minhas e as dos outros,
Vou gerar a mente de iluminação.

Tendo gerado a mente de suprema iluminação,
Chamarei todos os seres sencientes para serem meus convidados
E irei me empenhar nas agradáveis, supremas práticas da iluminação.
Que eu alcance a Budeidade para beneficiar os migrantes.

Oferenda kusali tsog

Minha própria mente, a poderosa Senhora da Terra Dakini, do tamanho de apenas um polegar, sai pela coroa da minha cabeça e fica face a face com meu Guru-raiz. Eu, então, retorno para onde está o meu antigo corpo, corto o seu crânio e o coloco num tripé de três cabeças humanas que surgiu instantaneamente. Retalho em pedaços o restante de minha carne, sangue e ossos, e os empilho na cuia de crânio. Olhando fixamente, com olhos muito abertos, purifico, transformo e aumento tudo isso num oceano de néctar.
OM AH HUM HA HO HRIH (3x)

Inumeráveis deusas oferecedoras, segurando cuias de crânio, emanam do meu coração. Com as cuias de crânio, elas extraem néctar e o oferecem aos convidados, que dele compartilham, sorvendo com línguas que são canudos de luz-vajra.

Ofereço esse néctar de substância-compromisso
A ti, meu Guru-raiz, a natureza dos quatro corpos [de Buda];
Para teu deleite.
OM AH HUM (7x)

Ofereço esse néctar de substância-compromisso
A vós, Gurus-linhagem, a fonte de conquistas;
Para vosso deleite.
OM AH HUM

Ofereço esse néctar de substância-compromisso
A vós, a assembleia de Gurus, Yidams, Três Joias e Protetores;
Para vosso deleite.
OM AH HUM

Ofereço esse néctar de substância-compromisso
A vós, guardiões que residem nas vizinhanças e nas regiões;
Para que me presteis assistência.
OM AH HUM

Ofereço esse néctar de substância-compromisso
A vós, todos os seres sencientes nos seis reinos e no estado intermediário;
Para que sejais libertados.
OM AH HUM

Por essa oferenda, todos os convidados são saciados com êxtase incontaminado,
E os seres sencientes alcançam o Corpo-Verdade, livre de obstruções.
As três esferas da oferenda são da natureza de êxtase e vacuidade não-duais,
Além de palavras, pensamentos e expressões.

Oferecer o mandala

OM VAJRA BHUMI AH HUM
Grande e poderoso solo dourado,
OM VAJRA REKHE AH HUM
Na fronteira, a cerca férrea rodeia o círculo exterior.
No centro, Monte Meru, o rei das montanhas,
Em torno do qual há quatro continentes:

A leste, Purvavideha, ao sul, Jambudipa,
A oeste, Aparagodaniya, ao norte, Uttarakuru.
Cada um tem dois subcontinentes:
Deha e Videha, Tsamara e Abatsamara,
Satha e Uttaramantrina, Kurava e Kaurava.
A montanha de joias, a árvore-que-concede-desejos,
A vaca-que-concede-desejos e a colheita não semeada.
A preciosa roda, a preciosa joia,
A preciosa rainha, o precioso ministro,
O precioso elefante, o precioso supremo cavalo,
O precioso general e o grande vaso-tesouro.
A deusa da beleza, a deusa das grinaldas,
A deusa da música, a deusa da dança,
A deusa das flores, a deusa do incenso,
A deusa da luz e a deusa do perfume.
O sol e a lua, o precioso guarda-sol,
O estandarte da vitória em cada direção.
No centro, os tesouros tanto de deuses quanto de homens,
Uma coleção de excelências que nada exclui.
Ofereço isso a vós, meus bondosos Guru-raiz e Gurus-linhagem,
A todos vós, sagrados e gloriosos Gurus;
Por favor, aceitai com compaixão pelos seres migrantes
E, uma vez aceito, por favor, concedei-nos vossas bênçãos.

Ó Tesouro de Compaixão, meu Refúgio e Protetor,
Ofereço a ti a montanha, continentes, objetos preciosos, vaso-tesouro, Sol e Lua,
Os quais surgiram dos meus agregados, fontes e elementos,
Como aspectos da excelsa sabedoria de êxtase espontâneo e vacuidade.

Ofereço, sem nenhum sentimento de perda,
Os objetos que fazem surgir meu apego, ódio e confusão,
Meus amigos, inimigos e estranhos, nossos corpos e prazeres;
Peço, aceita-os e abençoa-me, livrando-me diretamente dos três venenos.

IDAM GURU RATNA MANDALAKAM NIRYATAYAMI

Pedir aos Gurus-linhagem

Vajradharma, Senhor da família do oceano de Conquistadores,
Vajrayogini, suprema Mãe dos Conquistadores,
Naropa, poderoso Filho dos Conquistadores,
Peço a vós, por favor, concedei a excelsa sabedoria
espontaneamente nascida.

Pamtingpa, detentor das explicações dos grandes segredos para
os discípulos,
Sherab Tseg, és um tesouro de todos os segredos preciosos,
Malgyur Lotsawa, senhor do oceano do Mantra Secreto,
Peço a vós, por favor, concedei a excelsa sabedoria
espontaneamente nascida.

Grande Lama Sakya, és o poderoso Vajradhara,
Venerável Sonam Tsemo, supremo filho-vajra,
Dragpa Gyaltsen, ornamento-coroa dos detentores do vajra,
Peço a vós, por favor, concedei a excelsa sabedoria
espontaneamente nascida.

Grande Pândita Sakya, mestre erudito da Terra das Neves,
Drogon Chogyel Pagpa, ornamento-coroa de todos os seres
dos três solos,
Shangton Choje, detentor da doutrina Sakya,
Peço a vós, por favor, concedei a excelsa sabedoria
espontaneamente nascida.

Nasa Dragpugpa, o poderoso realizado,
Sonam Gyaltsen, navegador dos eruditos e supremamente
realizados,
Yarlungpa, senhor da linhagem sussurrada da família
dos realizados,
Peço a vós, por favor, concedei a excelsa sabedoria
espontaneamente nascida.

Gyalwa Chog, refúgio e protetor de todos os migrantes, eu
e os outros,
Jamyang Namka, és um grande ser,

Lodro Gyaltsen, grande ser e senhor do Dharma,
Peço a vós, por favor, concedei a excelsa sabedoria
espontaneamente nascida.

Jetsun Doringpa, és inigualável em bondade,
Tenzin Losel, praticaste de acordo com as palavras [do Guru],
Kyentse, o expositor da grande, secreta linhagem de palavras,
Peço a vós, por favor, concedei a excelsa sabedoria
espontaneamente nascida.

Labsum Gyaltsen, detentor das famílias mântricas,
Glorioso Wangchug Rabten, senhor que-tudo-permeia e senhor
da centena de famílias,
Jetsun Kangyurpa, principal das famílias,
Peço a vós, por favor, concedei a excelsa sabedoria
espontaneamente nascida.

Shaluwa, senhor que-tudo-permeia e senhor do oceano
de mandalas,
Kyenrabje, principal de todos os mandalas,
Morchenpa, senhor do círculo de mandalas,
Peço a vós, por favor, concedei a excelsa sabedoria
espontaneamente nascida.

Nesarpa, navegador do oceano das linhagens sussurradas,
Losel Phuntsog, senhor das linhagens sussurradas,
Tenzin Trinlay, erudito que promoveu as linhagens
sussurradas,
Peço a vós, por favor, concedei a excelsa sabedoria
espontaneamente nascida.

Kangyurpa, senhor que-tudo-permeia, sustentáculo
da doutrina Ganden,
Ganden Dargyay, amigo dos migrantes em tempos
degenerados,
Dharmabhadra, detentor da tradição Ganden,
Peço a vós, por favor, concedei a excelsa sabedoria
espontaneamente nascida.

Losang Chopel, senhor dos Sutras e Tantras,
Concluíste a essência dos caminhos de todos os Sutras e Tantras,
Jigme Wangpo, erudito que promoveu os Sutras e Tantras,
Peço a vós, por favor, concedei a excelsa sabedoria
espontaneamente nascida.

Dechen Nyingpo, tens as bênçãos de Naropa
Para explicar, perfeitamente de acordo com Naropa,
A essência dos excelentes caminhos maturadores e libertadores
da Naro Dakini,
Peço a ti, por favor, concede a excelsa sabedoria
espontaneamente nascida.

Losang Yeshe, Vajradhara,
És um tesouro de instruções sobre os [caminhos] maturadores
e libertadores da Rainha-Vajra,
O supremo caminho rápido para alcançar o estado vajra,
Peço a ti, por favor, concede a excelsa sabedoria
espontaneamente nascida.

Kelsang Gyatso, concluíste todos os excelsos estados profundos
e essenciais,
És o compassivo Refúgio e Protetor dos seres sencientes-mães,
Revelas o caminho inequívoco,
Peço a ti, por favor, concede a excelsa sabedoria
espontaneamente nascida. (3x)

Meu bondoso Guru-raiz, Vajradharma,
És a corporificação de todos os Conquistadores,
Que concedes as bênçãos da fala de todos os Budas,
Peço a ti, por favor, concede a excelsa sabedoria
espontaneamente nascida.

Por favor, abençoa-me para que, por força da meditação
No ioga da Dakini do profundo estágio de geração,
E no ioga do canal central do estágio de conclusão,
Eu gere a excelsa sabedoria do grande êxtase espontâneo,
e alcance o estado iluminado Dakini.

Receber as bênçãos das quatro iniciações

Peço a ti, ó Guru, que incorporas todos os objetos de refúgio,
Por favor, concede-me tuas bênçãos,
Por favor, concede-me as quatro iniciações inteiramente,
E concede-me, por favor, o estado dos quatro corpos. (3x)

Contemple que, como resultado dos seus pedidos:

Raios de luz branca e néctares brancos irradiam-se do OM na testa do meu Guru.
Dissolvem-se em minha testa, purificando as negatividades e obstruções do meu corpo.
Recebo a iniciação-vaso, e as bênçãos do corpo do meu Guru entram em meu corpo.

Raios de luz vermelha e néctares vermelhos irradiam-se do AH na garganta do meu Guru.
Dissolvem-se em minha garganta, purificando as negatividades e obstruções da minha fala.
Recebo a iniciação secreta, e as bênçãos da fala do meu Guru entram em minha fala.

Raios de luz azul e néctares azuis irradiam-se do HUM no coração do meu Guru.
Dissolvem-se em meu coração, purificando as negatividades e obstruções da minha mente.
Recebo a iniciação mudra-sabedoria, e as bênçãos da mente do meu Guru entram em minha mente.

Raios de luz e néctares – brancos, vermelhos e azuis – irradiam-se das letras nos três lugares do meu Guru.
Dissolvem-se em meus três lugares, purificando as negatividades e obstruções do meu corpo, fala e mente.
Recebo a quarta iniciação, a iniciação da preciosa palavra, e as bênçãos de corpo, fala e mente do meu Guru entram em meu corpo, fala e mente.

Breve Pedido

Meu precioso Guru, a essência de todos os Budas dos três tempos, rogo a ti, por favor, abençoa meu *continuum* mental. (3x)

Absorver os Gurus

Solicitado desse modo, os Gurus-linhagem ao redor de meu Guru-raiz se dissolvem nele. Por amor a mim, meu Guru-raiz também se dissolve na forma de luz vermelha e, entrando pela coroa da minha cabeça, mistura-se de modo inseparável com minha mente, no aspecto de uma letra BAM vermelha, em meu coração.

O IOGA DE AUTOGERAÇÃO

Trazer a morte para o caminho que conduz ao Corpo-Verdade

Essa letra BAM se expande e se espalha até os confins do espaço, fazendo com que todos os mundos e seus seres se convertam na natureza de êxtase e vacuidade. Contraindo-se gradualmente a partir das bordas, ela se torna uma letra BAM extremamente diminuta, que se dissolve, por etapas, da base ao *nada*. Então, o próprio *nada* desaparece e se torna o Corpo-Verdade, de inseparável êxtase e vacuidade.
OM SHUNYATA GYANA VAJRA SOBHAWA ÄMAKO HAM

Trazer o estado intermediário para o caminho que conduz ao Corpo-de-Deleite

Do estado de vacuidade, onde toda aparência reuniu-se desse modo, aparece uma letra BAM vermelha aprumada no espaço; em essência, um aspecto da minha própria mente, a excelsa sabedoria de êxtase e vacuidade não-duais.

Trazer o renascimento para o caminho que conduz ao Corpo-Emanação

Do estado de vacuidade, do EH EH surge uma fonte-fenômenos vermelha, no formato de um duplo tetraedro. Dentro dela, do AH surge um mandala de lua branco, com um sombreado vermelho. Sobre ele, está o mantra OM OM OM SARWA BUDDHA DAKINIYE VAJRA WARNANIYE VAJRA BEROTZANIYE HUM HUM HUM PHAT PHAT PHAT SOHA, em pé e descrevendo um círculo no sentido anti-horário. Eu, a letra BAM no espaço, vejo a lua, e motivado a renascer em seu centro, ingresso no centro da lua.

Raios de luz se irradiam da lua, da letra BAM e do rosário de mantra, convertendo todos os mundos e seres do samsara e do nirvana na natureza da Venerável Vajrayogini. Os raios se recolhem e se dissolvem na letra BAM e no rosário de mantra, que se transformam por completo no mandala sustentado e sustentador de Vajrayogini, plena e instantaneamente.

A meditação de examinar o mandala e os seres que nele habitam

Ademais, há um solo, cerca, tenda e dossel feitos de vajra, fora dos quais arde uma massa de fogo de cinco cores a rodopiar em sentido anti-horário. Dentro, está o círculo dos oito grandes solos sepulcrais – "o Feroz", e assim por diante. No centro desse círculo, há uma fonte-fenômenos vermelha no formato de um duplo tetraedro, com sua parte larga voltada para cima e a extremidade fina apontada para baixo. Excetuando os ângulos da frente e de trás, cada um dos outros quatro ângulos está marcado com um torvelinho-rosa de alegria, a rodopiar em sentido anti-horário.

Dentro da fonte-fenômenos, está um mandala de sol no centro de um lótus de oito pétalas de várias cores. Sobre ele, eu surjo na forma da Venerável Vajrayogini. Minha perna direita, esticada, pisa sobre o peito da vermelha Kalarati. Minha perna esquerda, dobrada, pisa sobre a cabeça de Bhairawa negro, vergada para trás. Tenho um corpo vermelho, que resplandece com o brilho igual ao do fogo do éon. Tenho uma face, duas mãos e três olhos, e meu olhar está voltado para a Terra Pura das Dakinis. Minha mão direita, esticada e apontando para baixo, segura uma faca curva marcada com um vajra. Minha mão esquerda segura, ao alto, uma cuia de crânio repleta de sangue, que compartilho e bebo com a boca voltada para o alto. Meu ombro esquerdo sustenta um khatanga marcado com um vajra, e do khatanga pendem um damaru, um sino e um triplo estandarte. Meus cabelos, pretos e soltos, cobrem minhas costas até a cintura. Na flor de minha juventude, meus desejáveis seios são fartos e mostro como gerar êxtase. Minha cabeça está adornada com cinco crânios humanos, e uso um colar de cinquenta crânios humanos. Nua, estou adornada com cinco mudras, e estou em pé no centro de um fogo flamejante de excelsa sabedoria.

O IOGA DE PURIFICAR OS MIGRANTES

No interior de uma fonte-fenômenos vermelha no formato de um duplo tetraedro, em meu coração, está um mandala de lua. Em seu centro, está uma letra BAM rodeada por um rosário de mantra. Deles, raios de luz se irradiam e saem pelos poros de minha pele. Ao tocar todos os seres sencientes dos seis reinos, purificam suas negatividades e obstruções, juntamente com suas marcas, e os transformam, todos, na forma de Vajrayogini.

O IOGA DE SER ABENÇOADO POR HERÓIS E HEROÍNAS

Meditação no mandala de corpo

No centro de uma fonte-fenômenos e um assento de lua, em meu coração, está uma letra BAM, que é a natureza dos quatro elementos. Dividindo-se, ela se transforma nas quatro letras YA, RA, LA, WA – as sementes dos quatro elementos.

Elas são a natureza das pétalas das quatro direções da roda-canal do coração, tal como "a Desejante". Elas se transformam, começando a partir da esquerda, em Lama, Khandarohi, Rupini e Dakini. No centro, a lua crescente, a gota e o *nada* da letra BAM, cuja natureza é a união das minhas gotas muito sutis, a vermelha e a branca, transformam-se na Venerável Vajrayogini.

Fora delas, em sequência, estão os canais (como "o Imutável"), dos 24 lugares do corpo (como o contorno do couro cabeludo e a coroa), e os 24 elementos dos quais vêm as unhas, os dentes, e assim por diante. Esses canais e elementos, por natureza inseparáveis, tornam-se a natureza das 24 letras do mantra OM OM e assim por diante, em pé e formando um círculo em sentido anti-horário a partir do leste. As letras se transformam nas oito Heroínas da família-coração: Partzandi, Tzändriakiya, Parbhawatiya, Mahanasa, Biramatiya, Karwariya, Lamkeshöriya e Drumatzaya; nas oito Heroínas da família-fala: Airawatiya, Mahabhairawi, Bayubega, Surabhakiya, Shamadewi, Suwatre, Hayakarne e Khaganane; e nas oito Heroínas da família-corpo: Tzatrabega, Khandarohi, Shaundini, Tzatrawarmini, Subira, Mahabala, Tzatrawartini e Mahabire. Essas são as efetivas Ioguines não-duais com os Heróis dos 24 lugares exteriores, tal como "Puliramalaya". Os canais e elementos das oito portas (tal como a boca), por natureza inseparáveis das oito letras HUM HUM e assim por diante, se transformam em Kakase, Ulukase, Shönase, Shukarase, Yamadhathi, Yamaduti, Yamadangtrini e Yamamatani. Todas elas têm a forma corporal da Venerável Senhora, completas com ornamentos e detalhes.

Absorver os seres-de-sabedoria e fundir os três mensageiros

Faça o mudra fulgurante e recite:

PHAIM
Raios de luz se irradiam da letra BAM em meu coração, saem por entre minhas sobrancelhas e se espalham para as dez

direções. Eles convidam todos os Tathagatas, Heróis e Ioguines das dez direções, todos sob o aspecto de Vajrayogini.
DZA HUM BAM HO

Os seres-de-sabedoria são chamados, dissolvem-se, permanecem firmes e ficam deleitados. Agora, com o mudra "lótus-que-gira", seguido do mudra abraço, recite:

OM YOGA SHUDDHA SARWA DHARMA YOGA SHUDDHO HAM
Eu sou a natureza do ioga de todos os fenômenos completamente purificados.

Contemple orgulho divino.

Vestir a armadura

Em lugares de meu corpo, surgem mandalas de lua, sobre os quais, em meu umbigo estão OM BAM vermelhos, Vajravarahi; em meu coração, HAM YOM azuis, Yamani; em minha garganta, HRIM MOM brancos, Mohani; em minha testa, HRIM HRIM amarelos, Sachalani; em minha coroa, HUM HUM verdes, Samtrasani; e em todos os meus membros, PHAT PHAT cor-de-fumaça, essência de Chandika.

Conceder a iniciação e adornar a coroa

PHAIM
Raios de luz se irradiam da letra BAM em meu coração e convidam as Deidades Que-Concedem-Iniciação, o mandala sustentado e sustentador do Glorioso Chakrasambara.

Ó, todos vós, Tathagatas, por favor, concedei a iniciação.

Solicitados desse modo, as oito Deusas dos portais afastam os impedimentos, os Heróis recitam versos auspiciosos, as Heroínas cantam canções-vajra, e as Rupavajras e as demais fazem oferendas. O Principal decide mentalmente conceder a iniciação, e as Quatro Mães, juntamente com Varahi, segurando vasos adornados com joias e repletos com os cinco néctares, conferem a iniciação pela coroa de minha cabeça.

"Assim como todos os Tathagatas concederam ablução
No momento do nascimento [de Buda],
Também nós, agora, concedemos ablução
Com a água pura dos deuses.

OM SARWA TATHAGATA ABHIKEKATA SAMAYA SHRIYE HUM"

Dizendo isso, elas concedem a iniciação. Meu corpo é preenchido por inteiro, todas as máculas são purificadas, e o excesso de água remanescente em minha coroa transforma-se em Vairochana-Heruka com a Mãe, os quais adornam minha coroa.

Oferendas à autogeração

Se você estiver fazendo a autogeração em associação com a autoiniciação, é necessário abençoar as oferendas exteriores neste ponto.

Deusas oferecedoras emanam de meu coração e fazem as oferendas.

Oferendas exteriores

OM AHRGHAM PARTITZA SOHA
OM PADÄM PARTITZA SOHA
OM VAJRA PUPE AH HUM SOHA
OM VAJRA DHUPE AH HUM SOHA
OM VAJRA DIWE AH HUM SOHA
OM VAJRA GÄNDHE AH HUM SOHA
OM VAJRA NEWIDE AH HUM SOHA
OM VAJRA SHAPTA AH HUM SOHA

OM AH VAJRA ADARSHE HUM
OM AH VAJRA WINI HUM

OM AH VAJRA GÄNDHE HUM
OM AH VAJRA RASE HUM
OM AH VAJRA PARSHE HUM
OM AH VAJRA DHARME HUM

Oferenda interior

OM OM OM SARWA BUDDHA DAKINIYE VAJRA WARNANIYE VAJRA BEROTZANIYE HUM HUM HUM PHAT PHAT PHAT SOHA OM AH HUM

Oferenda secreta e oferenda da talidade (*thatness*)

Para fazer a oferenda secreta e a oferenda da talidade, imagine:

Eu, Vajrayogini, estou em união com Chakrasambara, que se transformou a partir do meu khatanga, e gero êxtase espontâneo e vacuidade.

ou imagine que, estando na forma de Vajrayogini, você se transforma em Heruka e, com orgulho divino, efetua a oferenda secreta e a oferenda da talidade, do seguinte modo:

Com a clareza de Vajrayogini, meus seios desaparecem e desenvolvo um pênis. No ponto exato do centro de minha vagina, os dois lados se convertem em dois testículos semelhantes a sinos, e o estame se transforma no próprio pênis. Desse modo, assumo a forma do Grande Alegre Heruka em união com a Mãe Secreta Vajrayogini, que é, por natureza, a síntese de todas as Dakinis.

Da esfera da inobservabilidade do lugar secreto do Pai, a partir de um HUM branco surge, ali, um vajra branco de cinco hastes, ou dentes, e de um BÄ vermelho surge, ali, uma joia vermelha com um BÄ amarelo marcando seu topo.

Da esfera da inobservabilidade do lugar secreto da Mãe, a partir de um AH surge, ali, um lótus vermelho de três pétalas, e de um DÄ branco surge, ali, um estame branco, que representa a bodhichitta branca, com um DÄ amarelo marcando seu topo.

OM SHRI MAHA SUKHA VAJRA HE HE RU RU KAM AH HUM HUM PHAT SOHA

Devido ao Pai e à Mãe estarem absortos em-união, a bodhichitta derrete. Quando, ao descer da minha coroa, ela alcança minha garganta, [experiencio] alegria. Quando, ao descer da minha garganta, ela alcança o meu coração, [experiencio] suprema alegria. Quando, ao descer do meu coração, ela alcança o meu umbigo, [experiencio] extraordinária alegria. Quando, ao descer do meu umbigo, ela alcança a ponta da minha joia, gero excelsa sabedoria espontânea, por meio da qual permaneço absorto na concentração de êxtase e vacuidade inseparáveis. Desse modo, por meio desse êxtase inseparavelmente unido com a vacuidade, que permanece em absorção estritamente focada na talidade (*thatness*) – que é a ausência de existência inerente das três esferas da oferenda – eu me deleito com a oferenda secreta e a oferenda da talidade (*thatness*).

Então, contemple:

Uma vez mais, eu me torno a Venerável Vajrayogini.

Oito versos de louvor à Mãe

OM NAMO BHAGAWATI VAJRA VARAHI BAM HUM HUM PHAT
OM NAMO ARYA APARADZITE TRE LOKYA MATI BIYE SHÖRI HUM HUM PHAT
OM NAMA SARWA BUTA BHAYA WAHI MAHA VAJRE HUM HUM PHAT
OM NAMO VAJRA SANI ADZITE APARADZITE WASHAM KARANITRA HUM HUM PHAT
OM NAMO BHRAMANI SHOKANI ROKANI KROTE KARALENI HUM HUM PHAT

OM NAMA DRASANI MARANI PRABHE DANI PARADZAYE HUM HUM PHAT
OM NAMO BIDZAYE DZAMBHANI TAMBHANI MOHANI HUM HUM PHAT
OM NAMO VAJRA VARAHI MAHA YOGINI KAME SHÖRI KHAGE HUM HUM PHAT

O IOGA DA RECITAÇÃO VERBAL E MENTAL

Recitação verbal

No centro de um mandala de lua, dentro de uma fonte-fenômenos vermelha no formato de um duplo tetraedro, em meu coração, está uma letra BAM rodeada por um rosário de mantra vermelho, em pé e no sentido anti-horário. Incomensuráveis raios de luz vermelha irradiam-se de tudo isso. Eles purificam as negatividades e obstruções de todos os seres sencientes e fazem oferendas a todos os Budas. Todo o poder e a força de suas bênçãos são invocados sob a forma de raios de luz vermelha, que se dissolvem na letra BAM e no rosário de mantra, abençoando meu *continuum* mental.

OM OM OM SARWA BUDDHA DAKINIYE VAJRA WARNANIYE VAJRA BEROTZANIYE HUM HUM HUM PHAT PHAT PHAT SOHA

Recite, pelo menos, o número de mantras que você prometeu recitar todos os dias.

Recitação Mental

(1) Sente-se na postura dos sete gestos e, se quiser gerar êxtase, traga, do coração para o local secreto, a fonte-fenômenos, a lua e as letras do mantra; ou, se você quiser gerar uma mente não-conceitual, traga-os do coração para o umbigo e, então, envolva-os com os ventos. Como se estivesse lendo mentalmente o rosário de mantra, que se encontra em sentido anti-horário formando um círculo, colete ape-

nas três, cinco ou sete recitações. Depois, enquanto prende a respiração, concentre sua mente nos torvelinhos-rosa de alegria girando em sentido anti-horário nos quatro ângulos da fonte-fenômenos, exceto nos ângulos da frente e de trás, e concentre-se especialmente no nada *da letra BAM, ao centro, e que está prestes a arder.*

(2) O torvelinho-vermelho de alegria, na extremidade superior do canal central, e o torvelinho-branco de alegria, na extremidade inferior, cada um do tamanho de um grão de cevada, rumam para o coração, enquanto rodopiam energicamente em sentido anti-horário. No coração, eles se misturam e diminuem gradualmente até se dissolverem na vacuidade. Posicione sua mente em absorção no êxtase e vacuidade.

O IOGA DA INCONCEPTIBILIDADE

Da letra BAM e do rosário de mantra em meu coração, raios de luz irradiam-se e permeiam os três reinos. O reino da sem-forma dissolve-se na parte superior do meu corpo, no aspecto de raios de luz azul. O reino da forma dissolve-se na parte mediana do meu corpo, no aspecto de raios de luz vermelha. O reino do desejo dissolve-se na parte inferior do meu corpo, no aspecto de raios de luz branca. Eu, por minha vez, gradualmente me converto em luz a partir de baixo e de cima, e dissolvo-me na fonte-fenômenos. Que se dissolve na lua. Que se dissolve nas 32 Ioguines. Elas se dissolvem nas quatro Ioguines; e estas se dissolvem na Principal Senhora do mandala de corpo. A Principal Senhora, por sua vez, converte-se gradualmente em luz a partir de baixo e de cima, e dissolve-se na fonte-fenômenos. Que se dissolve na lua. Que se dissolve no rosário de mantra. Que se dissolve na letra BAM. Que se dissolve na cabeça do BAM. Que se dissolve na lua crescente. Que se dissolve na gota. Que se dissolve no *nada*; e este, diminuindo cada vez mais, se dissolve na clara-luz-vacuidade.

O IOGA DAS AÇÕES DIÁRIAS

Do estado de vacuidade, eu surjo instantaneamente como a Venerável Vajrayogini. Em lugares de meu corpo, surgem mandalas de lua, sobre os quais, em meu umbigo estão OM BAM vermelhos, Vajravarahi; em meu coração, HAM YOM azuis, Yamani; em minha garganta, HRIM MOM brancos, Mohani; em minha testa, HRIM HRIM amarelos, Sachalani; em minha coroa, HUM HUM verdes, Samtrasani; e em todos os meus membros, PHAT PHAT cor-de-fumaça, essência de Chandika.

Para proteger as direções principais e as direções intermediárias, recite 2 vezes:

OM SUMBHANI SUMBHA HUM HUM PHAT
OM GRIHANA GRIHANA HUM HUM PHAT
OM GRIHANA PAYA GRIHANA PAYA HUM HUM PHAT
OM ANAYA HO BHAGAWÄN VAJRA HUM HUM PHAT

O ioga das tormas

Disponha oferendas de modo tradicional e, então, purifique-as da seguinte maneira:

OM KHANDAROHI HUM HUM PHAT
OM SOBHAWA SHUDDHA SARWA DHARMA SOBHAWA SHUDDHO HAM
Tudo se torna vacuidade.

Do estado de vacuidade, do KAM vêm vasilhas de crânio, dentro das quais, do HUM surgem substâncias de oferenda. Por sua natureza, vacuidade, cada uma delas tem o aspecto individual de uma das substâncias de oferenda, e servem como objetos de prazer dos seis sentidos para proporcionar especial êxtase incontaminado.

OM AHRGHAM AH HUM
OM PADÄM AH HUM
OM VAJRA PUPE AH HUM
OM VAJRA DHUPE AH HUM

OM VAJRA DIWE AH HUM
OM VAJRA GÄNDHE AH HUM
OM VAJRA NEWIDE AH HUM
OM VAJRA SHAPTA AH HUM

Abençoar as tormas

OM KHANDAROHI HUM HUM PHAT
OM SOBHAWA SHUDDHA SARWA DHARMA SOBHAWA SHUDDHO HAM
Tudo se torna vacuidade.

Do estado de vacuidade, do YAM vem vento; do RAM vem fogo; do AH, um tripé de três cabeças humanas. Sobre ele, do AH aparece uma ampla e vasta cuia de crânio. Dentro dela, do OM, KHAM, AM, TRAM, HUM vêm os cinco néctares; e do LAM, MAM, PAM, TAM, BAM vêm as cinco carnes, cada qual marcado por uma das letras. O vento sopra, o fogo arde e as substâncias dentro da cuia de crânio derretem e se fundem. Acima delas, do HUM surge um khatanga branco de cabeça para baixo, que cai e se derrete na cuia de crânio, fazendo com que as substâncias assumam cor de mercúrio. Acima disso, três fileiras sobrepostas de vogais e consoantes transformam-se em OM AH HUM. Deles, raios de luz atraem o néctar de excelsa sabedoria do coração de todos os Tathagatas, Heróis e Ioguines das dez direções. Quando isso é adicionado, o conteúdo aumenta e se torna vasto.
OM AH HUM (3x)

Fazer o convite aos convidados da torma

PHAIM
Raios de luz se irradiam da letra BAM em meu coração e convidam a Venerável Vajrayogini, rodeada pela assembleia de Gurus, Yidams, Budas, Bodhisattvas, Heróis, Dakinis, Protetores do Dharma e Protetores mundanos, para virem de Akanishta ao espaço à minha frente. De um HUM, na língua de cada convidado, surge um vajra tridentado, através do qual eles

compartilham da essência da torma, sorvendo-a por canudos de luz da espessura de apenas um grão de cevada.

Oferecer a torma principal

Ofereça a torma, enquanto você recita três ou sete vezes:

OM VAJRA AH RA LI HO: DZA HUM BAM HO: VAJRA DAKINI SAMAYA TÖN TRISHAYA HO

Oferecer a torma às Dakinis mundanas

Ofereça a torma, enquanto você recita duas vezes:

OM KHA KHA, KHAHI KHAHI, SARWA YAKYA RAKYASA, BHUTA, TRETA, PISHATSA, UNATA, APAMARA, VAJRA DAKA, DAKI NÄDAYA, IMAM BALING GRIHANTU, SAMAYA RAKYANTU, MAMA SARWA SIDDHI METRA YATZANTU, YATIPAM, YATETAM, BHUDZATA, PIWATA, DZITRATA, MATI TRAMATA, MAMA SARWA KATAYA, SÄDSUKHAM BISHUDHAYE, SAHAYEKA BHAWÄNTU, HUM HUM PHAT PHAT SOHA

Oferendas exteriores

OM VAJRA YOGINI SAPARIWARA AHRGHAM, PADÄM, PUPE, DHUPE, ALOKE, GÄNDHE, NEWIDE, SHAPTA AH HUM

Oferenda interior

OM VAJRA YOGINI SAPARIWARA OM AH HUM

Louvor

Ó Gloriosa Vajrayogini,
Rainha Dakini Chakravatin,
Que tens cinco sabedorias e três corpos,
A ti, Salvadora de todos, eu me prostro.

Às muitas Dakinis Vajra,
Que, como Senhoras das ações mundanas,

Cortais nossas amarras aos preconceitos,
A todas vós, Senhoras, eu me prostro.

Prece para contemplar a linda face de Vajrayogini

Êxtase e vacuidade de infinitos Conquistadores que, como num drama,
Aparecem como tantas diferentes visões no samsara e no nirvana;
Dentre todas, tu és agora a bela e poderosa Senhora da Terra Dakini,
Lembro-me sinceramente de ti; por favor, cuida de mim com teu divertido abraço.

Dos Conquistadores em Akanishta, tu és a mãe espontaneamente nascida,
És as Dakinis nascidas em campo nos 24 lugares;
Tu és os mudras-ação que cobrem toda a terra,
Ó Venerável Senhora, és o supremo refúgio para mim, o iogue.

Tu que és a manifestação da vacuidade da mente, ela própria,
És o efetivo BAM, a esfera do EH, na cidade do vajra.
Na terra da ilusão, mostra-te como uma terrível canibal
E como uma sorridente, vibrante e encantadora jovem senhora.

Mas, por mais que tenha procurado, ó Nobre Senhora,
Não pude encontrar certeza alguma de que és verdadeiramente existente.
Então, a juventude da minha mente, exausta por suas elaborações,
Veio para repousar no abrigo da floresta, que está além de toda e qualquer expressão.

Que maravilhoso, por favor, surge da esfera do Dharmakaya
E cuida de mim pela verdade do que é dito
No glorioso Heruka, Rei dos Tantras –
Que aquisições vêm de recitar o supremo mantra-essência-
-aproximador da Rainha-Vajra.

Na isolada floresta de Odivisha,
Tu cuidaste de Vajra Ghantapa, o poderoso Siddha,
Que, com o êxtase do teu beijo e abraço, veio a desfrutar
do abraço supremo.
Ó, por favor, cuida de mim da mesma maneira.

Assim como o Venerável Kusali foi diretamente levado
De uma ilha no Ganges à esfera do espaço,
E, assim como cuidaste do glorioso Naropa,
Por favor, leva-me também à cidade da alegre Dakini.

Pela força da compaixão de meus supremos Gurus, raiz
e linhagem,
Pelo caminho especialmente profundo e rápido do magnífico
Tantra último e secreto
E pela pura intenção superior, minha, o iogue,
Possa eu logo contemplar tua sorridente face, ó alegre Senhora
Dakini.

Pedir a satisfação dos desejos

Ó Venerável Vajrayogini, por favor, conduz a mim e a todos os seres sencientes à Terra Pura das Dakinis. Por favor, concede-nos cada uma das aquisições mundanas e supramundanas. (3x)

Se deseja fazer uma oferenda tsog, você deve incluí-la neste ponto. A oferenda tsog compreende as páginas 365-371.

Oferecer a torma aos Protetores do Dharma em geral

OM AH HUM HA HO HRIH (3x)

HUM
Do teu puro palácio de grande êxtase em Akanishta,
Grande poderoso que emana do coração de Vairochana,
Dorje Gur, chefe soberano de todos os Protetores da doutrina,
Ó glorioso Mahakala, por favor, vem a nós e compartilha desta
oferenda e torma.

De Yongdui Tsel e do palácio de Yama
E do lugar supremo de Devikoti em Jambudipa,
Namdru Remati, principal Senhora do reino do desejo,
Ó Palden Lhamo, por favor, vem a nós e compartilha desta
oferenda e torma.

Do mandala da esfera bhaga de aparência e existência,
Mãe Yingchugma, principal Senhora de todo o samsara
e nirvana,
Chefe de Dakinis e demônios, feroz protetora dos mantras,
Ó Grande Mãe Ralchigma, por favor, vem a nós e compartilha
desta oferenda e torma.

De Silwa Tsel e Haha Gopa,
De Singaling e da montanha nevada de Ti Se,
E de Darlungne e Kaui Dragdzong,
Ó Zhingkyong Wangpo, por favor, vem a nós e compartilha
desta oferenda e torma.

Dos oito solos sepulcrais e de Risul no sul,
De Bodhgaya e do glorioso Samye,
E de Nalatse e do glorioso Sakya,
Ó Legon Pomo, por favor, vem a nós e compartilha desta
oferenda e torma.

Dos solos sepulcrais de Marutse no nordeste,
Das colinas vermelhas e rochosas de Bangso na Índia
E dos lugares supremos de Darlung Dagram e assim por diante,
Ó Yakya Chamdrel, por favor, vem a nós e compartilha desta
oferenda e torma.

Especialmente de Odiyana, Terra das Dakinis,
E de tua morada natural,
Completamente rodeado por Dakinis mundanas
e supramundanas,
Ó Pai-e-Mãe Senhor dos Solos Sepulcrais, por favor, vem a nós
e compartilha desta oferenda e torma.

Dos lugares supremos, como Tushita, Keajra e assim por diante,
Grande Protetor da doutrina do segundo Conquistador,
Dorje Shugden, Cinco Linhagens, juntamente com vossos séquitos,
Por favor, vinde a nós e compartilhai desta oferenda e torma.

Peço e faço oferendas a vós, ó Hoste de Protetores da doutrina do Conquistador,
Eu vos propicio e confio em vós, ó Grandes Protetores das palavras do Guru,
Clamo a vós e rogo, ó Hoste de Destruidores dos obstrutores dos iogues,
Por favor, vinde a nós rapidamente e compartilhai desta oferenda e torma.

Ofereço uma torma adornada com carne vermelha e sangue.
Ofereço bebidas alcoólicas, néctares medicinais e sangue.
Ofereço o som de grandes tambores, trombetas de fêmur e címbalos.
Ofereço grandes flâmulas de seda negra, que ondulam como nuvens.

Ofereço atrações surpreendentemente belas, semelhantes ao espaço.
Ofereço cantos fortes que são poderosos e melodiosos.
Ofereço um oceano de substâncias-compromisso exteriores, interiores e secretas.
Ofereço o jogo da excelsa sabedoria de êxtase e vacuidade inseparáveis.

Protegei a preciosa doutrina de Buda.
Aumentai o renome das Três Joias.
Levai adiante os feitos dos gloriosos Gurus,
E satisfazei quaisquer pedidos que eu vos faça.

Pedir indulgência

Agora, recite o mantra de cem letras de Heruka:

OM VAJRA HERUKA SAMAYA, MANU PALAYA, HERUKA TENO PATITA, DRIDHO ME BHAWA, SUTO KAYO ME BHAWA, SUPO KAYO ME BHAWA, ANURAKTO ME BHAWA, SARWA SIDDHI ME PRAYATZA, SARWA KARMA SUTZA ME, TZITAM SHRIYAM KURU HUM, HA HA HA HA HO BHAGAWÄN, VAJRA HERUKA MA ME MUNTSA, HERUKA BHAWA, MAHA SAMAYA SATTVA AH HUM PHAT

Peça indulgência, recitando:

Quaisquer erros que eu tenha cometido
Por não encontrar, não entender
Ou não ter a habilidade,
Por favor, ó Protetor, sê paciente com tudo isso.

OM VAJRA MU Os seres-de-sabedoria, convidados da torma, dissolvem-se em mim, e os seres mundanos retornam aos seus próprios locais.

Preces dedicatórias

Por essa virtude, que eu rapidamente
Realize a verdadeira, efetiva Dakini
E, então, conduza cada ser vivo,
Sem exceção, a esse solo.

Na hora da minha morte, que os Protetores, Heróis, Heroínas
e demais seres sagrados,
Portando flores, para-sóis e estandartes da vitória
E oferecendo a doce música de címbalos e assim por diante,
Conduzam-me à Terra das Dakinis.

Pela verdade das válidas Deusas,
Por seus válidos compromissos
E pelas palavras supremamente válidas que falaram,
Que [as minhas virtudes] sejam a causa para que eu seja
cuidado pelas Deusas.

Dedicatória extensa

Se tiver tempo e desejo, você pode concluir com estas preces, escritas por Tsarpa Dorjechang:

Na grande embarcação de liberdade e dote,
Hasteada a vela branca da contínua-lembrança da impermanência
E soprada pelo vento favorável de aceitar e abandonar ações
e efeitos,
Que eu seja libertado do terrível e assustador oceano do samsara.

Confiando na joia-coroa dos objetos não-enganosos de
refúgio,
Tomando sobre mim a responsabilidade do grande propósito
dos migrantes – minhas mães –
E limpando minhas máculas e falhas com o néctar de Vajrasattva,
Que eu seja cuidado pelos compassivos, Veneráveis Gurus.

A bela Mãe dos Conquistadores é a Ioguine exterior,
A letra BAM é a suprema Rainha-Vajra interior,
A clareza e a vacuidade da mente, ela própria, é a secreta Mãe
Dakini;
Que eu desfrute o divertimento de ver a natureza própria
de cada uma.

O ambiente mundano é a mansão celestial da letra EH,
E seus habitantes – os seres sencientes – são as Ioguines
da letra BAM;
Pela concentração do grande êxtase da união deles,
Que qualquer aparência que surja seja uma aparência pura.

Assim, pelos iogas [que enumeram] as direções e a lua,
Que eu seja, por fim, conduzido diretamente à cidade
dos Detentores do Saber
Pela Senhora de alegria, cor-de-coral,
De cabelos ruivos livremente soltos e dardejantes olhos
alaranjados.

Tendo praticado num local de cadáveres, com sindhura e uma
haste de langali
E tendo vagado por terras afora,
Que a linda Senhora a quem o torvelinho de minha testa
se transferir
Conduza-me à Terra das Dakinis.

Quando a Varahi interior tiver destruído a videira escandente
do apreendedor e do apreendido,
E a Senhora dançante, que reside no meu supremo canal
central,
Tiver emergido pela porta de Brahma para a esfera
do caminho de nuvens,
Que ela se una em abraço e brinque com o Herói, Bebedor
de Sangue.

Pelo ioga de unificar [os dois ventos], meditando de modo
estritamente focado
Na minúscula semente dos cinco ventos no lótus do meu
umbigo,
Que meu *continuum* mental seja saciado pelo supremo êxtase
Que vem das perfumadas gotas permeando os canais do meu
corpo-mente.

Quando, pelo brincar risonho e alegre da bela Senhora
De luz tummo ardente dentro do meu canal central,
A jovem letra HAM tiver sido completamente amolecida,
Que eu alcance o solo do grande êxtase da união.

Quando o RAM negro-avermelhado, que reside no centro
dos três canais no meu umbigo,
Tiver sido inflamado por meus ventos superiores e inferiores
E seu fogo purificador tiver consumido os setenta e dois mil
elementos impuros,
Que o meu canal central seja completamente preenchido com
gotas puras.

Quando a gota de cinco cores entre minhas sobrancelhas tiver
ido para a minha coroa,
E o fluxo de líquido-lua dela originado
Tiver alcançado o estame do meu lótus secreto,
Que eu seja saciado pelas quatro alegrias do descer e ascender.

Quando, por serem tocados pelos raios de cinco luzes que se
irradiam dessa gota,
Todos os fenômenos estáveis e móveis, meu corpo, e assim
por diante,
Tiverem sido transformados numa massa de brilhantes e claros
arco-íris,
Que eu ingresse uma vez mais na morada natural, a esfera
de êxtase e vacuidade.

Quando a Ioguine da minha própria mente, a união além
do intelecto,
O estado primordial de vacuidade e clareza inexprimíveis,
A natureza original – livre de surgir, cessar e permanecer –
Reconhecer sua própria entidade, que eu seja para sempre nutrido.

Quando os meus canais, ventos e gotas tiverem se dissolvido
na esfera de EVAM,
E a mente, ela própria, tiver alcançado a glória do Corpo-
Verdade de grande êxtase,
Que eu cuide desses migrantes, tão extensos como o espaço,
Com incomensuráveis manifestações de incontáveis
Corpos-Forma.

Pelas bênçãos dos Conquistadores e de seus maravilhosos Filhos,
Pela verdade da relação-dependente não-enganosa
E pelo poder e força de minha pura intenção superior,
Que todos os pontos de minhas sinceras preces se realizem.

Preces auspiciosas

Que haja a auspiciosidade de velozmente receber as bênçãos
Das hostes de gloriosos, sagrados Gurus,

Vajradhara, Pândita Naropa, e assim por diante,
Os gloriosos Senhores de toda virtude e excelência.

Que haja a auspiciosidade do Corpo-Verdade Dakini,
Perfeição de sabedoria, a suprema Mãe dos Conquistadores,
Clara-luz natural, desde o princípio livre de elaboração,
A Senhora que emana e reúne todas as coisas, estáveis e móveis.

Que haja a auspiciosidade do Perfeito Corpo-de-Deleite,
espontaneamente nascido,
Um corpo radiante e belo, resplandecente com a glória
das marcas maiores e menores,
Uma fala que proclama o supremo veículo, com sessenta
melodias,
E uma mente de êxtase e clareza não-conceituais, que possui
as cinco excelsas sabedorias.

Que haja a auspiciosidade do Corpo-Emanação, nascido nos
locais,
Senhoras que, com diversos Corpos-Forma em numerosos
locais,
Realizam, por diversos meios, as metas dos muitos a serem
domados,
De acordo com os seus numerosos desejos.

Que haja a auspiciosidade da suprema Dakini, nascida de
mantra,
Uma Venerável Senhora com uma cor similar à de um rubi,
Com um modo sorridente e irado, uma face e duas mãos que
seguram faca curva e cuia de crânio,
E duas pernas, nas posições dobrada e esticada.

Que haja a auspiciosidade dos teus incontáveis milhões
de emanações,
E das hostes de setenta e duas mil [Dakinis],
Eliminando todas as obstruções dos praticantes
E concedendo as aquisições tão grandemente almejadas.

Preces pela Tradição Virtuosa

Para que a tradição de Je Tsongkhapa,
O Rei do Dharma, floresça,
Que todos os obstáculos sejam pacificados
E todas as condições favoráveis sejam abundantes.

Pelas duas coleções, minhas e dos outros,
Reunidas ao longo dos três tempos,
Que a doutrina do Conquistador Losang Dragpa
Floresça para sempre.

Prece *Migtsema* de nove versos

Tsongkhapa, ornamento-coroa dos eruditos da Terra das Neves,
Tu és Buda Shakyamuni e Vajradhara, a fonte de todas as conquistas,
Avalokiteshvara, o tesouro de inobservável compaixão,
Manjushri, a suprema sabedoria imaculada,
E Vajrapani, o destruidor das hostes de maras.
Ó Venerável Guru Buda, síntese das Três Joias,
Com meu corpo, fala e mente, respeitosamente faço pedidos:
Peço, concede tuas bênçãos para amadurecer e libertar a mim e aos outros,
E confere-nos as aquisições comuns e a suprema. (3x)

A OFERENDA TSOG

Abençoar a oferenda tsog

OM KHANDAROHI HUM HUM PHAT
OM SOBHAWA SHUDDHA SARWA DHARMA SOBHAWA SHUDDHO HAM
Tudo se torna vacuidade.

Do estado de vacuidade, do AH surge uma ampla e vasta cuia de crânio, dentro da qual as cinco carnes, os cinco néctares e as cinco excelsas sabedorias derretem e se fundem, e de onde surge um vasto oceano de néctar de excelsa sabedoria.
OM AH HUM HA HO HRIH (3x)

Contemple que isso se torna um inesgotável oceano de néctar de excelsa sabedoria.

Oferecer os néctares medicinais

Ofereço esse néctar supremo,
Que, incomparavelmente, transcende os objetos vulgares;
O supremo compromisso de todos os Conquistadores
E o fundamento de todas as aquisições.

Que tu te deleites com o grande êxtase
Da insuperável bodhichitta,
Purificada de todas as máculas das obstruções
E completamente livre de todas as concepções.

Fazer a oferenda tsog

HO Esse oceano de oferenda tsog de incontaminado néctar,
Abençoado por concentração, mantra e mudra,
Ofereço para agradar à assembleia de Gurus, raiz e-linhagem,
OM AH HUM
Deleitados pelo desfrute desses magníficos objetos de desejo,
EH MA HO
Por favor, concedei uma grande chuva de bênçãos.

HO Esse oceano de oferenda tsog de incontaminado néctar,
Abençoado por concentração, mantra e mudra,
Ofereço para agradar à divina assembleia de Poderosas Dakinis.
OM AH HUM
Deleitadas pelo desfrute desses magníficos objetos de desejo,
EH MA HO
Por favor, concedei a aquisição Dakini.

HO Esse oceano de oferenda tsog de incontaminado néctar,
Abençoado por concentração, mantra e mudra,
Ofereço para agradar à divina assembleia de Yidams e seus séquitos.
OM AH HUM
Deleitados pelo desfrute desses magníficos objetos de desejo,
EH MA HO
Por favor, concedei uma grande chuva de aquisições.

HO Esse oceano de oferenda tsog de incontaminado néctar,
Abençoado por concentração, mantra e mudra,
Ofereço para agradar à assembleia das Três Joias Preciosas.
OM AH HUM
Deleitadas pelo desfrute desses magníficos objetos de desejo,
EH MA HO
Por favor, concedei uma grande chuva de Dharmas sagrados.

HO Esse oceano de oferenda tsog de incontaminado néctar,
Abençoado por concentração, mantra e mudra,
Ofereço para agradar à assembleia de Dakinis e Protetores do Dharma.
OM AH HUM
Deleitados pelo desfrute desses magníficos objetos de desejo,
EH MA HO
Por favor, concedei uma grande chuva de feitos virtuosos.

HO Esse oceano de oferenda tsog de incontaminado néctar,
Abençoado por concentração, mantra e mudra,
Ofereço para agradar à assembleia dos seres sencientes-mães.
OM AH HUM
Deleitados pelo desfrute desses magníficos objetos de desejo,
EH MA HO
Que o sofrimento e a aparência equivocada sejam apaziguados.

Oferendas exteriores

OM VAJRA YOGINI SAPARIWARA AHRGHAM, PADÄM, PUPE, DHUPE, ALOKE, GÄNDHE, NEWIDE, SHAPTA AH HUM

Oferenda interior

OM VAJRA YOGINI SAPARIWARA OM AH HUM

Oito versos de louvor à Mãe

OM Prostro-me a Vajravarahi, a Mãe Abençoada HUM HUM PHAT
OM À Superior e poderosa Senhora do Saber, inconquistada pelos três reinos HUM HUM PHAT
OM A ti, que destróis todos os medos de espíritos maléficos com teu grande vajra HUM HUM PHAT
OM A ti, com olhos controladores, que permaneces como o assento-vajra inconquistado por outros HUM HUM PHAT
OM A ti, cuja feroz forma irada desseca Brahma HUM HUM PHAT
OM A ti, que aterrorizas e exterminas demônios, conquistando aqueles de outras direções HUM HUM PHAT
OM A ti, que conquistas todos os que nos tornam obtusos, rígidos e confusos HUM HUM PHAT
OM Curvo-me a Vajravarahi, a Grande Mãe, a consorte Dakini que satisfaz todos os desejos HUM HUM PHAT

Fazer a oferenda tsog ao Guia Espiritual Vajrayana

Detentor do Vajra, por favor, ouve-me:
Essa minha oferenda tsog especial,
Eu ofereço a ti, com uma mente de fé;
Por favor, compartilha conforme te aprouver.

EH MA, grande paz.
Essa vasta e ardente oferenda tsog queima as delusões
E, desse modo, traz grande êxtase.
AH HO Tudo é grande êxtase.
AH HO MAHA SUKHA HO

A esse respeito, todos os fenômenos são percebidos como puros –
Sobre isso, a assembleia não deve ter dúvidas.
Já que brâmanes, párias, porcos e cães
São uma única natureza, por favor, queira desfrutar.

O Dharma dos Sugatas é inestimável,
Livre das máculas do apego e assim por diante,
A renúncia ao apreendedor e ao apreendido;
Respeitosamente, prostro-me à talidade.
AH HO MAHA SUKHA HO

Canção da Rainha da Primavera

HUM A todos vós, Tathagatas,
Heróis, Ioguines,
Dakas e Dakinis,
A todos vós eu faço este pedido:
Ó Heruka, que te deleitas em grande êxtase,
Tu te envolves na União de espontâneo êxtase,
Acompanhando a Senhora inebriada de êxtase
E deleitando-te de acordo com os rituais.
AH LA LA, LA LA HO, AH I AH, AH RA LI HO
Que a assembleia de imaculadas Dakinis
Olhe com amorosa afeição e cumpra todos os feitos.

HUM A todos vós, Tathagatas,
Heróis, Ioguines,
Dakas e Dakinis,
A todos vós eu faço este pedido:
Com uma mente completamente desperta por grande êxtase
E um corpo numa dança de constante meneio,
Ofereço às hostes de Dakinis
O grande êxtase de desfrutar do lótus do mudra.
AH LA LA, LA LA HO, AH I AH, AH RA LI HO
Que a assembleia de imaculadas Dakinis
Olhe com amorosa afeição e cumpra todos os feitos.

HUM A todos vós, Tathagatas,
Heróis, Ioguines,
Dakas e Dakinis,
A todos vós eu faço este pedido:
Vós, que dançais de maneira linda e pacífica,
Ó Protetor, Pleno de Êxtase, e hostes de Dakinis,
Por favor, vinde à minha frente e concedei-me vossas bênçãos,
E conferi-me grande êxtase espontâneo.
AH LA LA, LA LA HO, AH I AH, AH RA LI HO
Que a assembleia de imaculadas Dakinis
Olhe com amorosa afeição e cumpra todos os feitos.

HUM A todos vós, Tathagatas,
Heróis, Ioguines,
Dakas e Dakinis,
A todos vós eu faço este pedido:
Vós, que tendes a característica da libertação de grande êxtase,
Não dizeis que, numa única vida, a libertação possa ser alcançada
Por meio de várias práticas ascéticas de abandono do grande êxtase,
Mas que o grande êxtase reside no centro do supremo lótus.
AH LA LA, LA LA HO, AH I AH, AH RA LI HO
Que a assembleia de imaculadas Dakinis
Olhe com amorosa afeição e cumpra todos os feitos.

HUM A todos vós, Tathagatas,
Heróis, Ioguines,
Dakas e Dakinis,
A todos vós eu faço este pedido:
Qual lótus nascido no centro de um pântano,
Este método, embora nascido do apego, é impoluto pelas falhas do apego.
Ó Suprema Dakini, pelo êxtase de teu lótus,
Por favor, traz rapidamente a libertação das amarras do samsara.
AH LA LA, LA LA HO, AH I AH, AH RA LI HO
Que a assembleia de imaculadas Dakinis
Olhe com amorosa afeição e cumpra todos os feitos.

HUM A todos vós, Tathagatas,
Heróis, Ioguines,
Dakas e Dakinis,
A todos vós eu faço este pedido:
Assim como a essência do mel, na fonte do mel,
É bebida por enxames de abelhas de todas as direções,
Do mesmo modo, por vosso amplo lótus com seis características,
Por favor, satisfazei-nos com o gosto do grande êxtase.
AH LA LA, LA LA HO, AH I AH, AH RA LI HO
Que a assembleia de imaculadas Dakinis
Olhe com amorosa afeição e cumpra todos os feitos.

Abençoar as oferendas para os espíritos

OM KHANDAROHI HUM HUM PHAT
OM SOBHAWA SHUDDHA SARWA DHARMA SOBHAWA SHUDDHO HAM
Tudo se torna vacuidade.

Do estado de vacuidade, do AH surge uma ampla e vasta cuia de crânio, dentro da qual as cinco carnes, os cinco néctares e as cinco excelsas sabedorias derretem e se fundem, e de onde surge um vasto oceano de néctar de excelsa sabedoria.
OM AH HUM HA HO HRIH (3x)

Oferenda para os espíritos propriamente dita

PHAIM
UTSIKTRA BALINGTA BHAKYÄSI SOHA

HO Esse oceano de oferenda tsog remanescente
de incontaminado néctar,
Abençoado por concentração, mantra e mudra,
Ofereço para agradar à assembleia de guardiões sob jura.
OM AH HUM
Deleitados pelo desfrute desses magníficos objetos de desejo,
EH MA HO
Por favor, executai ações perfeitas para ajudar os praticantes.

Com o acompanhamento de música, sair com o que restou da oferenda tsog para os espíritos.

Que eu e os demais praticantes
Tenhamos boa saúde, vida longa, poder,
Glória, fama, fortuna
E extensos prazeres.
Por favor, concedei-me as aquisições
Das ações pacificadoras, crescentes, controladoras e iradas.
Vós, que estais comprometidos por juramento, por favor, protegei-me,
E ajudai-me a realizar todas as aquisições.
Erradicai toda morte prematura, doenças,
Danos causados por espíritos e obstruções.
Eliminai sonhos ruins,
Maus presságios e más ações.

Que haja felicidade no mundo e os anos por vir sejam bons,
Que as colheitas aumentem e o Dharma floresça.
Que toda bondade e felicidade aconteçam
E todos os desejos sejam realizados.

Por força dessa farta doação,
Que eu me torne um Buda para o benefício dos seres vivos,
E que, por minha generosidade, liberte
Todos os que não foram libertados pelos Budas anteriores.

Cólofon: Esta sadhana, ou prece ritual, para obter as aquisições espirituais de Vajrayogini foi traduzida sob a compassiva orientação de Venerável Geshe Kelsang Gyatso Rinpoche. A estrofe dedicada a Venerável Geshe Kelsang Gyatso Rinpoche, em *Pedidos aos Gurus-linhagem*, foi escrita pelo glorioso Protetor do Dharma, Duldzin Dorje Shugden, e incluída na sadhana a pedido dos fiéis e devotados discípulos de Geshe Kelsang. A estrofe dedicada a Dorje Shugden, em *Oferecer a torma aos Protetores do Dharma em geral*, foi escrita por Venerável Geshe Kelsang Gyatso Rinpoche, e incluída na sadhana a pedido de seus fiéis e devotados discípulos.

Apêndice VIII

Caminho de Êxtase

A SADHANA CONDENSADA
DE AUTOGERAÇÃO DE VAJRAYOGINI

Compilada por
Venerável Geshe Kelsang Gyatso Rinpoche

Guru Vajradharma

Caminho de Êxtase

A SADHANA CONDENSADA
DE AUTOGERAÇÃO DE VAJRAYOGINI

Aqueles que desejam treinar a autogeração de Vajrayogini como uma prática diária, mas não têm tempo ou habilidade suficientes para praticar tanto a sadhana extensa quanto a mediana, podem realizar seu propósito praticando, com forte fé, esta breve sadhana. No entanto, toda vez que nos empenharmos na recitação, contemplação e meditação desta sadhana, Caminho de Êxtase, *devemos estar totalmente livres de distrações. Com distrações, não conseguimos realizar nada.*

A SADHANA PROPRIAMENTE DITA

AS QUATRO PRÁTICAS PREPARATÓRIAS

Visualizar os objetos de refúgio, a porta de entrada pela qual desenvolvemos e aumentamos a fé budista

Fé em Buda, Dharma e Sangha é fé budista em geral, e, nesta prática de Vajrayogini, fé em Guru Vajradharma Heruka Pai e Mãe é fé budista em particular. Guru Vajradharma Heruka Pai e Mãe não são pessoas diferentes, mas uma mesma pessoa com aspectos diferentes. Empenhamo-nos nessa prática, seguindo a contemplação apresentada na sadhana:

No espaço à minha frente, aparece meu Guru-raiz sob o aspecto de Buda Vajradharma, a manifestação da fala de todos os Budas, com Heruka Pai e Mãe em seu coração, rodeado pela assembleia de Gurus-linhagem; Yidams – as Deidades iluminadas; as Três Joias Preciosas – Buda, Dharma e Sangha, os praticantes espirituais puros; e Protetores do Dharma.

Meditamos, com forte fé, nessa magnífica assembleia de seres sagrados iluminados. Por visualizar nosso Guru-raiz dessa maneira, receberemos as bênçãos especiais da fala de todos os Budas. Por meio disso, podemos alcançar rapidamente as realizações de fala – as realizações das instruções de Dharma de Sutra e de Tantra. Somente pelas realizações de Dharma podemos cessar nossos problemas samsáricos, em geral, e nossos problemas humanos, em particular.

Treinar em buscar refúgio, a porta de entrada pela qual ingressamos no Budismo

Nessa prática, com o objetivo de libertar, permanentemente, a nós mesmos e a todos os seres vivos do sofrimento, fazemos a promessa, do fundo de nosso coração, de buscar refúgio na assembleia de Gurus, Budas, Dharma e Sangha, os praticantes espirituais puros, por toda a nossa vida. Essa promessa é o voto de refúgio, que abre a porta à libertação, a suprema paz mental permanente, conhecida como "nirvana". Empenhamo-nos nessa prática, seguindo a contemplação apresentada na sadhana:

Eu e todos os seres sencientes, tão extensos quanto o espaço,
doravante, até alcançarmos a iluminação,
Buscamos refúgio nos Gurus, os supremos Guias Espirituais,
Buscamos refúgio nos Budas, os seres plenamente iluminados,
Buscamos refúgio no Dharma, os preciosos ensinamentos
de Buda,
Buscamos refúgio na Sangha, os praticantes espirituais puros.
(3x)

Como compromissos do nosso voto de refúgio, devemos aplicar esforço para receber as bênçãos de Buda, para colocar o Dharma em prática e para receber ajuda da Sangha, os praticantes espirituais puros. Praticantes espirituais puros nos conduzem ao caminho espiritual através de mostrar um bom exemplo para seguirmos e, por essa razão, são objetos de refúgio.

Gerar o supremo bom coração, bodhichitta, a porta de entrada pela qual ingressamos no caminho à grande iluminação

Nessa prática, para alcançar a iluminação a fim de beneficiar todos e cada um dos seres vivos todos os dias, fazemos a promessa, do fundo de nosso coração, de praticar as etapas do caminho de Vajrayogini, o que significa praticar as etapas dos caminhos do estágio de geração e do estágio de conclusão de Vajrayogini. Essa promessa é o nosso voto bodhisattva, que abre a porta ao caminho rápido à grande iluminação. Empenhamo-nos nessa prática, seguindo a contemplação apresentada na sadhana:

Uma vez que eu tenha alcançado o estado da completa iluminação, a Budeidade, libertarei todos os seres sencientes do oceano de sofrimento do samsara e os levarei ao êxtase da plena iluminação. Com esse propósito, vou praticar as etapas do caminho de Vajrayogini. (3x)

Como compromissos do nosso voto bodhisattva, devemos aplicar esforço para praticar as seis perfeições: dar, disciplina moral, paciência, esforço, concentração e sabedoria. Uma explicação detalhada sobre essas práticas pode ser encontrada nas páginas 92-94.

Receber bênçãos, a porta de entrada pela qual podemos obter o corpo, a fala e a mente iluminados, através de purificarmos a aparência comum de nosso corpo, fala e mente

Nessa prática, devemos, primeiro, fazer a oferenda breve de mandala:

O chão espargido com perfume e salpicado de flores,
A Grande Montanha, quatro continentes, Sol e Lua,
Percebidos como Terra de Buda e assim oferecidos,
Que todos os seres desfrutem dessas Terras Puras.

IDAM GURU RATNA MANDALAKAM NIRYATAYAMI

Fazemos, então, o seguinte pedido três vezes:

Eu me prostro e busco refúgio nos Gurus e nas Três Joias Preciosas. Por favor, abençoai meu *continuum* mental. (3x)

Em seguida, empenhamo-nos na prática propriamente dita, seguindo a contemplação apresentada na sadhana:

Por ter feito pedidos dessa maneira, a magnífica assembleia de seres sagrados iluminados à minha frente se converte em raios de luz branca, vermelha e azul escura. Os raios de luz branca são da natureza dos corpos de todos os Budas, os raios de luz vermelha são da natureza da fala de todos os Budas, e os raios de luz azul escura são da natureza da mente de todos os Budas. Todos esses raios de luz se dissolvem em mim e recebo as bênçãos especiais do corpo, fala e mente de todos os Budas. Minha aparência comum de corpo, fala e mente é purificada, e meu corpo, fala e mente residente-contínuos transformam-se no corpo, fala e mente iluminados.

Meditamos nessa crença com concentração estritamente focada. Nossa percepção de nosso corpo, fala e mente que normalmente vemos é a aparência comum de nosso corpo, fala e mente.

A PRÁTICA DE AUTOGERAÇÃO PROPRIAMENTE DITA

Trazer a morte para o caminho que conduz ao Corpo-Verdade, o corpo muito sutil de Buda

Nessa prática transformamos, por meio de imaginação correta, nossa clara-luz da morte no caminho espiritual da união de grande êxtase e vacuidade. Empenhamo-nos nessa prática, seguindo a contemplação apresentada na sadhana:

O mundo inteiro e seus habitantes se convertem em luz e se dissolvem em meu corpo. Meu corpo também se converte em luz e diminui lentamente de tamanho até, por fim, se dissolver na vacuidade, a mera ausência de todos os fenômenos que normalmente vejo. Isso se assemelha à maneira como todas as aparências desta vida se dissolvem no momento da morte. Eu experiencio a clara-luz da morte, que é da natureza de êxtase. Eu não percebo nada além que vacuidade. A minha mente, a clara-luz da morte, torna-se a união de grande êxtase e vacuidade.

Meditamos nessa crença, totalmente livres de distrações. Ao final da meditação, pensamos:

Eu sou o Corpo-Verdade Vajrayogini.

Uma mente muito sutil manifesta no momento da morte é a clara-luz da morte. Embora essa contemplação e meditação sejam imaginadas, sua natureza é sabedoria e têm um significado inconcebível. Por praticarmos essa contemplação e meditação continuamente e com sinceridade, iremos ganhar profunda familiaridade de transformar, por meio de imaginação, nossa clara-luz da morte na união de grande êxtase e vacuidade. Quando, no futuro, experienciarmos de fato o processo da morte, seremos capazes de reconhecer nossa clara-luz da morte e de transformá-la na união de

Venerável Vajrayogini

grande êxtase e vacuidade. Essa transformação é a realização da clara-luz-exemplo última, que irá nos proporcionar, diretamente, a aquisição do corpo-ilusório, um corpo imortal. A partir desse momento, teremos nos tornado uma pessoa imortal e experienciaremos nosso mundo como a Terra Pura de Keajra, e a nós mesmos como Vajrayogini. Teremos, então, realizado nosso objetivo último. Vajrayogini designada, ou imputada, ao Corpo-Verdade de Buda é o Corpo-Verdade Vajrayogini, Vajrayogini definitiva.

Trazer o estado intermediário para o caminho que conduz ao Corpo-de-Deleite, o Corpo-Forma sutil de Buda

O estado entre esta vida e o próximo renascimento é o estado intermediário. Os seres que estão nesse estado são os seres do estado intermediário, também chamados de "seres-do-bardo". Nessa prática, transformamos a experiência de um ser do estado intermediário na experiência do Corpo-de-Deleite Vajrayogini. Vajrayogini imputada, ou designada, ao Corpo-Forma sutil de Buda é o Corpo-de-Deleite Vajrayogini. Empenhamo-nos nessa prática, seguindo a contemplação apresentada na sadhana:

Mantendo a experiência de que minha mente de clara-luz da morte se transformou na união de grande êxtase e vacuidade, eu me transformo instantaneamente – a partir da vacuidade do Corpo-Verdade, o Dharmakaya – no Corpo-de-Deleite Vajrayogini no aspecto de uma bola de luz vermelha, cuja natureza é grande êxtase inseparável da vacuidade. Isso se assemelha à maneira como o corpo de um ser do estado intermediário surge da clara-luz da morte. Eu sou o Corpo-de-Deleite Vajrayogini.

Permanecemos com concentração estritamente focada, pelo maior tempo possível, na experiência de nós mesmos como o Corpo-de-Deleite Vajrayogini.

Trazer o renascimento para o caminho que conduz ao Corpo-Emanação, o Corpo-Forma denso de Buda

Nessa prática, transformamos nossa experiência de tomar um renascimento no samsara como um ser comum na experiência de renascer na Terra Pura de Keajra como o Corpo-Emanação Vajrayogini. Vajrayogini designada, ou imputada, ao Corpo-Forma denso de Buda é o Corpo-Emanação Vajrayogini. Empenhamo-nos nessa prática, seguindo a contemplação apresentada na sadhana:

No vasto espaço da vacuidade de todos os fenômenos, a natureza da minha aparência equivocada de todos os fenômenos purificada – que é a Terra Pura de Keajra –, eu apareço como Vajrayogini, a manifestação da sabedoria da clara-luz de todos os Budas. Eu tenho um corpo vermelho feito de luz, com uma face e duas mãos, e assumo a forma de uma jovem de dezesseis anos, na flor de minha juventude. Embora eu tenha essa aparência, ela não é algo além que a vacuidade de todos os fenômenos. Eu sou o Corpo-Emanação Vajrayogini.

Meditamos nessa autogeração pelo maior tempo possível, com o reconhecimento de que a aparência de nós mesmos como Vajrayogini em nossa Terra Pura de Keajra e a vacuidade de todos os fenômenos são uma única entidade, e não duas. Nossa meditação na autogeração tem o poder de reduzir e cessar nosso agarramento ao em-si. Nessa prática, devemos aperfeiçoar nossa experiência de treinar em orgulho divino e de treinar em clara aparência através de contemplar e meditar continuamente nas instruções sobre esses treinos, apresentadas no livro Novo Guia à Terra Dakini.

Devemos saber que as quatro práticas preparatórias são como as quatro rodas de um veículo, e que a prática de autogeração propriamente dita é como o próprio veículo. Isso mostra que tanto as práticas preparatórias quanto a prática propriamente dita são igualmente importantes para a realização de nossa meta última.

Neste ponto, podemos treinar a meditação especial no fogo interior, ou tummo. Uma explicação clara e detalhada sobre como fazer essa meditação pode ser encontrada no livro Novo Guia à Terra Dakini.

Recitar o mantra

Em meu coração está o ser-de-sabedoria Vajrayogini – Vajrayogini definitiva – a síntese do corpo, fala e mente de todos os Budas.

Ó meu Guru-Deidade Vajrayogini,
Por favor, concede a mim e a todos os seres sencientes
As aquisições do corpo, fala e mente iluminados.
Por favor, pacifica nossos obstáculos exteriores, interiores e secretos.
Por favor, estabelece dentro de nós o fundamento básico para todas essas aquisições.

Com este pedido, recitamos o mantra tri-OM, pelo menos, o número de vezes que tenhamos prometido.

OM OM OM SARWA BUDDHA DAKINIYE VAJRA WARNANIYE VAJRA BEROTZANIYE HUM HUM HUM PHAT PHAT PHAT SOHA

Obstáculos exteriores são danos recebidos de humanos e não-humanos, assim como de objetos inanimados, como fogo, água e assim por diante; obstáculos interiores são nossas delusões, como raiva, apego e ignorância; e o obstáculo secreto é a nossa aparência equivocada sutil de todos os fenômenos. Nossa percepção de todos os fenômenos que normalmente vemos é a nossa aparência equivocada sutil de todos os fenômenos.

Neste ponto, se desejarmos, podemos fazer uma oferenda tsog. A prece ritual para fazer uma oferenda tsog pode ser encontrada neste livro (páginas 365-371).

Dedicatória

Pelas virtudes que acumulei por praticar essas instruções,
Que eu receba o cuidado especial da Venerável Vajrayogini e de suas Dakinis emanadas

E, por receber suas poderosas bênçãos sobre meu corpo, fala e mente muito sutis,
Que eu alcance, rapidamente, a iluminação para libertar todos os seres vivos.

Preces pela Tradição Virtuosa

Para que a tradição de Je Tsongkhapa,
O Rei do Dharma, floresça,
Que todos os obstáculos sejam pacificados
E todas as condições favoráveis sejam abundantes.

Pelas duas coleções, minhas e dos outros,
Reunidas ao longo dos três tempos,
Que a doutrina do Conquistador Losang Dragpa
Floresça para sempre.

Prece *Migtsema* de nove versos

Tsongkhapa, ornamento-coroa dos eruditos da Terra das Neves,
Tu és Buda Shakyamuni e Vajradhara, a fonte de todas as conquistas,
Avalokiteshvara, o tesouro de inobservável compaixão,
Manjushri, a suprema sabedoria imaculada,
E Vajrapani, o destruidor das hostes de maras.
Ó Venerável Guru Buda, síntese das Três Joias,
Com meu corpo, fala e mente, respeitosamente faço pedidos:
Peço, concede tuas bênçãos para amadurecer e libertar a mim e aos outros,
E confere-nos as aquisições comuns e a suprema. (3x)

Cólofon: Esta sadhana, ou prece ritual, para obter aquisições espirituais foi compilada por Venerável Geshe Kelsang Gyatso Rinpoche a partir de fontes tradicionais em 2012 e revisada em 2013.

Apêndice IX

O nada

(Por favor, note que o nada deve ser visualizado do tamanho de uma pequena ervilha)

Glossário

Absorção da cessação Uma sabedoria incontaminada estritamente focada na vacuidade na dependência da efetiva absorção do topo do samsara. Consultar *Oceano de Néctar*.

Agregado Em geral, todas as coisas funcionais são agregados porque são uma agregação de suas partes. Em particular, uma pessoa do reino do desejo ou do reino da forma possui cinco agregados: os agregados forma, sensação, discriminação, fatores de composição e consciência. Um ser do reino da sem-forma carece do agregado forma, mas possui os outros quatro agregados. O agregado forma de uma pessoa é o seu corpo. Os quatro agregados restantes são aspectos de sua mente. Ver também agregado(s) contaminado(s). Consultar *Novo Coração de Sabedoria*.

Agregado(s) contaminado(s) Qualquer um dos agregados forma, sensação, discriminação, fatores de composição e consciência de um ser samsárico. Ver também agregado. Consultar *Novo Coração de Sabedoria*.

Agregado forma Inclui todos os objetos das cinco percepções sensoriais – todas as cores e formatos (formas visuais), sons, odores, sabores e objetos táteis. O agregado forma de uma pessoa é o seu corpo.

Akshobya A manifestação do agregado consciência de todos os Budas. Akshobya tem um corpo azul.

Amitabha A manifestação do agregado discriminação de todos os Budas. Amitabha tem um corpo vermelho. Consultar *Novo Oito Passos para a Felicidade.*

Amoghasiddhi A manifestação do agregado fatores de composição de todos os Budas. Amoghasiddhi tem um corpo verde.

Apego Fator mental deludido que observa seu objeto contaminado, considera-o como causa de felicidade e deseja-o. Consultar *Como Entender a Mente* e *Caminho Alegre da Boa Fortuna.*

Aquisição subsequente O período entre as sessões de meditação; também conhecida como "intervalo entre meditações". Consultar *Caminho Alegre da Boa Fortuna.*

Arya Tara/Tara Um Buda feminino que é uma manifestação da sabedoria última de todos os Budas. *Arya* significa "Superior(a)", e *Tara* significa "Libertadora". Porque é um Buda de Sabedoria e uma manifestação do elemento vento completamente purificado, Tara é capaz de nos ajudar muito rapidamente.

Aryadeva Erudito budista e mestre de meditação indiano que viveu no século III, discípulo de Nagarjuna.

Atenção Fator mental que atua para focar a mente em um atributo específico de um objeto. Consultar *Como Entender a Mente.*

Bardo Ver estado intermediário.

Base de designação, base de imputação Todos os fenômenos são designados, ou imputados, sobre suas partes; por essa razão, qualquer uma das partes individuais ou o conjunto completo das partes de qualquer fenômeno é a sua base de designação. Um fenômeno é designado pela mente na dependência da base de designação do fenômeno aparecendo à essa mente. Consultar *Novo Coração de Sabedoria* e *Oceano de Néctar*.

Bênção Transformação da nossa mente (de um estado negativo para um estado positivo, de um estado infeliz para um estado feliz, de um estado de fraqueza para um estado de vigor) através da inspiração dos seres sagrados, tais como o nosso Guia Espiritual, Budas e Bodhisattvas.

Bodh Gaya Local onde Buda Shakyamuni demonstrou como conquistar a iluminação. É próximo à atual cidade de Gaya, no estado de Bihar, no norte da Índia.

Bodhichitta-pastor O desejo de conduzir todos os seres vivos à Budeidade, do mesmo modo que um pastor conduz suas ovelhas em segurança. Assim como os pastores atendem primeiro a todas as necessidades do seu rebanho para, depois, cuidarem das suas próprias necessidades por último, alguns Bodhisattvas desejam primeiro conduzir todos os seres vivos à Budeidade para, depois, alcançarem a iluminação para si próprios por último. Consultar *Caminho Alegre da Boa Fortuna*.

Brahma Um deus mundano que habita o primeiro reino da forma. Consultar *Oceano de Néctar*.

Buda Conquistador Os Budas são chamados "Conquistadores" porque venceram todas as obstruções, ou maras, que impedem a aquisição da libertação e da iluminação. Ver também mara.

Campo de Mérito Geralmente, refere-se às Três Joias. Assim como sementes exteriores crescem em um campo de cultivo, as sementes virtuosas interiores, produzidas pelas ações virtuosas, crescem na dependência da Joia Buda, da Joia Dharma e da Joia Sangha. Também conhecido como "Campo para Acumular Mérito".

Clara-luz-exemplo Uma mente de clara-luz que realiza a vacuidade por meio de uma imagem genérica. Consultar *Clara-Luz de Êxtase* e *Solos e Caminhos Tântricos*.

Clara-luz-significativa Uma mente de clara-luz que realiza a vacuidade diretamente, sem uma imagem genérica. *Terra Dakini interior* e *Mahamudra-Tantra* são sinônimos de clara-luz-significativa. Consultar *Clara-Luz de Êxtase*.

Coisa funcional Fenômeno que é produzido e que se desintegra dentro do mesmo instante, ou momento. *Fenômeno impermanente*, *coisa* e *produto* são sinônimos de coisa funcional.

Compromissos Promessas e juramentos tomados quando nos empenhamos em determinadas práticas espirituais.

Concentração Fator mental que faz sua mente primária permanecer estritamente focada em seu objeto. Consultar *Caminho Alegre da Boa Fortuna*, *Contemplações Significativas* e *Como Entender a Mente.*

Conhecedor válido subsequente Um conhecedor completamente confiável cujo objeto é compreendido ou realizado na dependência direta de uma razão conclusiva. Consultar *Como Entender a Mente.*

Consciência As seis consciências, ou mentes primárias, são: consciência visual, consciência auditiva, consciência olfativa, consciência gustativa, consciência corporal, ou tátil, e consciência mental. Consultar *Como Entender a Mente.*

Conscienciosidade Fator mental que, na dependência do esforço, aprecia o que é virtuoso e protege a mente contra delusão e não-virtude. Consultar *Contemplações Significativas* e *Como Entender a Mente.*

Contato Fator mental que atua, ou funciona, para perceber seu objeto como agradável, desagradável ou neutro. Consultar *Como Entender a Mente.*

Contínua-lembrança (mindfulness) Fator mental que atua, ou funciona, para não esquecer o objeto compreendido pela mente primária. Consultar *Clara-Luz de Êxtase*, *Contemplações Significativas* e *Como Entender a Mente.*

Continuum mental O *continuum* da mente de uma pessoa, ou fluxo mental, o qual não tem começo nem fim.

Dakinis Budas tântricos femininos, bem como as mulheres que alcançaram a realização da clara-luz-significativa. *Dakas* são os equivalentes masculinos. Consultar *Novo Guia à Terra Dakini.*

Damaru Pequeno tambor de mão utilizado em rituais tântricos. Tocar o damaru simboliza a reunião das Dakinis exteriores em nosso corpo e a manifestação da Dakini interior (a mente de clara-luz) em nossa mente pelo arder do fogo interior. O damaru é também utilizado como uma oferenda de música aos Budas.

Deidade *Yidam* em tibetano. Um ser iluminado tântrico.

Delusão Fator mental que surge de atenção imprópria e que atua tornando a mente perturbada e descontrolada. Existem três delusões principais: ignorância, apego desejoso e raiva. Delas surgem todas as demais delusões, como inveja (ou ciúme), orgulho e dúvida deludida. Ver também delusões inatas e delusões intelectualmente formadas. Consultar *Caminho Alegre da Boa Fortuna* e *Como Entender a Mente.*

Delusões inatas Delusões que não são o produto de especulação intelectual, mas que surgem naturalmente. Consultar *Como Entender a Mente.*

Delusões intelectualmente formadas Delusões que surgem como resultado de confiarmos em raciocínios incorretos ou em princípios filosóficos ou doutrinas equivocados. Consultar *Como Entender a Mente.*

Designação, mera (imputação, mera) De acordo com a mais elevada escola filosófica budista, a escola Madhyamika-Prasangika, todos os fenômenos são meramente designados, ou imputados, por concepção na dependência de suas bases de designação. Por essa razão, eles são meras designações e não existem, minimamente, do seu próprio lado. Consultar *Novo Coração de Sabedoria* e *Oceano de Néctar*.

Deuses Seres do reino dos deuses, o mais elevado dos seis reinos do samsara. Existem muitos tipos diferentes de deuses. Alguns são deuses do reino do desejo, ao passo que outros são deuses do reino da forma ou do reino da sem-forma. Consultar *Caminho Alegre da Boa Fortuna*.

Discriminação Fator mental que atua para apreender o sinal específico de um objeto. Consultar *Como Entender a Mente*.

Dorje Shugden Um Protetor do Dharma que é uma emanação do Buda da Sabedoria Manjushri. As suas funções principais são as de evitar os obstáculos interiores e exteriores que impedem os praticantes de obterem realizações espirituais e de providenciar todas as condições necessárias para o seu desenvolvimento espiritual. Ver *Joia-Coração*.

Dromtonpa (1004–1064) Principal discípulo de Atisha. Consultar *Caminho Alegre da Boa Fortuna*.

Elementos, quatro Terra, água, fogo e vento. Esses elementos não são os mesmos que a terra do chão ou de um campo, a água de um rio, e assim por diante. Em vez disso, os elementos terra, água, fogo e vento designam, em termos amplos, as propriedades de solidez, fluidez, calor e movimento, respectivamente.

Estado intermediário *Bardo* em tibetano. O estado entre a morte e o renascimento. O estado intermediário começa no momento em que a consciência deixa o corpo, e cessa no momento em que a consciência ingressa no corpo da próxima vida. Consultar *Caminho Alegre da Boa Fortuna* e *Clara-Luz de Êxtase*.

Estupa Representação simbólica da mente de Buda.

Fantasmas famintos Seres do reino dos fantasmas famintos, o segundo reino mais inferior dos seis reinos do samsara (o inferno é o mais inferior de todos). Esses seres também são chamados "espíritos famintos". Consultar *Caminho Alegre da Boa Fortuna*.

Fator mental Conhecedor que apreende, principalmente, um atributo específico de um objeto. Existem 51 fatores mentais específicos. Cada momento da mente é composto de uma mente primária e vários fatores mentais. Consultar *Como Entender a Mente.*

Fatores de composição O agregado fatores de composição é composto por todos os fatores mentais (exceto a sensação e a discriminação) e fenômenos compostos não-associados. Consultar *Novo Coração de Sabedoria* e *Como Entender a Mente.*

Fé Uma mente naturalmente virtuosa que atua principalmente para se opor à percepção de falhas em seu objeto observado. Existem três tipos de fé: fé de acreditar, fé de admirar e fé de almejar. Consultar *Caminho Alegre da Boa Fortuna, Como Entender a Mente* e *Como Transformar a sua Vida.*

Fenômeno negativo Objeto que é compreendido ou realizado por meio de a mente eliminar explicitamente o objeto negado. Existem dois tipos de fenômeno negativo: fenômenos negativos afirmativos e fenômenos negativos não-afirmativos. Um fenômeno negativo afirmativo é um fenômeno negativo compreendido ou realizado por uma mente que elimina o seu objeto negado enquanto compreende ou realiza outro fenômeno. Um fenômeno negativo não-afirmativo é um fenômeno negativo compreendido ou realizado por uma mente que meramente elimina o seu objeto negado, sem que ela realize outro fenômeno. Consultar *Oceano de Néctar.*

Fenômeno negativo afirmativo Ver fenômeno negativo.

Fenômeno negativo não-afirmativo Ver fenômeno negativo.

Fogo interior *Tummo* em tibetano. Calor interior localizado no centro da roda-canal do umbigo. Consultar *Clara-Luz de Êxtase.*

Gelug A tradição estabelecida por Je Tsongkhapa. O nome "Gelug" significa "Tradição Virtuosa". Um *gelugpa* é um praticante que segue essa tradição. Os *gelugpas* são, às vezes, referidos como "os novos Kadampas". Consultar *Joia-Coração.*

Geshe Título concedido pelos monastérios kadampa para eruditos budistas realizados. Geshe é a forma contraída de *ge wai she nyen* que, em tibetano, significa literalmente "amigo virtuoso".

Geshe Chekhawa (1102–1176) Um grande Bodhisattva kadampa que escreveu o texto *Treinar a Mente em Sete Pontos*, um comentário às *Oito Estrofes do Treino da Mente*, do Bodhisattva Langri Tangpa. Geshe Chekhawa difundiu o estudo e a prática do treino da mente por todo o Tibete. Consultar *Compaixão Universal.*

Ghantapa Um grande mahasiddha indiano e Guru-linhagem das práticas do Tantra Ioga Supremo de Heruka e de Vajrayogini. Consultar *Novo Guia à Terra Dakini.*

Gungtang Gungtang Konchog Tenpai Dronme (1762–1823), erudito e meditador *gelug*, famoso por seus poemas espirituais e escritos filosóficos.

Guru Palavra sânscrita para "Guia Espiritual".

Heróis e Heroínas Um Herói é uma Deidade tântrica masculina, que é a corporificação do método. Uma Heroína é uma Deidade tântrica feminina, que é a corporificação da sabedoria. Consultar *Novo Guia à Terra Dakini.*

Hevajra Principal Deidade do Tantra-Mãe. Consultar *Grande Tesouro de Mérito.*

Hinayana Termo sânscrito para "Pequeno Veículo", ou "Veículo Menor". A meta hinayana é meramente alcançar a libertação do sofrimento para si próprio por meio de abandonar completamente as delusões. Consultar *Caminho Alegre da Boa Fortuna.*

Imagem genérica O objeto aparecedor de uma mente conceitual. Uma imagem genérica, ou imagem mental, de um objeto é como o reflexo desse objeto. As mentes conceituais conhecem seus objetos por meio do aparecimento de uma imagem genérica do objeto, e não porque veem o objeto diretamente. Consultar *Novo Coração de Sabedoria* e *Como Entender a Mente.*

Imagem mental Ver imagem genérica.

Indra Um deus mundano. Consultar *Novo Coração de Sabedoria.*

Intenção Fator mental que atua para mover sua mente primária para o objeto. Esse fator mental faz com que a mente se conecte a, ou envolva-se com, objetos virtuosos, não-virtuosos e neutros. Todas as ações físicas e verbais são iniciadas pelo fator mental intenção. Consultar *Como Entender a Mente.*

Ioga Termo utilizado para várias práticas espirituais que requerem a manutenção de uma visão especial, tais como as práticas de Guru-Ioga e os iogas de dormir, de acordar e de experimentar néctar. "Ioga" refere-se também a "união", como a união do tranquilo-permanecer com a visão superior. Consultar *Novo Guia à Terra Dakini.*

Iogue/Ioguine Termos sânscritos normalmente utilizados para se referir a um meditador ou meditadora que alcançou a união do tranquilo-permanecer com a visão superior.

Je Phabongkhapa (1878–1941) Grande lama tibetano que foi uma emanação de Heruka. Phabongkha Rinpoche foi o detentor de muitas linhagens de Sutra e do Mantra Secreto. Ele foi o Guru-raiz de Vajradhara Trijang Rinpoche.

Je Tsongkhapa (1357–1419) Uma emanação do Buda da Sabedoria Manjushri cuja aparição no Tibete, no século XIV, como um monge e detentor da linhagem da visão pura e de feitos puros foi profetizada por Buda. Je Tsongkhapa difundiu um Budadharma muito puro por todo o Tibete, mostrando como combinar as práticas de Sutra e de Tantra e como praticar o puro Dharma durante tempos degenerados. Sua tradição ficou conhecida posteriormente como "Gelug", ou "Tradição Ganden". Consultar *Joia-Coração* e *Grande Tesouro de Mérito.*

Joia-Coração O Guru-Ioga de Je Tsongkhapa associado à sadhana condensada do seu Protetor do Dharma. Consultar o livro *Joia-Coração.*

Kapala Vasilha, ou cuia, de crânio utilizada ou visualizada em meditações tântricas, simbolizando a indivisibilidade da união de grande êxtase e vacuidade.

Linhagem Uma linha contínua de instruções transmitida de Guia Espiritual para discípulo, em que cada Guia Espiritual da linha, ou linhagem, obteve uma experiência pessoal da instrução antes de transmiti-la para os outros.

Losang Dragpa *Sumati Kirti* em sânscrito. É o nome de ordenação de Je Tsongkhapa. Consultar *Grande Tesouro de Mérito.*

Mahamudra Termo sânscrito que significa, literalmente, "grande selo". De acordo com os Sutras, refere-se à visão profunda da vacuidade. Como a vacuidade é a natureza de todos os fenômenos, ela é chamada de "selo", e visto que uma realização direta da vacuidade permite-nos realizar o grande propósito – a libertação completa dos sofrimentos do samsara – ela também é chamada de "grande". De acordo com o Tantra, ou Vajrayana, o Mahamudra é a união de grande êxtase espontâneo e vacuidade. Consultar *Mahamudra-Tantra, As Instruções Orais do Mahamudra, Grande Tesouro de Mérito* e *Clara-Luz de Êxtase.*

Mahayana Termo sânscrito para "Grande Veículo", o caminho espiritual à grande iluminação. A meta mahayana é alcançar a Budeidade para o benefício de todos os seres sencientes, por meio de abandonar completamente as delusões e as suas marcas. Consultar *Caminho Alegre da Boa Fortuna* e *Contemplações Significativas.*

Maitreya A corporificação da bondade amorosa de todos os Budas. No tempo de Buda Shakyamuni, Maitreya manifestou-se como um discípulo Bodhisattva a fim de mostrar, aos discípulos de Buda, como ser um perfeito discípulo mahayana. No futuro, ele irá se manifestar como o quinto Buda fundador.

Mala Conjunto de contas de oração utilizado para contar recitações de preces ou mantras, normalmente com 108 contas. Consultar *Novo Guia à Terra Dakini.*

Mara Termo sânscrito para "demônio" e refere-se a qualquer coisa que obstrua a conquista da libertação ou da iluminação. Existem quatro tipos principais de mara: o mara das delusões, o mara dos agregados contaminados, o mara da morte descontrolada e os maras Devaputra. Dentre os quatro tipos de mara, apenas os maras Devaputra são, efetivamente, seres sencientes. O principal mara Devaputra é Ishvara irado, o mais elevado dos deuses do reino do desejo e que habita a "Terra Onde se Controlam Emanações". Um Buda é chamado de "Conquistador" porque ele, ou ela, conquistou os quatro tipos de mara. Consultar *Novo Coração de Sabedoria*.

Marca(s) Existem dois tipos de marca: marcas das ações e marcas das delusões. Cada ação que fazemos deixa uma marca na consciência mental, e essas marcas são potenciais cármicos para experienciar determinados efeitos no futuro. As marcas deixadas pelas delusões permanecem mesmo depois de as próprias delusões terem sido abandonadas, do mesmo modo que o cheiro de alho permanece num recipiente depois de o alho ter sido removido. As marcas das delusões são obstruções à onisciência e são totalmente abandonadas apenas pelos Budas.

Marpa (1012–1096) Marpa Lotsawa (ou Marpa, o tradutor) foi um grande iogue tântrico leigo e Guia Espiritual de Milarepa. Consultar *Caminho Alegre da Boa Fortuna*.

Meditação Uma mente que se concentra em um objeto virtuoso, bem como uma ação mental que é a causa principal de paz mental. Existem dois tipos de meditação: meditação analítica e meditação posicionada. Quando usamos a nossa imaginação, contínua-lembrança (*mindfulness*) e capacidade de raciocínio para encontrar o nosso objeto de meditação, isso é *meditação analítica*. Quando encontramos o nosso objeto e o mantemos de modo estritamente focado, isso é *meditação posicionada*. Existem diferentes tipos de objeto. Alguns, como a impermanência ou a vacuidade, são objetos apreendidos pela mente. Outros, como amor, compaixão e renúncia, são estados mentais efetivos.

Empenhamo-nos em meditação analítica até que o objeto específico que buscamos apareça de modo claro para a nossa mente ou até que surja o estado mental específico que desejamos gerar. Esse objeto ou estado mental é o nosso objeto de meditação posicionada. Consultar *Novo Manual de Meditação*.

Meditações, intervalo entre as Ver aquisição subsequente.

Mente primária Conhecedor que apreende, principalmente, a mera entidade de um objeto. *Consciência* e *mente primária* são sinônimos. Existem seis mentes primárias: consciência visual, consciência auditiva, consciência olfativa, consciência gustativa, consciência corporal, ou tátil, e consciência mental. Cada momento da mente é composto de uma mente primária e vários fatores mentais. Uma mente primária e seus fatores mentais acompanhantes são a mesma entidade, mas têm funções diferentes. Consultar *Como Entender a Mente*.

Mera aparência Todos os fenômenos são meras aparências porque são designados, ou imputados, pela mente na dependência de uma base de designação adequada que aparece à mente. A palavra *mera* exclui qualquer possibilidade de existência inerente. Consultar *Oceano de Néctar*.

Mérito Boa fortuna criada pelas ações virtuosas. O mérito é o poder potencial para aumentar nossas boas qualidades e produzir felicidade.

Migrante(s) Ser que está no samsara, migrando de um renascimento descontrolado para outro. Ver também ser vivo.

Milarepa (1040–1123) Um grande meditador budista tibetano e discípulo de Marpa, célebre por suas belas canções de realização.

Monastério de Nalanda Grande local de aprendizagem e prática budista na antiga Índia.

Mudra-ação Um, ou uma, consorte do Tantra Ioga Supremo que auxilia no desenvolvimento de grande êxtase. Consultar *Clara-Luz de Êxtase* e *Solos e Caminhos Tântricos*.

Nagarjuna Grande erudito e mestre budista indiano de meditação que reviveu o Mahayana no primeiro século por trazer à luz os ensinamentos dos *Sutras Perfeição de Sabedoria*. Consultar *Oceano de Néctar*.

Naropa (1016–1100) Mahasiddha indiano e Guru-linhagem na prática do Tantra Ioga Supremo de Vajrayogini. Consultar *Novo Guia à Terra Dakini*.

Objeto designado, ou imputado Um objeto designado, ou imputado, pela mente na dependência de sua base de designação. Consultar *Novo Coração de Sabedoria* e *Oceano de Néctar*.

Objeto negado Objeto explicitamente negado por uma mente que compreende ou realiza um fenômeno negativo. Na meditação sobre a vacuidade – ou ausência de existência inerente – o termo "objeto negado" se refere à existência inerente. Também conhecido como "objeto de negação".

Obstruções à iluminação As marcas das delusões, as quais impedem a realização simultânea e direta de todos os fenômenos. Também conhecidas como "obstruções à onisciência". Somente os Budas superaram essas obstruções.

Obstruções à libertação Obstruções que impedem a aquisição da libertação. Todas as delusões – como a ignorância, apego e raiva, juntamente com as suas sementes – são obstruções à libertação. São também denominadas "obstruções-delusões".

Oferenda Tudo aquilo que deleita os seres sagrados.

Oferenda do mandala Oferenda do universo inteiro visualizado como uma Terra Pura, com todos os seus habitantes como seres puros. Consultar *Grande Tesouro de Mérito* e *Novo Guia à Terra Dakini*.

Oferenda de torma Oferenda especial de alimento feita de acordo com o Sutra ou o Tantra. Consultar *Essência do Vajrayana* e *Novo Guia à Terra Dakini*.

Oferenda tsog Oferenda feita por uma assembleia de Heróis e Heroínas. Consultar *Essência do Vajrayana* e *Novo Guia à Terra Dakini.*

Percepção errônea Conhecedor que está equivocado em relação ao seu objeto conectado ou ao seu objeto apreendido.

Phabongkha Rinpoche Ver Je Phabongkhapa.

Protetor do Dharma Uma emanação de um Buda ou de um Bodhisattva, cujas funções principais são evitar os obstáculos internos e externos que impedem os praticantes de Dharma de alcançar realizações espirituais, bem como reunir todas as condições necessárias para a sua prática. Também chamado "Dharmapala" em sânscrito. Consultar *Joia-Coração.*

Ratnasambhava A manifestação do agregado sensação de todos os Budas. Ratnasambhava tem um corpo amarelo.

Realização Experiência estável e não-equivocada de um objeto virtuoso, que nos protege diretamente do sofrimento.

Reino do desejo O ambiente dos seres-do-inferno, fantasmas famintos, animais, seres humanos, semideuses e dos deuses que desfrutam dos cinco objetos de desejo.

Reino da forma O ambiente dos deuses que possuem forma e que são superiores aos deuses do reino do desejo. O reino da forma é assim denominado porque os deuses que habitam esse reino têm formas sutis. Consultar *Oceano de Néctar.*

Roda do Dharma O conjunto dos ensinamentos de Buda. O Dharma é comparado à preciosa roda, uma das posses de um legendário rei chakravatin. Essa roda podia transportar o rei por grandes distâncias num tempo muito curto, e diz-se que, para onde quer que a preciosa roda viajasse, o rei reinava nesse local. De modo semelhante, quando Buda revelou o caminho à iluminação, ele disse ter "girado a Roda do Dharma" porque, onde quer que esses ensinamentos estejam presentes, as mentes deludidas são colocadas sob controle.

Sabedoria Mente inteligente virtuosa que faz a sua mente primária compreender ou realizar o seu objeto por inteiro. A sabedoria é um caminho espiritual cuja função é libertar a nossa mente das delusões ou das marcas das delusões. Um exemplo de sabedoria é a visão correta da vacuidade. Consultar *Novo Coração de Sabedoria, Como Entender a Mente* e *Oceano de Néctar*.

Sadhana Uma prece ritual que é um método especial para alcançar realizações espirituais, normalmente associada a uma Deidade tântrica.

Saraha Professor de Nagarjuna e um dos primeiros mahasiddhas. Consultar *Essência do Vajrayana*.

Semideus Um ser do reino dos semideuses, o segundo reino mais elevado dentre os seis reinos do samsara. Os semideuses são semelhantes aos deuses, mas os seus corpos, posses e ambientes são inferiores. Consultar *Caminho Alegre da Boa Fortuna*.

Senhor da Morte Embora o mara, ou demônio, da morte descontrolada não seja um ser senciente, ele é personificado como o Senhor da Morte, ou "Yama". No diagrama da Roda da Vida, o Senhor da Morte é representado agarrando a roda entre suas garras e dentes. Consultar *Caminho Alegre da Boa Fortuna*.

Sensação Fator mental que atua, ou funciona, para experienciar objetos agradáveis, desagradáveis ou neutros. Consultar *Como Entender a Mente*.

Ser-de-sabedoria Um Buda real, efetivo, especialmente convidado a se unificar com um ser-de-compromisso visualizado.

Ser superior *Arya* em sânscrito. Um ser que possui uma realização direta da vacuidade. Existem hinayanas superiores e mahayanas superiores.

Ser vivo Sinônimo de ser senciente. Ser vivo é qualquer ser que tenha uma mente que esteja contaminada pelas delusões ou pelas marcas das delusões. Tanto o termo "ser vivo" quanto "ser senciente" são utilizados para fazer a distinção entre os seres cujas mentes estão contaminadas por, pelo menos, uma dessas duas obstruções e os Budas, cujas mentes são completamente livres dessas duas obstruções.

Shantideva (687–763) Grande erudito e mestre budista indiano de meditação. Escreveu *Guia do Estilo de Vida do Bodhisattva*. Consultar *Contemplações Significativas* e *Guia do Estilo de Vida do Bodhisattva*.

Sofrimento-que-muda Para os seres que estão no samsara, qualquer experiência de felicidade ou prazer que surge de prazeres samsáricos é sofrimento-que-muda. O motivo é que essas experiências são contaminadas e têm a natureza do sofrimento.

Sutra Ensinamentos de Buda que são abertos para a prática de todos, sem a necessidade de uma iniciação, ou transmissão de bênçãos especiais. Os ensinamentos de Sutra incluem os ensinamentos de Buda dos Três Giros da Roda do Dharma.

Sutras Perfeição de Sabedoria Sutras do segundo giro da Roda do Dharma, na qual Buda revelou sua visão final sobre a natureza última de todos os fenômenos – a sua mera ausência de existência inerente. Consultar *Novo Coração de Sabedoria* e *Oceano de Néctar*.

Tempos sem início De acordo com a visão de mundo budista, não há um início para a mente e, portanto, não há um início para o tempo. Por essa razão, todos os seres vivos tiveram incontáveis renascimentos.

Terra Dakini A Terra Pura de Heruka e Vajrayogini. É chamada "Keajra" em sânscrito, e "Dagpa Khacho" em tibetano. Consultar *Novo Guia à Terra Dakini*.

Terra Pura Ambiente, ou entorno, puro onde não há verdadeiros sofrimentos. Existem muitas Terras Puras. Por exemplo:

Tushita é a Terra Pura de Buda Maitreya; Sukhavati é a Terra Pura de Buda Amitabha; e a Terra Dakini, ou Keajra, é a Terra Pura de Buda Vajrayogini e Buda Heruka. Consultar *Viver Significativamente, Morrer com Alegria.*

Tranquilo-permanecer Concentração que possui o êxtase especial da maleabilidade física e mental, obtida na dependência de concluir as nove permanências mentais. Consultar *Caminho Alegre da Boa Fortuna* e *Contemplações Significativas.*

Transferência de consciência *Powa* em tibetano. Uma prática para transferir a consciência para uma Terra Pura no momento da morte. Consultar *Viver Significativamente, Morrer com Alegria* e *Grande Tesouro de Mérito.*

Vaibhashika Dentre as duas escolas de princípios Hinayana, é a escola inferior. Essa escola não aceita autoconhecedores e assevera que objetos exteriores são verdadeiramente existentes. Consultar *Contemplações Significativas* e *Oceano de Néctar.*

Vairochana A manifestação do agregado forma de todos os Budas. Vairochana tem um corpo branco.

Vajra e sino Um vajra é um objeto ritual semelhante a um cetro e simboliza grande êxtase. O sino é um sino ritual de mão e simboliza a vacuidade. Consultar *Novo Guia à Terra Dakini* e *Solos e Caminhos Tântricos.*

Vajradhara O fundador do Vajrayana, ou Tantra. Vajradhara aparece diretamente apenas para Bodhisattvas altamente realizados, para os quais dá ensinamentos tântricos. Para beneficiar seres vivos com menos mérito, Vajradhara manifestou-se na forma mais visível de Buda Shakyamuni. Vajradhara também disse que, em tempos degenerados, apareceria sob uma forma comum, como a de um Guia Espiritual. Consultar *Grande Tesouro de Mérito.*

Vajradhara Trijang Rinpoche (1901–1981) Um lama tibetano especial que viveu no século XX e que foi uma emanação de Buda

Shakyamuni, Heruka, Atisha, Amitabha e Je Tsongkhapa. Também conhecido como "Kyabje Trijang Dorjechang" e "Losang Yeshe".

Vajradharma A manifestação da fala de todos os Budas. Ele se parece com Conquistador Vajradhara, exceto pela cor de seu corpo, que é vermelho. Há três maneiras pelas quais podemos visualizá-lo: no seu aspecto exterior, como Herói Vajradharma; no seu aspecto interior, como Buda Vajradharma; ou no seu aspecto secreto, como Buda Vajradharma com consorte. Consultar *Novo Guia à Terra Dakini.*

Vajrasattva Buda Vajrasattva é o agregado consciência de todos os Budas aparecendo sob o aspecto de uma Deidade de cor branca, com a função específica de purificar a negatividade dos seres vivos. Ele é a mesma natureza que Buda Vajradhara, diferindo apenas no aspecto. A prática de meditação e recitação de Vajrasattva é um método muito poderoso para purificar nossa mente e ações impuras. Consultar *Novo Guia à Terra Dakini.*

Vigilância Fator mental que é um tipo de sabedoria que examina as nossas atividades de corpo, fala e mente e que sabe se falhas estão se desenvolvendo ou não. Consultar *Como Entender a Mente* e *Contemplações Significativas.*

Vinaya A disciplina moral do pratimoksha e, em particular, a disciplina moral da Sangha ordenada.

Voto Determinação virtuosa de abandonar falhas específicas e que é gerada em associação com um ritual tradicional. Os três conjuntos de votos são: os votos pratimoksha de libertação individual, os votos do Bodhisattva e os votos do Mantra Secreto, ou tântricos. Consultar *O Voto Bodhisattva* e *Solos e Caminhos Tântricos.*

Voto pratimoksha "Pratimoksha" é o termo sânscrito para "libertação pessoal". Por essa razão, o voto pratimoksha é um voto motivado, principalmente, pelo desejo de alcançar a libertação pessoal. Existem oito tipos de voto pratimoksha. Consultar *O Voto Bodhisattva.*

Yidam Ver Deidade.

Bibliografia

Venerável Geshe Kelsang Gyatso Rinpoche é um mestre de meditação e erudito altamente respeitado da tradição do Budismo Mahayana fundada por Je Tsongkhapa. Desde sua chegada ao Ocidente, em 1977, Venerável Geshe Kelsang Gyatso Rinpoche tem trabalhado incansavelmente para estabelecer o puro Budadharma no mundo inteiro. Durante esse tempo, deu extensos ensinamentos sobre as principais escrituras mahayana. Esses ensinamentos proporcionam uma exposição completa das práticas essenciais de Sutra e de Tantra do Budismo Mahayana.

Consulte o *website* da Editora Tharpa para conferir os títulos disponíveis em língua portuguesa.

Livros

Budismo Moderno O caminho da compaixão e sabedoria. (4ª edição, 2023)

Caminho Alegre da Boa Fortuna O caminho à felicidade suprema da iluminação. (5ª edição, 2023)

Clara-Luz de Êxtase Um manual de meditação tântrica. (2020)

Como Entender a Mente A natureza e o poder da mente. (edição revista pelo autor, 2014. Edição anterior, com o título *Entender a Mente*, 2002)

Como Solucionar Nossos Problemas Humanos As Quatro Nobres Verdades. (4ª edição, 2012)

Como Transformar a sua Vida Uma jornada de êxtase. (edição revista pelo autor, 2017. Edição anterior, com o título *Transforme sua Vida*, 2014)

Compaixão Universal Soluções inspiradoras para tempos difíceis. (3ª edição, 2007)

Contemplações Significativas Como se tornar um amigo do mundo. (2009)

O Espelho do Dharma, com Adições Como Encontrar o Verdadeiro Significado da Vida Humana. (2019. Edição anterior, com o título *O Espelho do Dharma*, 2018)

Essência do Vajrayana A prática do Tantra Ioga Supremo do mandala de corpo de Heruka. (2017)

Grande Tesouro de Mérito Como confiar em um Guia Espiritual. (2013)

Guia do Estilo de Vida do Bodhisattva Como desfrutar uma vida de grande significado e altruísmo. Uma tradução da famosa obra-prima em versos de Shantideva. (2ª edição, 2009)

Introdução ao Budismo Uma explicação do estilo de vida budista. (6ª edição, 2012)

As Instruções Orais do Mahamudra A verdadeira essência dos ensinamentos, de Sutra e de Tantra, de Buda (2016)

Joia-Coração As práticas essenciais do Budismo Kadampa. (2ª edição, 2016)

Mahamudra-Tantra O supremo néctar da Joia-Coração. (2ª edição, 2014)

Novo Coração de Sabedoria Uma explicação do *Sutra Coração*. (edição revista pelo autor, 2013. Edição anterior, com o título *Coração de Sabedoria*, 2005)

Novo Guia à Terra Dakini A prática do Tantra Ioga Supremo de Buda Vajrayogini. (edição revista pelo autor, 2015. Edição anterior, com o título *Guia à Terra Dakini*, 2001)

Novo Manual de Meditação Meditações para tornar nossa vida feliz e significativa. (3ª edição, 2021)

Novo Oito Passos para a Felicidade O caminho budista da bondade amorosa. (edição revista pelo autor, 2017. Edições anteriores, como *Oito Passos para a Felicidade:* 2013 – também revista pelo autor – e 2007)

Oceano de Néctar A verdadeira natureza de todas as coisas. (2019)

Solos e Caminhos Tântricos Como ingressar, progredir e concluir o Caminho Vajrayana. (2016)

Viver Significativamente, Morrer com Alegria A prática profunda da transferência de consciência. (2007)

O Voto Bodhisattva Um guia prático para ajudar os outros. (3ª edição, 2021)

Sadhanas e outros Livretos

Venerável Geshe Kelsang Gyatso Rinpoche também supervisionou a tradução de uma coleção essencial de sadhanas, ou livretos de preces, para aquisições espirituais. Consulte o *website* da Editora Tharpa para conferir os títulos disponíveis em língua portuguesa.

Caminho de Compaixão para quem Morreu Sadhana de Powa para o benefício dos que morreram.

Caminho de Êxtase A sadhana condensada de autogeração de Vajrayogini.

Caminho para o Paraíso, O A prática de transferência de consciência (Powa) de Arya Tara.

Caminho Rápido ao Grande Êxtase A sadhana extensa de autogeração de Vajrayogini.

Caminho à Terra Pura Sadhana para o treino em Powa (a transferência de consciência).

As Centenas de Deidades da Terra Alegre de Acordo com o Tantra Ioga Supremo O Guru-Ioga de Je Tsongkhapa como uma Prática Preliminar ao Mahamudra.

Cerimônia de Powa Transferência de consciência de quem morreu.

Cerimônia de Refúgio Mahayana e Cerimônia do Voto Bodhisattva.

Cerimônia do Voto Pratimoksha de uma Pessoa Leiga.

A Confissão Bodhisattva das Quedas Morais A prática de purificação do Sutra Mahayana dos Três Montes Superiores.

Essência da Boa Fortuna Preces para as seis práticas preparatórias para meditação nas etapas do caminho à iluminação.

Essência do Vajrayana Sadhana de autogeração do mandala de corpo de Heruka, de acordo com o sistema de mahasiddha Ghantapa.

O Estilo de Vida Kadampa As práticas essenciais do Lamrim Kadam.

Festa de Grande Êxtase Sadhana de autoiniciação de Vajrayogini.

Gota de Néctar Essencial Uma prática especial de jejum e de purificação em associação com Avalokiteshvara de Onze Faces.

Grande Libertação do Pai Preces preliminares para a meditação no Mahamudra em associação com a prática de Heruka.

Grande Libertação da Mãe Preces preliminares para a meditação no Mahamudra em associação com a prática de Vajrayogini.

A Grande Mãe Um método para superar impedimentos e obstáculos pela recitação do *Sutra Essência da Sabedoria* (o *Sutra Coração*).

O Ioga de Avalokiteshvara de Mil Braços Sadhana de autogeração.

O Ioga de Buda Amitayus Um método especial para aumentar tempo de vida, sabedoria e mérito.

O Ioga de Buda Heruka A sadhana essencial de autogeração do mandala de corpo de Heruka & Ioga Condensado em Seis Sessões.

O Ioga de Buda Maitreya Sadhana de autogeração.

O Ioga de Buda Vajrapani Sadhana de autogeração.

Ioga da Dakini A sadhana mediana de autogeração de Vajrayogini.

O Ioga da Grande Mãe Prajnaparamita Sadhana de autogeração.

O Ioga Incomum da Inconceptibilidade A instrução especial sobre como alcançar a Terra Pura de Keajra com este corpo humano.

O Ioga da Mãe Iluminada Arya Tara Sadhana de autogeração.

O Ioga de Tara Branca, Buda de Longa Vida.

Joia-Coração O Guru-Ioga de Je Tsongkhapa, associado à sadhana condensada de seu Protetor do Dharma.

Joia-que-Satisfaz-os-Desejos O Guru-Ioga de Je Tsongkhapa, associado à sadhana de seu Protetor do Dharma.

Libertação da Dor Louvores e pedidos para as Vinte e Uma Taras.

Manual para a Prática Diária dos Votos Bodhisattva e Tântricos.

Meditação e Recitação de Vajrasattva Solitário.

Melodioso Tambor Vitorioso em Todas as Direções O ritual extenso de cumprimento e de renovação de compromissos com o Protetor do Dharma, o grande rei Dorje Shugden, juntamente com Mahakala, Kalarupa, Kalindewi e outros Protetores do Dharma.

Nova Essência do Vajrayana A prática de autogeração do mandala de corpo de Heruka, uma instrução da Linhagem Oral Ganden.

Oferenda ao Guia Espiritual (Lama Chöpa) Uma maneira especial de confiar no nosso Guia Espiritual.

Oferenda Ardente do Mandala de Corpo de Heruka.

Oferenda Ardente de Vajradaka.

Oferenda Ardente de Vajrayogini.

Paraíso de Keajra O comentário essencial à prática do Ioga Incomum da Inconceptibilidade.

Pedido ao Sagrado Guia Espiritual Venerável Geshe Kelsang Gyatso, de seus Fiéis Discípulos.

Pedidos ao Senhor de Todas as Linhagens.

Prática Condensada de Buda Amitayus para Longa Vida.

Prece do Buda da Medicina Um método para beneficiar os outros.

Prece Libertadora Louvor a Buda Shakyamuni

Preces para Meditação Preces preparatórias breves para meditação.

Preces pela Paz Mundial.

Preces Sinceras Preces para o rito funeral em cremações ou enterros.

Sadhana de Avalokiteshvara Preces e pedidos ao Buda da Compaixão.

Sadhana do Buda da Medicina Um método para obter as aquisições do Buda da Medicina.

O Tantra-Raiz de Heruka e Vajrayogini Capítulos Um e Cinquenta e Um do Tantra-Raiz Condensado de Heruka.

O Texto-Raiz: As Oito Estrofes do Treino da Mente

Tesouro de Sabedoria A sadhana do Venerável Manjushri.

União do Não-Mais-Aprender Sadhana de autoiniciação do mandala de corpo de Heruka.

Vida Pura A prática de tomar e manter os Oito Preceitos Mahayana.

Os Votos e Compromissos do Budismo Kadampa.

Os livros e sadhanas de Venerável Geshe Kelsang Gyatso Rinpoche podem ser adquiridos nos Centros Budistas Kadampa e Centros de Meditação Kadampa e suas filiais. Você também pode adquiri-los diretamente pelo *site* da Editora Tharpa.

Editora Tharpa (Brasil)
Rua Artur de Azevedo, 1326
Pinheiros 05404-003
São Paulo – SP
Tel: +55 11 989595303
Web: www.tharpa.com/br
E-mail: contato.br@tharpa.com

Editora Tharpa (Portugal)
Rua Moinho do Gato, 5
2710-661 – Várzea de Sintra, Sintra
Tel: +351 219 231 064
Web: www.tharpa.pt
E-mail: info@tharpa.pt

Programas de Estudo do Budismo Kadampa

O Budismo Kadampa é uma escola do Budismo Mahayana fundada pelo grande mestre budista indiano Atisha (982–1054). Seus seguidores são conhecidos como "Kadampas": "Ka" significa "palavra" e refere-se aos ensinamentos de Buda, e "dam" refere-se às instruções especiais de Lamrim ensinadas por Atisha, conhecidas como "as etapas do caminho para a iluminação". Através de integrar o conhecimento de todos os ensinamentos de Buda com a prática de Lamrim, e de incorporar isso em suas vidas diárias, os budistas kadampas são incentivados a usar os ensinamentos de Buda como métodos práticos para transformar atividades diárias em caminho para a iluminação. Os grandes professores kadampas são famosos não apenas por serem grandes eruditos, mas também por serem praticantes espirituais de imensa pureza e sinceridade.

A linhagem desses ensinamentos, tanto sua transmissão oral como suas bênçãos, foi transmitida de professor a discípulo e se expandiu por grande parte da Ásia e, agora, por muitos países do mundo. Os ensinamentos de Buda, conhecidos como "Dharma", são comparados a uma roda que se desloca de um país a outro de acordo com a mudança das condições e tendências cármicas de seus habitantes. As formas externas de se apresentar o Budismo podem mudar à medida que ele entra em contato com diferentes culturas e sociedades, mas sua autenticidade essencial é assegurada pela continuidade de uma linhagem ininterrupta de praticantes realizados.

O Budismo Kadampa foi apresentado pela primeira vez ao mundo moderno em 1977 pelo renomado mestre budista Venerável Geshe Kelsang Gyatso Rinpoche. Desde então, ele tem trabalhado incansavelmente para difundir o Budismo Kadampa por todo o mundo, dando extensos ensinamentos, escrevendo textos profundos sobre o Budismo Kadampa e fundando a Nova Tradição Kadampa-União Budista Kadampa Internacional (NKT–IKBU), que hoje congrega mais de 1.200 Centros Budistas Kadampa em todo o mundo. Cada um desses centros oferece programas de estudo sobre *psicologia*, *filosofia* e *instruções sobre meditação* budistas, bem como retiros para todos os níveis de praticantes. A ênfase está na integração dos ensinamentos de Buda na vida diária para solucionar nossos problemas humanos e difundir paz e felicidade duradouras por todo o mundo.

O Budismo Kadampa da NKT–IKBU é uma tradição budista totalmente independente e sem filiações políticas. É uma associação de centros budistas e de praticantes que se inspiram e se orientam a partir do exemplo e ensinamentos dos mestres kadampa do passado, conforme apresentados por Venerável Geshe Kelsang Gyatso Rinpoche.

Existem três razões pelas quais precisamos estudar e praticar os ensinamentos de Buda: para desenvolver nossa sabedoria, cultivar um bom coração e manter um estado mental pacífico. Se não nos empenharmos em desenvolver nossa sabedoria, sempre permaneceremos ignorantes da verdade última – a verdadeira natureza da realidade. Embora desejemos felicidade, nossa ignorância nos leva a cometer ações não-virtuosas, que são a causa principal de todo o nosso sofrimento. Se não cultivarmos um bom coração, nossa motivação egoísta destruirá a harmonia e as boas relações que temos com os outros. Não teremos paz nem chance de obter felicidade pura. Sem paz interior, a paz exterior é impossível. Se não mantivermos um estado mental pacífico, não seremos felizes, mesmo que tenhamos condições ideais. Por outro lado, quando nossa mente está pacífica, somos felizes, ainda que as condições exteriores sejam desagradáveis. Portanto, o desenvolvimento dessas qualidades é da maior importância para nossa felicidade diária.

Venerável Geshe Kelsang – ou "Geshe-la", como é afetuosamente chamado por seus alunos – organizou três programas espirituais especiais para o estudo e a prática sistemáticos do Budismo Kadampa. Esses programas são especialmente adequados para o mundo moderno: o Programa Geral (PG), o Programa Fundamental (PF) e o Programa de Formação de Professores (PFP).

PROGRAMA GERAL

O Programa Geral (PG) oferece uma introdução básica à visão, meditação e prática budistas que é ideal para iniciantes. Também inclui ensinamentos e práticas avançadas, tanto de Sutra como de Tantra.

PROGRAMA FUNDAMENTAL

O Programa Fundamental (PF) oferece uma oportunidade de aprofundar nossa compreensão e experiência do Budismo por meio do estudo sistemático de seis textos:

1. *Caminho Alegre da Boa Fortuna* – um comentário às instruções de Lamrim, as Etapas do Caminho à iluminação, de Atisha.
2. *Compaixão Universal* – um comentário ao *Treino da Mente em Sete Pontos*, do Bodhisattva Chekhawa.
3. *Novo Oito Passos para a Felicidade* – um comentário às *Oito Estrofes do Treino da Mente*, do Bodhisattva Langri Tangpa.
4. *Novo Coração de Sabedoria* – um comentário ao *Sutra Coração*.
5. *Contemplações Significativas* – um comentário ao *Guia do Estilo de Vida do Bodhisattva*, escrito pelo Bodhisattva Shantideva.

6. *Como Entender a Mente* – uma explicação detalhada da mente, com base nos trabalhos dos eruditos budiStas Dharmakirti e Dignaga.

Os benefícios de estudar e praticar esses textos são:

(1) *Caminho Alegre da Boa Fortuna* – obtemos a habilidade de colocar em prática todos os ensinamentos de Buda: de Sutra e de Tantra. Podemos facilmente fazer progressos e concluir as etapas do caminho à felicidade suprema da iluminação. Do ponto de vista prático, o Lamrim é o corpo principal dos ensinamentos de Buda, e todos os demais ensinamentos são como seus membros.

(2) *Compaixão Universal* e (3) *Novo Oito Passos para a Felicidade* – obtemos a habilidade de incorporar os ensinamentos de Buda em nossa vida diária e de solucionar todos os nossos problemas humanos.

(4) *Novo Coração de Sabedoria* – obtemos a realização da natureza última da realidade. Por obter essa realização, podemos eliminar a ignorância do agarramento ao em-si, que é a raiz de todos os nossos sofrimentos.

(5) *Contemplações Significativas* – transformamos nossas atividades diárias no estilo de vida de um Bodhisattva, tornando significativo cada momento de nossa vida humana.

(6) *Como Entender a Mente* – compreendemos a relação entre nossa mente e seus objetos exteriores. Se entendermos que os objetos dependem da mente subjetiva, poderemos mudar a maneira como esses objetos nos aparecem, por meio de mudar nossa própria mente. Aos poucos, vamos adquirir a habilidade de controlar nossa mente e de solucionar todos os nossos problemas.

PROGRAMA DE FORMAÇÃO DE PROFESSORES

O Programa de Formação de Professores (PFP) foi concebido para as pessoas que desejam treinar para se tornarem autênticos professores de Dharma. Além de concluir o estudo de quatorze textos de Sutra e de Tantra (o qual inclui os seis textos acima citados), o estudante é solicitado a observar alguns compromissos que dizem respeito ao seu comportamento e estilo de vida, além de concluir um determinado número de retiros de meditação.

Um Programa Especial de Formação de Professores é também mantido pelo *Manjushri Kadampa Meditation Centre*, em Ulverston, Inglaterra, e pode ser realizado tanto presencialmente no Centro como por correspondência. Esse programa especial de estudo e meditação consiste em doze cursos fundamentados nos seguintes livros de Venerável Geshe Kelsang Gyatso Rinpoche: *Como Entender a Mente*; *Budismo Moderno*; *Novo Coração de Sabedoria*; *Solos e Caminhos Tântricos*; *Guia do Estilo de Vida do Bodhisattva*, de Shantideva, e seu comentário – *Contemplações Significativas*; *Oceano de Néctar*; *Novo Guia à Terra Dakini*; *As Instruções Orais do Mahamudra*; *Novo Oito Passos para a Felicidade*; *O Espelho do Dharma com Adições*; *Essência do Vajrayana*; e *Caminho Alegre da Boa Fortuna*.

Todos os Centros Budistas Kadampa são abertos ao público. Anualmente, celebramos festivais em muitos países ao redor do mundo, incluindo dois festivais na Inglaterra, nos quais pessoas do mundo inteiro reúnem-se para receber iniciações e ensinamentos especiais e desfrutar de férias espirituais. Por favor, sinta-se à vontade para nos visitar a qualquer momento!

Para mais informações sobre os programas de estudo da NKT–IKBU ou para encontrar o Centro Budista mais próximo de você, por favor, acesse www.kadampa.org ou entre em contato com:

NO BRASIL

Centro de Meditação Kadampa Brasil
www.budismokadampa.org.br

EM PORTUGAL

Centro de Meditação Kadampa Deuachen
www.kadampa.pt

Escritórios da Editora Tharpa no Mundo

Atualmente, os livros da Tharpa são publicados em inglês (americano e britânico), alemão, chinês, espanhol, francês, italiano, japonês e português (do Brasil e de Portugal). Os livros na maioria desses idiomas estão disponíveis em qualquer um dos escritórios da Editora Tharpa listados a seguir.

Tharpa África do Sul
26 Menston Road, Westville
Durban, 2629, KZN
Rep. da África do Sul
Tel: +27 (0) 31 266 0096
Web: tharpa.com/za
E-mail: info.za@tharpa.com

Tharpa Alemanha
Chausseestraße 108,
10115 Berlim, Alemanha
Tel: +49 (030) 430 55 666
Web: tharpa.com/de
E-mail: info.de@tharpa.com

Tharpa Ásia
1st Floor Causeway Tower,
16-22 Causeway Road,
Causeway Bay,
Hong Kong
Tel: +(852) 2507 2237
Web: tharpa.com/hk-en
E-mail: info.asia@tharpa.com

Tharpa Austrália
25 McCarthy Road
Monbulk, VIC 3793
Austrália
Tel: +61 (3) 9756-7203
Web: tharpa.com/au
E-mail: info.au@tharpa.com

Tharpa Brasil
Rua Artur de Azevedo, 1326
Pinheiros, 05404-003
São Paulo – SP
Brasil
Tel: +55 (11) 989595303
Web: tharpa.com/br
E-mail: contato.br@tharpa.com

Tharpa Canadá (em francês)
835 Laurier est Montréal,
QC,H2J 1G2, Canadá
Tel: (+1) 514-521-1313
Web: tharpa.com/ca-fr/
E-mail: info.ca-fr@tharpa.com

Tharpa Canadá (em inglês)
Toronto ON, M6G 3K1
Canadá
Tel: (+1) 416-762-8710
Web: tharpa.com/ca
E-mail: info.ca@tharpa.com

Tharpa Chile
Av. Seminario 589, Providencia,
Santiago, Chile
Tél: +56 (9) 91297091
Web: tharpa.com/cl
Email: info.cl@tharpa.com

Tharpa Espanha
Calle La Fábrica 8, 28221
Majadahonda, Madrid
Espanha
Tel.: +34 911 124 914
Web: tharpa.com/es
E-mail: info.es@tharpa.com

Tharpa Estados Unidos
Glen Spey NY 12737, EUA
Tel: +1 845-856-5102
Web: tharpa.com/us
E-mail: info.us@tharpa.com

Tharpa França
Château de Segrais
72220 Saint-Mars-D'outillé,
França
Tél: +33 (0)2 52 36 03 89
Web: tharpa.com/fr
E-mail: info.fr@tharpa.com

Tharpa Japão
KMC Tokyo, Tokyo,
2F Vogue Daikanyama II,
13-4 Daikanyama-cho,
Shibuya-ku, Tóquio,
150-0034, Japão
Web: kadampa.jp
E-mail: info@kadampa.jp

Tharpa México
Enrique Rébsamen nº 406,
Col. Narvate Poniente
Cidade de México,
CDMX, C.P. 03020, México,
Tel: +52 (55) 56 39 61 80
Web: tharpa.com/mx
Email: info.mx@tharpa.com

Tharpa Nova Zelândia
2 Stokes Road, Mount Eden,
Auckland 1024, Nova Zelândia
Tel: +64 09 631 5400
Web: tharpa.com/nz
E-mail: info.nz@tharpa.com

Tharpa Portugal
Rua Moinho do Gato, 5
Várzea de Sintra
Sintra, 2710-661 – Portugal
Tel.: +351 219 231 064
Web: tharpa.pt
E-mail: info@tharpa.pt

Tharpa Suécia
c/o KMC Stockholm,
Upplandsgatan 18, 113 60
Estocolmo, Suécia
Tel: +46 (0) 72 251 4090
Email: info.se@tharpa.com

Tharpa Suíça
Mirabellenstrasse 1 CH-8048
Zurique, Suíça
Tel: +41 44 461 36 88
Web: tharpa.com/ch
E-mail: info.ch@tharpa.com

Tharpa UK
Conishead Priory
Ulverston, Cumbria
LA12 9QQ, Reino Unido
Tel: +44 (0)1229-588599
Web: tharpa.com/uk
E-mail: info.uk@tharpa.com

Índice Remissivo

a letra "g" indica entrada para o glossário

A

B

D

F

G

H

I

N

O

Q

R

S

Y

Z

Leituras Recomendadas

Se você apreciou a leitura deste livro e deseja encontrar mais informações sobre o pensamento e a prática budistas, apresentamos aqui alguns outros livros do Venerável Geshe Kelsang Gyatso Rinpoche que você poderá gostar de ler ou ouvir. Eles estão disponíveis pela Editora Tharpa.

COMO TRANSFORMAR A SUA VIDA
Uma Jornada de Êxtase

Um manual prático para a vida diária, que mostra como podemos desenvolver e manter paz interior, reduzir e interromper o modo como experienciamos nossos problemas, e como podemos promover mudanças positivas em nossas vidas, que nos permitirão, por fim, experienciar felicidade profunda e duradoura. Esta é uma edição substancialmente revista de um dos mais populares e acessíveis livros do Venerável Geshe Kelsang.

E-Books Grátis

Venerável Geshe Kelsang deseja tanto que todos tenham acesso a estas práticas e ensinamentos que pediu à Editora Tharpa para disponibilizar os livros ***Budismo Moderno*** e ***Como Transformar a Sua Vida*** gratuitamente em formato e-book. Baixe agora em **Tharpa.com/br**

INTRODUÇÃO AO BUDISMO
Uma Explicação do Estilo de Vida Budista

Um guia ideal para todos os interessados em Budismo e meditação. Este livro apresenta os princípios que fundamentam o estilo de vida budista – carma e meditação, por exemplo – como instrumentos para desenvolver qualidades como paz interior, amor e paciência.

"Uma introdução clara, brilhante e concisa a esse vasto tema. Altamente recomendado". *Yoga & Health Magazine.*

NOVO MANUAL DE MEDITAÇÃO
Meditações para Tornar nossa Vida Feliz e Significativa

Este popular e prático manual possibilita-nos descobrir, por nós mesmos, a paz interior e a claridade mental que surgem da meditação. O autor explica, passo a passo, 21 meditações que conduzem a estados mentais cada vez mais benéficos e que, reunidas, formam o caminho budista completo à iluminação.

"Este manual oferece uma visão concisa e inspiradora das muitas maneiras pelas quais o Budismo pode ser aplicado às situações e atividades da vida diária". *Spirituality and Health.*

COMO SOLUCIONAR NOSSOS PROBLEMAS HUMANOS
As Quatro Nobres Verdades

Este livro mostra de que modo o popular ensinamento de Buda sobre as Quatro Nobres Verdades pode ajudar-nos a solucionar problemas humanos básicos como a insatisfação e a raiva, e oferece uma exposição clara e profunda sobre a nossa experiência humana e o nosso potencial para uma profunda liberdade interior.

"Este livro oferece paz mental nestes tempos conturbados". *Publishing News.*

"Geshe Kelsang Gyatso possui um dom único para abordar as dificuldades da vida diária". *Booklist.*

CAMINHO ALEGRE DA BOA FORTUNA
O Caminho à Felicidade Suprema da Iluminação

Todos nós temos o potencial para a autotransformação e uma capacidade ilimitada para o desenvolvimento de boas qualidades, mas para realizar esse potencial precisamos saber o que fazer a cada etapa da nossa jornada espiritual. Este livro oferece uma explicação detalhada do caminho completo à iluminação, com os ensinamentos de Buda apresentados passo-a-passo, tornando muito fácil para o leitor moderno colocá-los em prática. Um perfeito guia ao caminho budista.

COMPAIXÃO UNIVERSAL
Soluções Inspiradoras para Tempos Difíceis

O coração dos ensinamentos de Buda são o amor e a compaixão incondicionais. Esta explicação inspiradora do popular poema budista *Treinar a Mente em Sete Pontos* revela métodos poderosos e abrangentes para desenvolvermos esses estados altruístas. Técnicas meditativas ancestrais, que têm sido testadas e aprovadas por séculos, são trazidas à vida e tornadas relevantes para as nossas experiências do dia-a-dia.

MAHAMUDRA-TANTRA
O Néctar Supremo da Joia-Coração

O Tantra é muito popular, mas pouquíssimas pessoas compreendem seu verdadeiro significado. Este livro explica como podemos alcançar a sublime união de êxtase e vacuidade, conhecida como Mahamudra – a verdadeira essência da meditação tântrica budista.

Para adquirir as nossas publicações, por favor, visite **Tharpa.com** ou entre em contato com a Editora Tharpa mais próxima (para uma lista das Editoras Tharpa em todo o mundo, ver páginas 417–418).

Encontre um Centro de Meditação Kadampa Próximo de Você

Para aprofundar sua compreensão deste livro e de outros livros publicados pela Editora Tharpa, assim como a aplicação desses ensinamentos na vida diária, você pode receber ajuda e inspiração de professores e praticantes qualificados.

As Editoras Tharpa são parte da comunidade espiritual da Nova Tradição Kadampa. Esta tradição possui mais de 1.200 Centros e filiais em mais de 40 países ao redor do mundo. Todos os Centros e suas filiais oferecem aulas de estudo e meditação com base neste e em outros livros sobre Budismo moderno e meditação, ensinados por professores qualificados. Para mais detalhes, consulte *Programas de Estudo do Budismo Kadampa* (ver páginas 411–416).

Essas aulas proporcionam uma oportunidade especial para explorar os temas apresentados nos livros do Venerável Geshe Kelsang Gyatso Rinpoche e foram desenvolvidas para se adequarem confortavelmente ao estilo de vida moderno.

Para encontrar o seu Centro Kadampa local, visite:
tharpa.com/br/centros